Norbert Otto Eke
Einführung in die Literatur des Vormärz

Einführungen Germanistik

Herausgegeben von
Gunter E. Grimm und Klaus-Michael Bogdal

Norbert Otto Eke

Einführung in die Literatur des Vormärz

Wissenschaftliche Buchgesellschaft

Die Deutsche Bibliothek verzeichnet diese Publikation
in der Deutschen Nationalbibliografie;
detaillierte bibliografische Daten sind im Internet über
http://dnb.ddb.de abrufbar.

Das Werk ist in allen seinen Teilen urheberrechtlich geschützt.
Jede Verwertung ist ohne Zustimmung des Verlages unzulässig.
Das gilt insbesondere für Vervielfältigungen,
Übersetzungen, Mikroverfilmungen und die Einspeicherung in
und Verarbeitung durch elektronische Systeme.

© 2005 by Wissenschaftliche Buchgesellschaft, Darmstadt
Die Herausgabe des Werkes wurde durch
die Vereinsmitglieder der WBG ermöglicht.
Satz: Setzerei Gutowski, Weiterstadt
Gedruckt auf säurefreiem und alterungsbeständigem Papier
Printed in Germany

Besuchen Sie uns im Internet: www.wbg-darmstadt.de

Sonderausgabe 2017
Gedruckt von BOD, Books on Demand GmbH, Norderstedt

Inhalt

I. „Epoche" Vormärz (1815–1848) 7

II. Forschungsbericht 14

III. Kontexte: soziales (Gesamt-)System – literarisches (Teil-)System . 20
   1. Zur politisch-historischen Situation 23
   2. Die Entwicklung des Literaturmarkts im Vormärz 44
   3. Wirtschaftlich-industrieller Strukturwandel 54

IV. Wirklichkeitserfahrung und ästhetische Form: Transfer
    und Transformation 59
   1. Das Junge Deutschland 59
   2. Ludwig Börne und Heinrich Heine: Vorbilder des neuen
      Zeitschriftstellers 64
   3. Das Junge Deutschland und der Verbotsbeschluss von 1835 . . 75
   4. Gegenläufiges: Grabbe und Büchner – zwei Wegbereiter
      des modernen Dramas 82
   5. Gleichzeitigkeiten, Ab- und Aufbrüche: Literatur zwischen
      Ästhetizität und Operativität. Die Literatur der vierziger Jahre . 99
   6. Literarischer Paradigmenwechsel: die „Wiedergeburt der
      deutschen Poesie" 110

V. Einzelanalysen repräsentativer Werke 115
   1. Freiheit versus Orthodoxie: Karl Gutzkow: „Der Sadduzäer
      von Amsterdam" (Novelle 1834) – „Uriel Acosta. Trauerspiel
      in fünf Aufzügen" (Drama 1846) 115
   2. Auf dem Weg zur Nation: August Heinrich Hoffmann von
      Fallersleben: „Das Lied der Deutschen" (1841) 122
   3. Geschichte als Material: Nikolaus Lenau: „Die Albigenser.
      Freie Gesänge" (1842) 128
   4. Altdeutschlands Leichentuch: Heinrich Heine:
      „Die schlesischen Weber" (1844) 131
   5. Die neue Macht der ökonomischen Rationalität: Georg Weerth:
      „Fragment eines Romans" (1847) 137
   6. Proletarischer Internationalismus: Karl Marx, Friedrich Engels:
      „Manifest der Kommunistischen Partei" (1848) 140

Kommentierte Bibliographie 149

Personenregister 163

I. „Epoche" Vormärz (1815–1848)

Literaturgeschichte verknüpft Einzelfakten, Ereignisse, Texte und Interpretationen zu einem mehr oder weniger geschlossenen Darstellungszusammenhang, der Einheit und Wandel von (ästhetischen) Formen, (literarischstrukturellen) Modellen, (kulturellen) Mustern, geistes- und ideengeschichtlichen Konstellationen veranschaulichen soll. Zeitliche Einschnitte und Epochen dienen in diesem Rahmen als Ordnungsschemata, auch wenn deren nähere Bestimmung eine Quelle immer wieder aufflammender Kontroversen ist, die bis in die unmittelbare Gegenwart anhalten. Erst 2002 stellte der Deutsche Germanistenverband ein ganzes Themenheft zur Epochenproblematik zusammen, in der Absicht die Diskussion zu diesem Thema nicht nur zu bilanzieren, sondern auch wieder beleben zu können (*Mitteilungen des Deutschen Germanistenverbandes 43, 2002, H. 3: Epochen. In Zusammenarbeit mit Georg Behütuns hrsg. von Peter Strohschneider und Friedrich Vollhardt*).

Problematik des Epochenbegriffs

Epochen existieren nicht aus sich heraus; sie sind Konstrukte, kurz: Interpretationsleistungen, die als solche Auskunft geben auch über das ihnen zugrundeliegende Erkenntnisinteresse (ästhetisch, formal, politisch, ideengeschichtlich) und die nicht zuletzt aufgrund der eingestandenen Historizität allen Wissens unter einem Vorbehalt stehen, denen m.a.W. ein nur vorläufiger Erkenntniswert zugesprochen werden kann zum Zweck des besseren Verständnisses der komplexen Erscheinungen der Literatur und der Fülle des Materials. Epochen beschreiben Erfahrungen von Zeitlichkeit (Steinwachs 1985, 312 f.); sie dienen der Systematisierung (von Geschichte), indem sie die geschichtliche Zeit in eine Folge von in ihrer Form und Organisation einzigartigen Zeiträumen unterteilen, die sich hinsichtlich ihrer leitenden Tendenz jeweils voneinander unterscheiden lassen, und sie liefern damit ein Hilfsmittel zum Verständnis von historischen Abläufen. Kurz: Sie verknüpfen das anscheinend diffuse Aufeinandertreffen zeitgeschichtlicher Erscheinungen und Tendenzen zu einem in sich geschlossenen Ganzen von bestimmter Dauer, d.h. mit einem Anfang und einem Ende. Epochenbegriffe und Epochenkonstruktionen erlauben allgemeine Aussagen über Entwicklungen, über Kontinuitäten und Diskontinuitäten/(Ab-)Brüche. Sie legen nahe, dass es innerhalb der historischen Zeitfolge abgrenzbare historische und/oder literarhistorische Gestaltungsformen von Geschichte gibt – und sie begründen (mit einigen eingestandenen Verkürzungen) die epochale Einheit im (Traditions-)Bruch: Da keine historische, soziale, kulturelle, literarische Erscheinung aus dem Nichts heraus ans Tageslicht tritt, setzt ein Anfang zwangsläufig ein Ende voraus. Im literarhistorischen Fall heißt das: eine Menge von Texten weist für einen bestimmten Zeitraum eine Reihe beschreibbarer Gemeinsamkeiten auf; zugleich sind, was ihre Darstellungsweisen oder die dargestellten Welten betrifft, die Unterschiede zwischen ihnen geringer als zu den Texten eines anderen Zeitraums, die sich ihrerseits in ihren Gemeinsamkeiten von den Texten des ersten Zeitraums (und weiterer Zeiträume) unterscheiden; die Gesamtmenge der epochenspezifischen Textstrukturen (Darstellungsweisen, Wertzusammenhänge, Normvorstellungen, Wissenskonfigurationen, Geschlechtermuster etc.) wiederum bildet ein Literatursystem, das sich in seinen Strukturmustern, Funktionsweisen und seinen Regulierungsmechanismen beschreiben lässt. Epochenmodelle unterstellen damit eine historische Abfolge von als solchen identifizierbaren und gegeneinander abgrenzbaren historischen oder literarhistorischen Gestaltungen von Geschichte, zugleich damit das Aufeinandertreffen auf- und absteigender Linien nach dem Muster von Aufstieg, Blüte und Verfall.

Im Grunde genommen wirkt in diesem Epochenverständnis noch immer ein Modell der Epochenbildung weiter, das Goethe zu Beginn des siebten Buches von „Dichtung und Wahrheit" in dem Gedanken angedeutet hat, die „literarische Epoche, in der ich geboren bin, entwickelte sich aus der vorhergehenden durch Widerspruch" (WA I,27, 72). Die Vorstellung des Bruchs ist hier ebenso grundlegend wie in Heines späterer Rezension von Wolfgang Menzels Literaturgeschichte „Die deutsche Literatur" (Stuttgart 1828). Heine spielt hier mit seinen einleitenden Bemerkungen zum „Ende der [Goethezeitlichen] Kunstperiode" den von Goethe entwickelten Gedanken unmittelbar gegen seinen Urheber aus. Die heraufziehende neue Epoche der Literatur, heißt es hier, beginne „mit Insurrektion gegen Goethe" (DHA X, 247).

„Vormärz" als Epoche

Was hier ganz allgemein zur Problematik von Epochenbegriffen gesagt wurde, gilt auch für die „Vormärz" genannte Epoche. Auch die Epochenbezeichnung „Vormärz" legt nahe, dass es auf dem Zeitpfeil der sozialen, politischen, kulturellen, ästhetisch-poetologischen (oder was auch immer) Entwicklung eine als solche identifizierbare, d.h. durch ein Set von Erscheinungen und Tendenzen gegenüber einem Vorher und einem Nachher abgrenzbare historische und/oder literarhistorische Gestaltungsform von Geschichte gibt, die es erlaubt, von der Identität einer mit ihrem Namen bezeichneten Epoche zu sprechen. Im Unterschied zu Epochenbezeichnungen wie „Romantik" oder „Klassik" stellt der ‚Vormärz'-Begriff die Geschichte der Literatur allerdings von vornherein und ausdrücklich in einen historischen Bezugsrahmen. Die Epochenbezeichnung „Vormärz" bringt einen Zeitraum des *Vorher* auf den Begriff, der als Bezugspunkt der literaturgeschichtlichen Entwicklung außerhalb dieser selbst liegt. „*Vor*märz" ist der Zeitraum *vor* dem März, also vor der bürgerlichen Revolution von 1848 und damit auch vor dem gescheiterten demokratischen Experiment des Frankfurter Paulskirchenparlaments mit seinem Leitziel des freien Bürgers in einem rechtstaatlich und national geeinten System. Die Epochenbezeichnung „Vormärz" bezeichnet also das, was man einen Zeitraum *prä festum* nennt, einen Zeitraum des ‚Vorher' (im Unterschied zu einem Zeitraum des ‚Nachher'). Die Identität der Epoche besteht mit anderen Worten in ihrer *Vor*-Geschichtlichkeit. „Vormärz" ist der Zeitraum *vor* dem März, so wie der „Nachmärz" – auch dieser Begriff ist als Epochenbezeichnung durchaus gebräuchlich, wenn auch um einiges mehr strittig als der des „Vormärz" – den Zeitraum *nach* dem März, also *nach* der Revolution bezeichnet. Die Revolution von 1848 bildet in dieser epochengeschichtlichen Einteilung damit gleichsam eine Spiegelachse der historischen und der kulturellen Entwicklung. Sie liegt zwischen dem „*Vor*märz" als dem Zeitraum, der alle auf

Vormärz – Nachmärz

die Revolution zulaufenden Tendenzen und Erscheinungen in sich vereinigt, und dem „*Nach*märz" als gegenläufigem, also dem von der Revolution und ihren Zielen wegführendem historischen Prozess.

Während der Epoche mit der Revolution von 1848 solcherart ein Ende, wenn auch nicht notwendigerweise ein Ziel gesetzt war, blieb insbesondere die Frage der Eröffnungszäsur des Vormärz lange Zeit strittig: nachdem lange Jahre die Julirevolution von 1830 und die durch die französischen Ansprüche auf das linke Rheinufer heraufbeschworene Rheinkrise von 1840 mit dem durch sie auf deutscher Seite ausgelösten Nationalisierungsschub als epochale Eröffnungen zur Diskussion standen, wird der ‚Vormärz'-Begriff genauso wie der gegenläufige Begriff „Restaurationsperiode" (dazu später noch mehr) heute ohne größere Einsprüche für den gesamten Zeitraum vom Jahr des Wiener Kongresses und der Gründung des Deutschen Bundes (1815) bis zur Revolution von 1848 bei (zumindest in der Literaturwissenschaft relativ offengehaltenen Periodisierungsgrenzen) verwendet (vgl. dazu Stein/Vaßen 1998, Bock 1999, Stein 2000 und Eke 2000).

Der Epochenbegriff „Vormärz" ist – was angesichts seiner Bedeutung als Bezeichnung für einen Zeitraum *vor* dem Ereignis (der Märzrevolution), auf das er sich bezieht, unmittelbar einleuchtet, selbst ein Begriff *post festum* (nach dem Ereignis entstanden also und als retrospektive Deutung selbst *nachzeitlich*). Als solcher kann er den Vormärz-*Autoren* auch nicht als Programmbegriff dienen, wie dies bei dem ganz anders gelagerten Begriff der ‚Romantik' und den ihm zugeordneten Autoren der Fall ist. Überraschend allerdings ist – zumindest auf den ersten Blick und angesichts seiner weiteren Karriere – die anfänglich ausschließlich negative Besetzung des „Vormärz"-Begriffs: als Ausdruck nämlich zur Bezeichnung der Rückständigkeit der politischen Verhältnisse *vor* der Revolution. In Kombination mit dem Komplementärbegriff „Nachmärz" bezeichnet der „Vormärz" in den auf die Revolution von 1848 folgenden Jahren zunächst und ursprünglich so einen entwicklungslosen Zeit/Raum der Dauer: ‚vor' der Revolution war wie ‚nach' der Revolution – politisch ebenso wie mental (womit freilich die Revolution selbst den Status eines Ausnahmezustands gewinnt: als Versuch zu einer Durchsetzung demokratischer Zustände in nationaler Einheit ist sie herausgesprengt aus dem ereignislosen Zeitrahmen des ‚Vorher' und ‚Nachher'). Das kommt zum Ausdruck in einer von dem Dramatiker Franz Grillparzer noch im Revolutionsjahr 1848 geschriebenen „Kalender-Wahrheit", die mit Blick auf die Novemberereignisse des Jahres (Niederschlagung der Aufstände in Wien, Erschießung des Frankfurter Parlamentsabgeordneten Robert Blum, Besetzung Berlins, Ablehnung der großdeutschen Lösung durch Österreichs neuen Ministerpräsidenten Felix Fürst zu Schwarzenberg) resignierend auf das im März 1848 allenfalls kurzzeitig unterbrochene Gleichmaß des geschichtlichen Zeitenlaufs verweist:

> Vormärzlich ist der Februar,
> Es preis ihn wer da will,
> Doch auf den März unmittelbar,
> Folgt auch nur der April.
> (HKA I, 12, S. 209)

Marginalien: Wort- und Begriffsgeschichte; ‚Vormärz' als rückständige Zeit

In eben diesem hier angedeuteten Sinn erscheint in einem ebenfalls von Grillparzer im Juni des folgenden Jahres (1849) unmittelbar vor der Auflösung des Stuttgarter Rumpfparlaments verfassten Epigramm, einer versifizierten Polemik gegen den politischen Opportunismus des damaligen österreichischen Justizministers Alexander von Bach, das Neue (Nachmärzliche) als Verlängerung des schlechten Alten (Vormärzlichen):

> Dein besonnen und entschieden: Vorwärts
> Heißt im Nach-März wie im Vor-März
> Will man den rechten Sinn umschreiben:
> Minister werden und Minister bleiben.
> (HKA I, 12, S. 209)

Etwa um dieselbe Zeit schreibt Heinrich Heine das Gedicht „Michel nach dem Merz", in dem er sich in der Form des in der Zeit ungemein populären ‚Michelliedes' mit dem Scheitern der politischen Hoffnungen der Märzrevolution auseinandersetzt (der zipfelbemützte deutsche Michel ist die Inkarnation des deutschen Untertanen!). ‚Nach dem Merz' (Nachmärz) meint in dieser gegen Ende 1850 im „Frankfurter Musenalmanach" erschienenen Abrechnung mit der im deutsch-kleinbürgerlich nationalen Patriotismus steckengebliebenen bürgerlichen Revolution die politische Schlafmützigkeit und die Untertanenmentalität des deutschen Philisters, der sich im März nur scheinbar „ermannt" hat, d.h. aus seinem politischen Phlegma erwacht ist, dann aber dem Gang der Revolution tatenlos zugesehen hat, über dem Bemühen der Paulskirchenabgeordneten, die Reichsgewalt zu stärken, sanft entschlummert und solcherart wieder in seine alte (vormärzliche) Haltung zurückgefallen ist. Am Ende des Gedichts (der Revolutionsgeschichte) zeigt sich Heine unter der Maske des im März scheinbar erwachten Michels nur wieder der schlafmützige deutsche „Bärenhäuter", der sich nach dem (in Heines Augen nicht zuletzt auch aufgrund des rückwartsgewandten Zugs der deutschen ‚Ermannung') gescheiterten revolutionären Intermezzo wieder mit der alten deutschen Kleinstaaterei konfrontiert sieht.

Michel nach dem Merz.

So lang ich den deutschen Michel gekannt,
War er ein Bärenhäuter;
Ich dachte im Merz, er hat sich ermannt
Und handelt fürder gescheuter.

Wie stolz erhob er das blonde Haupt
Vor seinen Landesvätern!
Wie sprach er – was doch unerlaubt –
Von hohen Landesverräthern.

Das klang so süß zu meinem Ohr
Wie mährchenhafte Sagen,
Ich fühlte, wie ein junger Thor,
Das Herz mir wieder schlagen.

Doch als die schwarz-roth-goldne Fahn',
Der alt germanische Plunder,
Aufs Neu' erschien, da schwand mein Wahn
Und die süßen Mährchenwunder.

> Ich kannte die Farben in diesem Panier
> Und ihre Vorbedeutung:
> Von deutscher Freyheit brachten sie mir
> Die schlimmste Hiobszeitung.
>
> Schon sah ich den Arndt, den Vater Jahn –
> Die Helden aus andern Zeiten
> Aus ihren Gräbern wieder nah'n
> Und für den Kaiser streiten.
>
> Die Burschenschaftler allesammt
> Aus meinen Jünglingsjahren,
> Die für den Kaiser sich entflammt,
> Wenn sie betrunken waren.
>
> Ich sah das sündenergraute Geschlecht
> Der Diplomaten und Pfaffen,
> Die alten Knappen vom römischen Recht,
> Am Einheitstempel schaffen.
>
> Derweil der Michel geduldig und gut
> Begann zu schlafen und schnarchen,
> Und wieder erwachte unter der Hut
> Von vier und dreyßig Monarchen.
> (DHA III/1, 239f.)

Ebenfalls 1850 veröffentlicht Karl Gutzkow ein Bändchen mit Feuilletons unter dem Titel „Vor- und Nach-Märzliches", das zwar keine ausdrückliche Begriffbestimmung bietet, zumindest den „Nachmärz" aber in der Linie Grillparzer – Heine als ein Phänomen der Erfahrungsgeschichte beschreibt: hier nun dezidiert als Zustand der Erschöpfung, in den die Geschichte nach dem Scheitern der bürgerlichen Revolution von 1848 eingetreten sei. Explizit wendet Gutzkow, der auf der anderen Seite den ‚Vormärz'-Begriff in den 1850er Jahren mehrfach bezogen auf den Zeitraum von 1830 bis 1848 gebraucht („Vergangene Tage", 1851; „Wally, die Zweiflerin". Neuausgabe; „Die Nihilisten", 1853), sich gegen eine aus eben dieser Erfahrung resultierende ‚nachmärzliche' Mentalität (oder: Geisteshaltung), die sich zumal in der „souveraine[n] Verachtung der Gegenwart" und einem Rückzug ins Ästhetische niederschlage, der zugleich auch ein Rückbezug aufs Ästhetische sei, während der Vormärz – hier beginnen sich die Gewichte vorsichtig bereits zu verschieben – gedanklich bereits auf den Frühling des Revolutionsjahres bezogen ist. Leider, so klagt Gutzkow, hätten sich viele, „die gewohnt sind, mehr in der Welt des Scheines als der Wirklichkeit zu leben, […] zurückgezogen in ihre archimedischen Cirkel oder trophonischen Höhlen" (Gutzkow 1850, 219).

„Archimedische Cirkel" – „trophonische Höhlen": das sind zwei besonders eklatante Beispiele einer (wenn man so will) weltabgewandten ‚ästhetischen' Haltung, die das Leben nicht hat und zumindest im ersten Fall auch das Leben kostet. Mit den „trophonischen Höhlen" spielt Gutzkow an auf ein nach Trophonios, dem Erbauer des ersten Apollontempels in Delphi, benanntes Orakel, das sich in einer Höhle befand. Nur rückwärts kriechend – man kann das bei Herodot nachlesen – konnte der Fragesteller diese Orakelhöhle betreten, in der er, in einen Schwebezustand zwischen

‚Vormärz' als Epochensignatur

Schlafen und Wachen versetzt, aus der Unterwelt aufsteigenden Stimmen lauschen konnte. Eigentümlich und geheimnisvoll waren die Antworten des Erd-Orakels und die Fragesteller selbst sollen nach ihrer Rückkehr aus der Orakelhöhle ihr Leben lang mit Schwermut und Traurigkeit geschlagen gewesen sein (vgl. Göttling: Narratio de oraculo Trophoni, Jena 1843). Mit den „archimedischen Cirkeln" wiederum verweist Gutzkow auf das Ende des berühmten griechischen Mathematikers Archimedes von Syrakus, der einer Anekdote zufolge bei der Eroberung von Syrakus durch die Römer im Jahre 212 v.Chr. getötet wurde, weil er völlig in sich und seine Wissenschaft versunken, die reale Gefahr für sein Leben nicht mehr wahrzunehmen in der Lage gewesen war. Über eine in den Sand gezeichnete Berechnung gebeugt, soll er auf die Aufforderung eines eindringenden Römers, sich zu erheben, geantwortet haben: „Störe meine Kreise nicht", woraufhin er von dem Soldaten umstandslos und sofort erschlagen wurde.

Entschieden weist Gutzkow diese für das Leben und die Welt untaugliche (weil tödliche), was nichts anderes heißt als: *apolitische* Haltung zurück und fordert angesichts der politischen Entwicklung ein historisches (dialektisches) Bewusstsein, das den drohenden Sinnverlust im Angesicht des Scheiterns abzuwenden erlaubt:

Der blasirte Publicist erklärt die Demokratie für erschöpft, für erloschen und bewundert nur noch die schnelle, zauberhafte Entwickelung militärischer Kräfte, die uns so imposante kriegerische Schauspiele aufgeführt haben. […] Gerade jetzt, im Angesicht des Treubundes, im Angesicht des gedankenlosen Rückfalls in den alten beschränkten Unterthanenverstand und die alte soldatische und bürgerliche Sondereitelkeit der Stämme, beginnt die schöne Aufgabe eines freien und selbständigen Publicisten. Wer jetzt ausruft: Alles ist verloren, Alles ist eitel, und sich die Dinge gefallen läßt, wie sie sind, der war entweder nicht berufen, während des allgemeinen allerdings wüsten Lärmes mitzusprechen und der Nation eine Beachtung seiner Meinung zuzumuthen, oder er hat sich für immer eine zu große, zu schwere Aufgabe auf seine schwachen Schultern geladen. (Gutzkow 1850, 220f.)

Andeutungsweise verschieben sich bereits in Gutzkows Essay die Gewichtungen des ‚Vormärz'-Verständnisses. Ex negativo, indirekt also, lässt sich der scharfen Kritik Gutzkows so eine andere Bestimmung des ‚Vormärz' bzw. der Vormärzliteratur, und zwar aus der Sicht eines ihrer Protagonisten, ablesen. Durch das Kritisierte hindurch gewinnt die Vorstellung einer Epochensignatur ‚Vormärz' Konturen, konkret hier einer Literatur, die Schluss machen wollte mit der Vorstellung der Kunstautonomie, die sich eben nicht auf den olympischen Standort des Rein-Ästhetischen beschränken (lassen) wollte, sondern die teilhaben, mitgestalten, eingreifen, kurz: ‚politisch' sein wollte. Die eingangs zitierte Bemerkung Heines zum Epochenumbruch lautet denn auch vollständig: „Das Prinzip der Goetheschen Zeit, die Kunstidee, entweicht, eine neue Zeit mit einem neuen Prinzipe steigt auf, und seltsam! wie das Menzelsche Buch merken läßt, sie beginnt mit Insurrekzion gegen Goethe." (DHA X, 247)

„Ende der Kunstperiode"

Nicht zufällig wurde Heines Wort vom „Ende der Kunstperiode", geschrieben 1831 und dabei Klassik *und* Romantik umfassend, zum Leitgedanken einer Epoche, die ihre Identität in der Abkehr von einer kunstautonomen Dichtung und der Hinwendung zu einer „Poesie des Lebens" (so ein weiteres Schlagwort), d.h. einer politischen und eben lebensbezogenen Kunst finden sollte, auch wenn unter der Oberfläche literarische Tendenzen und ästhetische Prozesse weiterliefen (die Romantik beispielsweise reicht in ihren Ausläufern weit über die dreißiger Jahre hinaus) und auch die neue, sich hier mit Macht ankündigende Literatur keineswegs so homogen war, wie es auf den ersten Blick scheinen mag. Was Heine selbst mit dem von ihm verkündeten Ende der sogenannten „Kunstperiode" meinte, erschließt sich aus seinem Briefwechsel mit Karl August Varnhagen von Ense und dessen Frau Rahel. Heine beschreibt Goethe hier als „großes Zeitablehnungsgenie", das sich in einer gesellschaftsabgewandten „Kunstbehaglichkeit" eingerichtet habe und sich allein „letzter Zweck" sein wolle. Die Zeit dieser weltenfernen „Kunstbehaglichkeit" sei nun unwiderruflich an ihr Ende gekommen: „Es ist noch immer meine fixe Idee", schreibt Heine so im Februar 1830 an Varnhagen, „daß mit der Endschaft der Kunstperiode auch das Goethenthum zu Ende geht; nur unsre ästhetisirende, philosophirende Kunstsinnzeit war dem Aufkommen Goethes günstig; eine Zeit der Begeistrung und der That kann ihn nicht brauchen." (Säkularausgabe 20, 389f.; Brief vom 28. Februar) Diese Zeit der „That" ist für Heine angebrochen und sie lässt auch die Kunst/Literatur nicht unberührt (wobei mit „Goethenthum" im übrigen weniger Goethe als vielmehr seine Epigonen gemeint sind). Von hier aus rechtfertigt er auch seine vernichtende Kritik am Klassizismus August Graf von Platens im dritten Teil seiner „Reisebilder" („Die Bäder von Lukka"), die kurz zuvor wegen ihrer persönlichen Wendung Skandal gemacht hatte. Auch Goethe und Schiller hätten in den „Xenien" Fehden ausgefochten, die aber seien innerliterarisch geblieben, nicht zu vergleichen mit den Auseinandersetzungen der heutigen Zeit (wir schreiben das Jahr 1830): „Der Schiller-Göthesche Xenienkampf war doch nur ein Kartoffelkrieg, es war die Kunstperiode, es galt den Schein des Lebens, die Kunst, nicht das Leben selbst – jetzt gilt es die höchsten Interessen des Lebens selbst, die *Revoluzion* tritt ein in die Literatur, und der Krieg wird ernster." (Säkularausgabe 20, 385; Brief vom 4. Februar)

II. Forschungsbericht

<small>Rezeptions-
geschichte des
deutschen Vormärz</small>

Die literaturwissenschaftliche „Vormärz"-Forschung, die sich im Zuge der Aufbrüche von 1968/69 und beflügelt von dem Modell einer Sozialgeschichte der Literatur an den Universitäten der Bundesrepublik etablierte (in der DDR verlaufen die Prozesse in etwa zeitgleich und in der Frontstellung vergleichbar, wenn auch unter anderen Vorzeichen und mit langer Zeit starker Betonung des Epocheneinschnitts von 1830 – vgl. Rosenberg 1975, Böttcher u.a. 1975, Bock 1979), setzte an dieser Grenzziehung zwischen einem in sich ruhenden Kunstschönen und einer parteiergreifenden, eingreifenden Literatur an (vgl. Hermand 1967, Jäger 1971, Behrens u.a. 1973, Stein 1974, Vaßen 1975). Auch diese neue Stoßrichtung der Literaturgeschichtsschreibung, der eine im ersten Drittel des 20. Jahrhunderts erfolgte Neubestimmung des ursprünglich negativ besetzten ‚Vormärz'-Begriffs als Strahlwort nun der auf die Revolution von 1848 zulaufenden Tendenzen und Prozesse vorausging, begann auf ihre Weise mit einer ‚Insurrekzion': einer ‚Insurrekzion' gegen die etablierte Germanistik. Mit der Rehabilitierung der engagierten, politisierenden und politischen Dichtung der ersten Jahrhunderthälfte – und das hieß in erster Linie zunächst einmal der oppositionellen und radikaldemokratischen Literatur der 1830er und 1840er Jahre – positionierte sich die junge „Vormärz"-Forschung im Widerspruch zur Forschung der amtierenden Lehrstuhlinhaber, die dem „Vormärz" – einschließlich übrigens damals noch der Werke Heines und Büchners – nur wenig Interesse entgegenbrachten, insofern sie ihn nicht gleich ganz als epigonale Phase der Literaturgeschichte und damit als quantité négligeable abtaten. Jost Hermands Nachtrag zu der 1974 wiederveröffentlichten Einleitung seiner Dissertation „Die literarische Formenwelt des Biedermeier" von 1958 dokumentiert in dieser Hinsicht sehr anschaulich die normative Blickverengung der deutschen Nachkriegsgermanistik. „Man lese", so Hermand 1974, „vorstehendes Einleitungskapitel meiner Dissertation als ein Dokument der frühen Adenauerschen Restaurationsepoche, in der man in der BRD als Germanistikstudent bewußt von allen ‚liberalen' Strömungen ferngehalten wurde." (Hermand 1974, 312)

<small>Biedermeier</small>

Im Titel von Hermands Dissertation begegnet mit dem Begriff „Biedermeier" ein literarhistorischer Terminus, an dessen Gegenläufigkeit zum politisch ausgerichteten ‚Vormärz'-Begriff sich en miniature ein Stück Wissenschaftsgeschichte spiegelt. Immerhin hat diese doch je nach methodischer Ausrichtung ganz unterschiedliche Bilder der Literatur zwischen den Freiheitskriegen und der Märzrevolution von 1848 bzw. zwischen Romantik und poetischem Realismus produziert – je nachdem welcher Aspekt der Zeit unter welchen (primär) ideologisch-weltanschaulichen und (erst sekundär) literarhistorischen Prämissen durch die Darstellung in den Vordergrund gerückt wurde. Ursprünglich wie der ‚Vormärz'-Begriff negativ besetzt, hier nun als Ausdruck einer beschränkten *biedersinnigen* Form der Bürgerlichkeit, nach seiner Rehabilitierung um 1900 zunächst im Bereich des Kunstgewerbes, einige Jahre später dann auch in der Germanistik (Kluckhohn 1928), zeitweilig auch als Kampfbegriff völkisch-nationaler Kulturbegründung aktualisiert, diente der Begriff ‚Biedermeier' unter dem

Einfluss nicht zuletzt von Friedrich Sengles monumentaler Untersuchung „Biedermeierzeit. Deutsche Literatur im Spannungsfeld zwischen Restauration und Revolution" (3 Bde., München 1971–1980) zur Orientierung in der Diskussion um den Epochencharakter der nur schwer auf den Begriff zu bringenden Zeit vor der Märzrevolution (was dann die ursprünglich parodistische Bedeutung des Begriffs zur Gänze in den Hintergrund treten lässt, die sich als solche herleitet aus Adolf Kußmauls und Ludwig Eichrodts Parodie auf den deutschen Spießbürger „Die Gedichte des schwäbischen Schullehrers Gottlieb Biedermeier und seines Freundes Horatius Treuherz", die 1850 und 1865 in den Münchner „Fliegenden Blättern" zunächst unter dem Titel „Biedermeiers Liederlust" erschienen war).

Helmut Koopmann hat die Grundzüge der Biedermeierzeit 1997 noch einmal in der folgenden Weise zusammengefasst:

> Die Welt des Biedermeier ist eine bewußt beschränkte Welt; geordnete Sozialverhältnisse, das Leben in der kleinen Gemeinschaft der Großfamilie, das Sich-Begnügen mit den Verhältnissen, so wie sie sind, auch die Hinnahme einer bürgerlichen oder kleinbürgerlichen Enge kennzeichnen die Welt des Biedermeier ebenso wie die stark protestantisch gefärbte Tugendlehre, die auf Erfüllung der Pflicht, auf Sparsamkeit, Fleiß, Arbeitswilligkeit, Verzicht auf eigene Wünsche zugunsten einer Gemeinschaft abzielt. Das Wirken im Alltag, die Beschränkung des eigenen Tuns und Handelns auf das Gegebene, die Freude auch am Unbedeutenden, eine ausgesprochene Abneigung gegenüber Konflikten und das Fehlen jeglicher Streitkultur bestimmen das Leben und gleichermaßen die Literatur, die dieses Leben beschrieb. Die Liebe zum Kleinen und Kleinsten führte dabei zu einem Realismus gerade in der Darstellung der kleinen Dinge, die allerdings häufig überzeichnet wurden und oft auch überzeitliche Bedeutung bekamen, im Gegensatz zu den Gegenständen und Themen der Zeitschriftsteller und der Beschäftigung mit der Tagespolitik bei den Jungdeutschen oder den Vertretern des Vormärz. [...] Die „Andacht zum Kleinen" (Stifter), die Beschränkung auf überschaubare Lebensbereiche, eine im Kern konservative Ethik und der Realitätssinn des Bürgers, der politische Utopien ebenso fürchtete wie das offene Austragen untergründiger Spannungen, hatten eine Kehrseite: in der Biedermeierzeit vermehrten sich Langeweile und Zweifel am Sinn des Lebens; Schwermut und Hypochondrie, das Interesse an Krankheiten und Selbstmorden nahm zu, die Beschreibung pathologischer Seelenzustände und das Aufdecken bürgerlicher Tragödien unter dem Deckmantel sozialer Wohlanständigkeit und Zufriedenheit griff um sich, unter der Vordergründigkeit einer zufriedenen Weltbetrachtung wurden häufig irrationale und verhängnisvolle Züge der menschlichen Seele sichtbar. Das Auftauchen von Sonderlingen, Malkontenten [= Unzufriedenen], Querulanten, Psychopathen und problematischen Einzelgängern jeglicher Art verlieh den realistischen Darstellungen oft einen doppelten Boden. Ennui, Schwermut, Monotonie des Lebens, Gleichgültigkeit waren nicht nur Schlagworte der Zeit, sondern wurden auch dargestellt und literarisch ausgelebt. (Koopmann 1997, 49)

Sengle selbst wiederum hatte nicht allein im sogenannten „Weltschmerz", einem Grundzug der Zerrissenheit und Schwermut, die Signatur der Epoche bestimmt, sondern in seine Biedermeier-Konzeption im Interesse einer ganzheitlichen Betrachtung der Epoche neben der apolitischen, durch Werte wie Harmonie, Häuslichkeit, Familie und Heimat bestimmten biedermeierlichen Literatur der Stifter und Mörike im landläufigen Sinn ausdrücklich auch die oppositionellen und revolutionären Tendenzen einbezogen.

Vormärzforschung versus Biedermeierforschung

'Vormärz' als Restaurationszeit?

Mit einer emphatischen, d. h. von unübersehbaren Identifikationsprozessen begleiteten Besetzung der politischen Ereignisstruktur, der finalistischen Einbettung der Vormärzzeit in einen durch die Französische Revolution und die Pariser Commune ‚epochal' charakterisierten historischen Großraum (Mattenklott/Scherpe 1974, 1) sowie der Konzentration auf den fortschrittlich-liberalen Teil der Literatur und damit der Favorisierung der politisch-literarischen Prozesse gegenüber den ästhetischen Erscheinungen stellte sich die junge Vormärz-Forschung der ausgehenden sechziger und der siebziger Jahre mit mehr oder minder programmatischem Anspruch gegen die Biedermeier-Konzepte der älteren Germanistik, aber auch gegen Sengles integratives Biedermeier-Konzept. Sie trat damit im übrigen auch dem Konzept ‚Restaurationszeit' (Sengle 1956; 1971 dann durch das Konzept ‚Biedermeierzeit' ersetzt) bzw. ‚Restaurationsperiode' (Hermand 1970) entgegen, womit der zweite konkurrierende Epochen- oder Zeitalterbegriff benannt ist. Als ‚Restauration' verstanden die Herrschenden selbst ihre Politik nach dem Wiener Kongress, der 1815 die Ära der Napoleonischen Vorherrschaft in Europa auf allen Ebenen abschloss, nachdem Napoleon bereits zuvor bei Belle Alliance (Waterloo) endgültig militärisch besiegt und für immer nach St. Helena verbannt worden war. ‚Restaurationszeit' oder ‚Restaurationsperiode' sollte dem folgend die Epoche auf ihren Begriff bringen, die Einheit der Epoche also in ihrer konservativen (und eben nicht revolutionär-demokratischen) Wertigkeit bestimmen. Die Literaturgeschichtsschreibung hat sich streckenweise auch dieses Begriffs bemächtigt und ihn aus seiner konservativen Wertigkeit befreit. Jost Hermand hat in einem frühen Versuch, das Problem der Epochenbezeichnung zu lösen, so für den Begriff „Restaurationsperiode" als Oberbegriff für die konservativen und liberalen Strömungen der Zeit zwischen 1815 und 1848 plädiert (Hermand 1970, 3–61), während er den Begriff „Vormärzliteratur" allein für die progressiven Autoren der 1840er Jahre hatte reservieren wollen.

Ausdifferenzierung der Vormärz-Forschung

Hermands Versuch selbst ist Teil damit der von zahlreichen Kontroversen um den Zeitraum, um die Zugehörigkeit von Autorengruppen, um Ideologie und Politik begleiteten Geschichte der Vormärz-Forschung, die sich mittlerweile breit ausdifferenziert hat, wenn auch das alte dualistische Epochenbild (unpolitisches Biedermeier vs. politischer Vormärz), das noch Hermands Versuch einer Epochendefinition unübersehbar geprägt hat, nach wie vor nicht völlig überwunden ist. Zahlreiche Namensgesellschaften, die sich für einzelne Autoren engagieren (Heine, Büchner, Grabbe etc.), längst aber den Blick auf die Gesamtheit des Literatursystems richten, belegen das anhaltende Interesse für den lange vernachlässigten „leidigen Zeitraum" (Hermand 1970, 16) ebenso wie die Arbeit des 1994 als Zusammenschluss von Wissenschaftlern aus verschiedenen Wissenschaftsdisziplinen (Literaturwissenschaft, Komparatistik, Geschichtswissenschaft, Theologie, Soziologie, Philosophie) und Nationen (u. a. Deutschland, Frankreich, den USA und Japan) gegründeten „Forum Vormärz Forschung", das mit Tagungsveranstaltungen, einem Jahrbuch sowie einer eigenen Schriftenreihe die Vormärz-Forschung zu bündeln sucht. Als interdisziplinäre Forschung ist die Vormärz-Forschung heute aus der Wissenschaft nicht mehr wegzudenken. Dass die Periodisierungsgrenzen dabei, wie erwähnt, heute relativ offengehalten werden, ist das eine. Auch die traditionelle Zweiteilung in eine progressiv-emanzipatorische und eine autonomie-ästhetische, konservativ-restaurative Literatur und damit die Konzentration auf die progressiv-politische Literatur, die am Anfang der Vormärz-Forschung stand und ihrerseits zu beschränkenden Kanonisierungen geführt hat, aber ist mittlerweile weitgehend ad acta gelegt, auch wenn die Forschung deshalb nicht zwangsläufig damit schon eine befriedigende Antwort auf die um sich greifende Einsicht in die unterhalb der dichotomischen Ebene ‚vormärzliche vs. biedermeierliche Literatur' verlaufenden Differenzierungsprozesse gefunden hat. Noch immer begleitet eine gewisse Hilflosigkeit angesichts der Ambiguität der Zeit die verschiedenen Versuche, die Epoche als Ganzes auf einen Nenner zu bringen. Mit der Anerkennung der Komplementarität der in der Literaturgeschichtsschreibung so lange getrennten Begriffe ‚Biedermeier' und ‚Vormärz' nun unter Voranstellung des ‚Vormärzbegriffs' immerhin steht selbst die Einheit der Epoche neuerdings zur Diskussion (womit sich allerdings die Frage nach der Sinnhaftigkeit eines Festhaltens an den alten Periodisierungskonzepten stellt). Komplementarität meint dabei: jede Konzentration der Epochensignatur auf das eine oder das andere, auf die sich selbst bescheidende apolitische Innerlichkeit auf der einen und auf die politische Zuspitzung der Kunst auf der anderen Seite, stellt eine Verkürzung dar; die Epoche ist eine der Gleichzeitigkeit des Ungleichen; die Epochenbegriffe „Biedermeier" und „Vormärz" erfassen mit anderen Worten „sich zwar widersprechende, aber auch ergänzende Lebensweisen, Ideenwelten und Aktivitäten in der tatsächlichen Geschichte zwischen 1815 und 1848" (Bock 1999, 21).

Vor nicht allzu langer Zeit hat Sigrid Weigel die Epochendiskussion in gleich zweifacher Hinsicht wieder geöffnet: Zum einen mit dem Einwand, der ohnedies von wechselnden ideologisch-politischen Wertungskonzepten abhängige Epochenbegriff „Vormärz" lasse die Nachgeschichtlichkeit seiner Entstehung und damit seine spezifische Wertigkeitsperspektive vergessen; im Vorzeitigen des *Vor*märz verschwinde geradezu das „Moment der Nachträglichkeit, da in ihm jede Artikulation und kulturelle Manifestation gleichsam teleologisch auf die Märzrevolution hin und damit als ursächlicher Teil von deren Vorgeschichte begriffen wird." (Weigel 1996, 10) Zum anderen hat sie die Diskussion mit der Bestimmung des Begriffskompositums „Nachmärz" im Sinne einer überhistorischen Kategorie postrevolutionärer Erfahrung der Enttäuschung und Ernüchterung wieder belebt.

Nicht nur Peter Stein, der bereits Mitte der siebziger Jahre konsequent für die Anwendung des Epochenbegriffs „Vormärz" auf den gesamten Zeitraum zwischen 1815 und 1848 und für die Aufhebung der Gegensatzstruktur „Vormärz" versus „Biedermeier" in einem übergeordneten Vormärzbegriff plädiert (und sich letztlich á la longue damit auch durchgesetzt) hat (Stein 1974), hat Weigels Vorbehalte mit einem Plädoyer für die Beibehaltung des Epochenbegriffs „Vormärz" unter der Voraussetzung zu kontern versucht, dass dieser nicht als Bezeichnung für eine literarisch begleitete Zeitbewegung verstanden wird, die in der Revolution von 1848 ihre Erfüllung fand (vgl. u. a. Stein 2000).

Erneute Öffnung der Epochendiskussion

Politisch-ideologische und poetologisch-ästhetische Aspekte im Vormärzbegriff

Die wieder aufgeflammte Diskussion zeigt, dass der Vormärzbegriff nach wie vor grundsätzlich daran krankt, dass in ihm politisch-ideologische und poetologisch-ästhetische Aspekte nicht klar voneinander geschieden sind. Letztlich bleibt damit semantisch unsicher, was denn genau nun das Vorzeitige im „*Vor*märz" besagen will und was damit den ‚Prä'-Charakter der beschriebenen ‚Epoche' ausmacht: Ein Ensemble von Methoden, Techniken und Ideen, von politischen, ideengeschichtlichen und ästhetischen Diskursen? Eine sozialpolitische oder wirtschaftsgeschichtliche Konstellation? Eine Mentalität? Zum anderen bestehen nach wie vor nicht gelöste Abgrenzungsprobleme gegenüber zeitgleichen bzw. vorangehenden und nachfolgenden Epochen, wovon die in den vergangenen Jahren vom „Forum Vormärz Forschung" veranstalteten internationalen Symposien zu den Themen „Vormärz und Klassik" (1996), „Vormärz/Nachmärz. Bruch oder Kontinuität?" (1998) und „Vormärz und Romantik" (2001) beredt Zeugnis ablegen.

‚Vormärz' als Übergangszeit

Entscheidende Impulse hatte die Vormärz-Forschung in den neunziger Jahren zudem von poststrukturalistischen und systemtheoretischen Ansätzen her erfahren, die ausgehend insbesondere von der Erzählliteratur die relativ festen Epochengrenzen wieder in Frage stellten. Zur Diskussion steht mit ihnen ein Konzept von Literaturgeschichtsschreibung, die das Ganze eines um 1830 einsetzenden und bis in die 1890er Jahre reichenden Wandlungsprozesses auf den verschiedensten Ebenen (sozial, geistesgeschichtlich, literarisch, wirtschaftlich-industriell) in den Blick zu nehmen verlangt. Dieses Modell, in dem Schwellenereignissen wie den Revolutionen von 1830 und 1848/49 kaum mehr Bedeutung zukommt als Beschleunigungsfaktoren darzustellen innerhalb bestehender Entwicklungen, setzt an die Stelle des alten Konstrukts einer (Literatur-)Geschichte in Abbrüchen und Diskontinuitäten eine Literaturgeschichtsschreibung in der Perspektive längerfristiger Umsetzungen, Beschleunigungen und Stillstellungen. Was man sich von einer solchen Blickweise erhofft, ist die genauere Erfassung längerfristiger Wandlungsprozesse auf der einen und die Erklärung der Gleichzeitigkeit konkurrierender Tendenzen auf der anderen Seite (z. B. das Nebeneinander von technologischem und ökonomischem Wandel bei gleichzeitiger Kontinuität traditioneller Ordnungsstrukturen in Staat, Recht und Familie). „Vormärz" in diesem Konzept freilich wäre damit keine Epoche eigenen Rechts mehr, sondern ein Übergangszeitraum zwischen zwei ideologisch und sozio-politisch relativ stabilen Phasen längerer Dauer. „Vormärz" wäre mit anderen Worten eine Phase relativer Offenheit innerhalb eines Gesamtentwicklungsprozesses, der irgendwo in den endzwanziger Jahren beginnt und in den endvierziger bzw. den beginnenden fünfziger Jahren endet (womit sich dann auch die alte Diskussion über den Zeitraum dessen, was ‚Vormärz' genannt werden soll, endgültig erledigt hätte): „Vormärz" also als eine „Suchbewegung des Experimentierens" (Frank 1996, 32), als ein durch einen Verzicht auf Autonomie zugunsten von Alltagstauglichkeit und Wirkung sowie die Integration primär nichtliterarischer Aussageweisen wie Wissenschaft und Journalistik in die Literatur (‚Diskursintegration') gekennzeichnetes ‚Moratorium' – oder anders: als ein Laborzeitraum zwischen den relativ stabilen Literatursystemen der

Goethezeit (das um 1830 relativ abrupt zusammenbricht) und des Realismus (in dem sich das System um 1850 restabilisiert) (vgl. Frank 1996, 1997, 1998). Ohne Frage bietet dieses Modell zumindest den Vorteil der Unabhängigkeit von aus der politischen Geschichtsschreibung abgeleiteten Epochengrenzen – wenn auch um den kaum reflektierten Preis der Revitalisierung alter Forschungspositionen (der „Vormärz" als Übergangszeit) in neuer theoretischer Bemäntelung. Dass es als solches auf Widerspruch insbesondere von Seiten der traditionellen Vormärz-Forschung stoßen würde, die denn auch prompt einen „Ausschluß des Politisch-Sozialgeschichtlichen" beklagte – und dies ausgerechnet bei „eine[r] dezidiert politische[n] Epoche" (Stein/Vaßen 1998, 16f.) –, war zu erwarten.

Angesichts dieser Diskussionen dienen die im Titel des hier vorgelegten Überblicks genannten Jahreszahlen lediglich der Orientierung, haben also nicht mehr als heuristische Bedeutung. Walter Weiss' Anregung, die „Mehrdimensionalität" der Epoche in einer Formulierung wie „Deutsche Literatur im Spannungsfeld von Restauration und Revolution, Rhetorik und Realismus, Biedermeier und Vormärz" zum Ausdruck zu bringen (Weiss 1987, 511), mag als Vorschlag zur Güte taugen, handhabbar aber ist auch dieser Vorschlag nicht (davon dass die verwendeten Begriffe damit für sich noch nicht hinreichend geklärt sind, einmal ganz abgesehen); Weiss seinerseits hat denn selbst auch am ‚Vormärz'-Begriff als ‚kleinstem Übel' (Weiss 1987, 514) festgehalten. Auffallend an den jüngsten Veröffentlichungen zum Thema ‚Vormärz' ist so auch eine gewisse Zurückhaltung gegenüber einer allzu starren Epochenkonstruktion. Das mag daran liegen, dass die Bedingungen jenes tiefgreifenden Wandlungsprozesses, in dessen Verlauf das relativ geschlossene System der Goethezeitlichen Ästhetik in dasjenige des Realismus überging, nach wie vor nicht hinreichend geklärt sind.

III. Kontexte: soziales (Gesamt-)System – literarisches (Teil-)System

Strukturwandel als Epochensignatur

Dem abgeklärten Blick des Historikers erschließt sich die Signatur der Epoche im Prozess eines umfassenden Strukturwandels auf den verschiedensten Ebenen: sozial, politisch, ökonomisch-industriell, mental. Auch die „divergierenden und einander bekämpfenden geistigen Richtungen im Vormärz" (András Gedö 1995, 1) teilten die Überzeugung, in einer Zwischenzeit zu leben, was in seiner Wertigkeit nicht zwingend positiv besetzt sein musste. „Vormärz" wird (be-)greifbar so auch zuallererst einmal als Krise, die im Schlagwort der ‚Aufregung' publizistischen Nachklang findet (Wülfing 1999, 199 ff.): als Krise im Zeitbewusstsein einer in ihren Begrenztheiten gesprengten Gesellschaft. In dieser Bewusstseinskrise spiegelt sich die Grunderfahrung einer gesteigerten Mobilität als Ausdruck der Epoche: Mobilität in *horizontaler* Perspektive (Reisen, Migration), Mobilität in *vertikaler* Perspektive (Veränderungen im Sozialgefüge), Mobilität aber auch in *ästhetischer* Perspektive (Ausdifferenzierung des Literatursystems). Technologische Innovationen wandeln die Raum-Zeit-Verhältnisse der vorindustriellen Gesellschaft, verändern die Wahrnehmungslogik, dynamisieren zugleich die sozioökonomischen Strukturen, Kommunikationswege und -formen. Revolutionen (1830, 1848) durchschneiden den sozialen Raum, wirken als Beschleunigungsfaktoren längerfristiger Umsetzungsprozesse, in deren Perspektive sich der Siegeszug der industriell-technologischen (und agrarökonomischen) Revolution vollendet, letztlich sich dann der politische Liberalismus zum Wirtschaftsliberalismus verwandelt. Die anthropologische Wesensbestimmung der Geschichte, die Vorstellung also, dass der Mensch die Geschichte ‚macht', und damit das Herzstück des Idealismus wird brüchig, mit ihr der Glaube an die ‚Finalisierbarkeit' (Harro Müller) moralisch-praktischer und ästhetischer Diskurse. Das ästhetische Wertsystem der Klassik verliert an orientierender (auch normierender) Bedeutung und macht – für eine Übergangszeit – einer Vielzahl ästhetischer Suchbewegungen Platz. Erst allmählich werden sie von einem erneuten Normierungsprozess aufgefangen, der in der Folge zur Ausbildung des Literatursystems des Realismus hinführt.

Revolutionierung der Zeiterfahrung

Als von diesen Faktoren her begründete Krisenerfahrung tritt das vormärzliche Zeitbewusstsein einerseits in die Nachfolge der Zeitbestimmung als Krise, mit der die Romantiker in den 1790er Jahren den Beginn eines neuen Zeitalters ausgerufen hatten (Eke 2003). Das vormärzliche Zeitbewusstsein antwortet andererseits ganz unmittelbar auf die Konfrontation mit einer sich beständig steigernden Beschleunigung der empirischen Erfahrungswirklichkeit, was letztlich nichts anderes als ein Indikator ist für Fremdheitserfahrungen im Gewohnten. Der Historiker Reinhart Koselleck hat die Revolutionierung der Zeiterfahrung als das zentrale Erfahrungssubstrat der Zeit zwischen Französischer Revolution (1789) und deutscher Märzrevolution (1848) ausgemacht. Im Wechsel der Regime, dem Wandel der Rechtssysteme und dem Bevölkerungswachstum werde im „Zeitalter der europäischen Revolution" die „Geschwindigkeit der Zeit" zu einer spätestens um 1830 die Generationen verbindenden „Erfahrung der Beschleunigung" (Bergeron, Furet, Koselleck [12]1980, 303).

Die Literatur ist voll von Belegen für diesen Zusammenhang von Zeiterfahrung und Beschleunigung im subjektiven Erleben, die sich mit der Vorstellung eines schnellen Wechsels von Ereignissen verbindet, mit eruptiven Wandlungsvorgängen und radikalen Wendungen der gesellschaftlichen Entwicklung – mit *Revolutionen* eben und gerade nicht langsam gleitenden Bewegungen auf der Zeitachse (vgl. Eke 1999, Wülfing 1999).

Zeit und Beschleunigung

So nimmt es nicht wunder, dass in Georg Büchners Drama „Dantons Tod", lange bevor der Rausch der Geschwindigkeit im Kontext der gesteigerten Mobilität des urbanen Lebens zum vielleicht entscheidenden ‚Mythos der Moderne' aufsteigen sollte, mitten im Vormärz mit St. Just, dem Strategen des Terrors, bereits ein regelrechter Theoretiker geschichtlicher Beschleunigungsvorgänge das Wort ergreift (vgl. Müller 1988, 81). „Dantons Tod" erzählt vom Sterben der Revolutionäre und vom Machtkampf zwischen den beiden führenden Köpfen der Französischen Revolution Danton und Robespierre, der mit der Hinrichtung Dantons am 5. April 1794 endet (vgl. dazu im einzelnen Kap. IV, 4). Im Rahmen dieses Machtkampfes nun versucht am Ende des zweiten Aktes Robespierres Gefolgsmann St. Just vor dem Konvent die Vernichtung des Gegners geschichtsphilosophisch zu begründen. St. Just leitet in dieser großen Rede Utopie aus der Dynamisierung der Lebensverhältnisse her; den revolutionären Terror stellt er in diesem Zusammenhang in den Horizont eines umfassenden gesellschaftlichen Beschleunigungsgeschehens: revolutionäres Handeln kürzt in seinem Verständnis einen in langen Zeiträumen rechnenden Entwicklungsprozeß von welthistorischer Bedeutung in rigoroser Weise ab, beschleunigt ihn also.

Büchners „Dantons Tod"

Die Schritte der Menschheit sind langsam, man kann sie nur nach Jahrhunderten zählen, hinter jedem erheben sich die Gräber von Generationen. Das Gelangen zu den einfachsten Erfindungen und Grundsätzen hat Millionen das Leben gekostet, die auf dem Wege starben. Ist es denn nicht einfach, daß zu einer Zeit, wo der Gang der Geschichte rascher ist, auch mehr Menschen außer Athem kommen?

Wir schließen schnell und einfach: da Alle unter gleichen Verhältnissen geschaffen werden, so sind Alle gleich, die Unterschiede abgerechnet, welche die Natur selbst gemacht hat. Es darf daher jeder Vorzüge und darf daher Keiner Vorrechte haben, weder ein Einzelner, noch eine geringere oder größere Klasse von Individuen. Jedes Glied dieses in der Wirklichkeit angewandten Satzes hat seine Menschen getötet. Der 14. Juli, der 10. August, der 31. Mai sind seine Interpunktionszeichen. Er hatte vier Jahre Zeit nötig um in der Körperwelt durchgeführt zu werden, und unter gewöhnlichen Umständen hätte er Jahrhunderte dazu gebraucht und wäre mit Generationen interpunktiert worden. Ist es da so zu verwundern, daß der Strom der Revolution bei jedem Absatz bei jeder neuen Krümmung seine Leichen ausstößt? (Büchner I, 54f.)

St. Justs geschichtsphilosophische Beschleunigungstheorie spiegelt an dieser Stelle eine für die *politische* Geschichte zentrale Erfahrung, geht in ihrer Bedeutung aber weit über diesen primären Bezugspunkt hinaus: Die rasende Geschwindigkeit der revolutionär bestimmten Zeit, das ‚Rascherwerden' der Geschichte, formiert sich (auch) als eine zerstörerische und Gewalt über die Menschen beanspruchende Macht, die im gesamten Vormärz immer wieder auch unter regelrecht apokalyptischen Vorzeichen begegnet – so etwa in Friedrich Hebbels Sonett „Unsere Zeit" von 1841, in dem die entscheidenden Verse lauten: „Es ist die Zeit des stummen Weltgerichts; / In Wasserfluten nicht und nicht in Flammen: / Die Form der Welt bricht in sich selbst zusammen, / Und dämmernd tritt die neue aus dem Nichts." (Hebbel 1978, 28)

St. Just selbst operiert in seiner Rede mit einem negativen Naturbegriff, um die Gewalt (in) der Revolution von hier aus in Analogie zur zerstörerischen Natur-Gewalt zu rechtfertigen. Die Zeit beschleunigende Revolution, so erklärt er dem Konvent, sei „nicht grausamer [...] als die Natur und als die Zeit"; die Natur als solche folge „ruhig und unwiderstehlich ihren Gesetzen, der Mensch wird vernichtet, wo er mit ihnen in Konflict kommt." (Büchner I, 54)

Gleichsam durch die Hintertür betritt mit St. Justs Naturmetaphorik die Vorstellung eines dem Menschen entzogenen ‚natürlichen' Geschichtsverlaufs wieder die Bühne. Gerade dadurch dass St. Just die Forderung, der **Gewalt eines** naturwüchsigen Prozesses Arm und Schwert zu leihen, und damit auch das eigene politische Handeln nur sehr unvollkommen gegen die Drohung des Sinnverlusts abpuffern kann (nämlich durch die bloße Behauptung einer Übereinstimmung zwischen dem Naturprozess und dem eigenen revolutionären Handeln), steht mit der ‚natürlich' legitimierten Sinnausstattung des Opfers in revolutionären Prozessen im Grunde genommen ein deterministisches Geschichtskonzept im Raum, das mit der behaupteten Zwangsläufigkeit und Notwendigkeit des Geschehens die Vorstellung der Machbarkeit und Planbarkeit der Geschichte und damit ein unausgesprochenes Axiom der Revolutionstheorie selbst wieder in Frage stellt. Auf der Folie des Revolutionsgeschehens hat Büchner hier dem Beschleunigungsdenken der Zeit ein Irritationsmoment eingeschrieben, das auch an anderer Stelle des Stückes greifbar ist. Wo das Leben immer schneller wird, Zeit sich beschleunigt, beginnt unversehens eine Kluft aufzureißen zwischen dem Zeithorizont subjektiven Handelns und den objektiven Dimensionen zeitlicher Strukturen, kurz: der Geschichte. Zeit wird flüchtig, die „Zeitschere" (Blumenberg 1986) öffnet sich und muss durch geschichtsphilosophische Bemühungen wieder geschlossen werden.

In einem kurzen Dialog hat Büchner diese Vorstellung eines Entgleitens der subjektiv beschleunigten Geschichte und die darin eingeschlossene Vorstellung des Verlorengehens des Menschen in der beschleunigten Zeit zum Ausdruck gebracht, die St. Just allein rhetorisch überbrückt – eben indem er die Revolution zum Naturprinzip und sich selbst zum Agenten eines mit dem Weltgeist identifizierten Geschichtsprozesses stilisiert, der durch sein Handeln den moralischen Fortschritt in der Geschichte befördert (beschleunigt). „CAMILLE Rasch Danton wir haben keine Zeit zu verlieren. / DANTON, *er kleidet sich an*: Aber die Zeit verliert uns." (Büchner I, 38)

Büchner greift mit der Radikalität seines Denkens der Epoche weit voraus, die Beschleunigung noch weitgehend mit Fortschritt verband. Immerhin: Wenn man von der stofflichen Grundlage seines Todes-Spiels abstrahiert, begegnet in „Dantons Tod" bereits ein erster – kritischer – Reflex auf die nicht allein bewusstseinsgeschichtlichen Modernisierungsprozesse, denen sich die Gesellschaft in der ersten Hälfte des 19. Jahrhunderts ausgesetzt sah. Begleitet, angestoßen und beschleunigt wird dieser Transformationsprozess durch eine Reihe von Emanzipationsbewegungen, an deren Anfang der bürgerliche Liberalismus mit seinem Kampf um Gleichberechtigung (gegen den fürstenstaatlichen Absolutismus und die Privilegien der Aristokratie) und Rechtsgleichheit in einer noch zu schaffenden Staatsbürgergesellschaft steht. In seine Fußstapfen tritt am Ende der hier zu diskutierenden Epoche die beginnende Emanzipationsbewegung der Arbeiter: gewendet gegen die sozial-ökonomische und gleichermaßen politische Benachteiligung des sogenannten Vierten Stands, getragen von den verschiedenen Formen des Sozialismus, gerichtet auf das Fernziel des republikanischen und nationalen Volksstaats gleichberechtigter Bürger.

1. Zur politisch-historischen Situation

Im Rückblick gesehen eröffnete die Revolution in Frankreich (wenn man so will, bereits die amerikanische Unabhängigkeitserklärung von 1776) ein Zeitalter der Revolutionen, das erst im zwanzigsten Jahrhundert zu Ende kommen sollte. 1830, 1848 und 1917/18 sind Wegmarken auf der Landkarte der Revolutionen, die Europa von der Wurzel auf umgegraben haben. Für die Zeitgenossen schien dieses Zeitalter der Revolutionen zunächst allerdings, kaum dass es begonnen hatte, gleich auch schon wieder beendet. Mit dem Sturz Robespierres am 9. Thermidor (also dem 27. Juli 1794) kam die jakobinische Gewaltherrschaft, freilich damit auch die revolutionäre Dynamik, zum Erliegen; Napoleon beendete mit dem Staatsstreich vom 18. Brumaire (9. November 1799) die Revolution dann auch ganz formell, ließ sich 1804 zum Kaiser krönen – und überzog Europa mit einem Krieg, der die alte Staatsordnung in sich zusammenbrechen ließ und ihn selbst zum Herrscher über weite Teile des Kontinents erhob. Unter Napoleons Druck traten am 16. Juli 1806 sechzehn Reichsstände aus dem Deutschen Reich aus und bildeten eine Konföderation unter dem Protektorat des französischen Kaisers, den sogenannten „Rheinbund". Das alte deutsche Reich war damit faktisch zerschlagen, noch bevor Franz II. am 6. August 1806 die Reichskrone niederlegte und damit das Ende des „Heiligen Römischen Reichs deutscher Nation" auch formell besiegelte. Mit der Niederlage Napoleons in der Völkerschlacht bei Leipzig (16.–19. Oktober 1813), dem Einzug der Koalitionsmächte in Paris (31. März 1814) und der Abdankung Napoleons am 6. April 1814 war auch diese Ära zu Ende. Napoleons Versuch, im Frühjahr 1815 von Elba aus noch einmal das Ruder herumzureißen, änderte daran nichts mehr; nur hundert Tage währte der Traum der (seiner) Wiederkehr; mit dem Sieg der Preußen und Engländer bei Belle-Alliance (Waterloo) am 18. Juni 1815 hatte er sich schnell wieder erledigt. Bereits neun Tage zuvor war in Wien eine Friedenskonferenz zu Ende gegangen, auf der seit dem 18. September des Vorjahres mit Ausnahme der Türken Vertreter aller europäischer Staaten über die Neuordnung Deutschlands und Europas verhandelt hatten. Dieser *Wiener Kongress* setzte 1815 einen Schlussstrich unter die Ära Napoleon und bemühte sich eifrig darum, das Rad der Geschichte zurückzudrehen. ‚Restauration'

Zeitalter der Revolutionen

Wiener Kongress

nannten die Zeitgenossen selbst diese neue Epoche, und das war durchaus nicht negativ gemeint, zumindest nicht bei denen, die äußere Ruhe und die Rückkehr zu geordneten Verhältnissen nach der bald drei Jahrzehnte anhaltenden Phase der politischen Gärungen und der Kriege allem anderen vorzogen.

Der Wiener Kongress errichtete mit einer politisch-restriktiven Stabilisierungspolitik Schutzwälle gegen alle nationalen, sozialen und intellektuellen Veränderungshoffnungen, die in der Zeit der Befreiungskriege der allgemeinen Mobilmachung gegen den zum Schrecken Europas dämonisierten Kaiser Napoleon noch so dienlich gewesen waren. Er konnte die politische ‚Modernisierung' der deutschen Länder damit zwar zumindest vorübergehend eindämmen, nicht aber zur Gänze anhalten, wovon die eruptiven Revolutionsbewegungen der Jahre 1830 und 1848 Zeugnis ablegen. Der Wiener Kongress hatte nach einem Vierteljahrhundert Revolution und Krieg vor der schwierige Aufgabe gestanden, die verschiedenen Interessenlagen der europäischen Staaten in einer Friedensordnung auszubalancieren, die sowohl dem deutschen Föderalismus und damit den Interessenlagen der deutschen Einzelstaaten (50 von den ursprünglich mehr als 300 dieser politischen Einheiten waren nach Napoleons Reformen noch übrig geblieben) gerecht zu werden als auch die jeweiligen Vormachtinteressen Österreichs und Preußens gegeneinander abzugleichen in der Lage sein sollte. Letztendlich schuf der Wiener Friedenskongress unter der Federführung des österreichischen Außenministers Clemens Wenzel Fürst von Metternich mit der Gründung des „Deutschen Bundes" eine gemeinsame Plattform für die aus den Fugen geratene Staatenlandschaft der deutschsprachigen Länder Mitteleuropas. Artikel 1 der Bundesakte definierte den „Deutschen Bund", dem schließlich 35 Fürstenstaaten und vier Freie Städte beitraten, als „beständigen", d. h. unauflösbaren Bund. Als dessen Verfassung galt die am 8. Juni 1815 verabschiedete „Deutsche Bundesakte" (in der Praxis eher ein ausgestaltungsfähiger Rahmenvertrag als ein Grundgesetz), die der Schlussakte des Wiener Kongresses vom 15. 5. 1820 eingefügt wurde. Mit dem Bundestag, der seit November 1816 in Frankfurt tagte, gab sich der „Deutsche Bund" ein Beratungs- und Legislativorgan, dessen Vorsitz Österreich innehatte. Diese Bundesversammlung war kein gewähltes Parlament, sondern ein Gesandtenkongress, dem siebzehn weisungsgebundene Delegierte angehörten. Für Verfassungsänderungen und andere Beschlüsse ähnlicher Tragweite war die Erweiterung des Bundestages zu einer Bundesversammlung möglich. Die politisch gestaltende Macht des Bundestags war von vornherein beschränkt, zumal sich der Bund weder eine starke Exekutive noch ein oberstes Bundesgericht als letztentscheidende Instanz gab, auch wenn im Grundsatz das Bundesrecht über dem Landesrecht stand. Zudem erschwerte ein kompliziertes Abstimmungssystem die Durchsetzung politischer Maßnahmen.

Zwar verschaffte die Eingliederung der Bundesakte in die Wiener Schluss-Akte der Existenz und dem territorialen Bestand aller 39 Einzelstaaten (denen sich wenige Wochen später noch Baden [26. Juli] und Württemberg [1. September] anschlossen) eine völkerrechtliche Garantie; sie zementierte gleichzeitig aber auch den politischen und gesellschaft-

Gründung des „Deutschen Bundes"

Stillstellung der politischen Dynamik

lichen status quo. Weder erfüllten sich mit der Gründung des Deutschen Staatenbundes so die in den Befreiungskriegen bewusst genährten Hoffnungen auf die Schaffung eines deutschen Nationalstaates, und sei es nur in Gestalt eines Bundesstaates mit starker Zentralgewalt und eng begrenzter Autonomie seiner Mitglieder; noch gingen die Mitgliedsstaaten des „Deutschen Bundes" in ihrer Mehrheit den Weg zum demokratischen (konstitutionellen) Verfassungsstaat, den die Bundesakte mit der im Artikel 13 formulierten Forderung zur Einrichtung einer „landständischen Verfassung" in „allen Bundesstaaten" selbst wies.

Die Frage der Nation

Bayern machte in dieser Hinsicht eine Ausnahme, insoweit es sich 1818 nach englischem Vorbild eine Verfassung mit einem Zweikammernsystem gab; diese räumte den Abgeordneten das Recht der Steuerbewilligung und der Mitwirkung an der Gesetzgebung und an der Schuldenverwaltung des Staates ein, garantierte überdies Gewissens-, Meinungs- und Pressefreiheit sowie gleichen Zugang zu allen staatlichen Ämtern, Gleichheit vor dem Gesetz, hinsichtlich der Wehr- und Steuerpflicht, die Freiheit der Person und des Eigentums sowie die Unparteilichkeit der Rechtspflege. Eine Sonderstellung nahm auch das Großherzogtum Baden ein, das mit seiner am 22. August 1818 in Kraft getretenen Verfassung den Abgeordneten selbst die Möglichkeit zur Kürzung des Militär- und Hofbudgets ermöglichte. Andere Staaten, insbesondere die Großmächte Österreich und Preußen, waren dagegen nicht bereit, diesen Reformweg mitzugehen: Preußen unter Bruch eines von Friedrich Wilhelm III. noch während der letzten Feldzüge im Mai 1815 gegebenen Versprechens (das Verfassungsversprechen des preußischen Königs ist enthalten bereits im Finanzedikt vom 27. 10. 1810; Friedrich Wilhelm III. hat es am 22. 5. 1815 noch einmal ausdrücklich bekräftigt), wenn auch anfänglich in seinen Zielsetzungen noch sehr unentschieden; Österreich unter Metternich dagegen von vornherein mit dem entschiedenen Willen, den Vormarsch des Konstitutionalismus um jeden Preis abzublocken und die zur Mobilisierung im Kampf gegen Napoleon noch dienliche Aussicht auf eine weitreichende Demokratisierung vergessen zu machen. Die Ermordung des russischen Staatsrats und Erfolgsschriftstellers August von Kotzebue durch den Jenaer Theologiestudenten Karl Ludwig Sand im März 1819 gab Metternich die Möglichkeit an die Hand, durch geeignete Maßnahmen das Feuer der in den Befreiungskriegen noch nützlichen, nun aber kaum noch zu kontrollierenden liberalen und nationalen Bewegungen auszutreten, bevor diese gefährlich werden konnten. Metternich selbst spricht in seinen nachgelassenen Papieren ganz offen von der willkommenen Gelegenheit, „den Ultraliberalismus aus[zu]rotten dank dem Beispiele, wie der vortreffliche Sand es mir auf Kosten des armen Kotzebue lieferte". (Aus Metternich's nachgelassenen Papieren 3, 235)

Ermordung August von Kotzebues

Kotzebue hatte in seinen Schriften die Nachkriegsordnung entschieden verklärt und war dadurch ins Visier der vom Ergebnis des Wiener Kongresses enttäuschten Opposition geraten, die in den unmittelbaren Nachkriegsjahren den Nationalismus der Befreiungskriege als Emanzipationsideologie aufnahm. Die Verschwommenheit des Nationen-Begriffs, der sowohl als geistige Kulturgemeinschaft wie als völkische Schicksalsgemeinschaft und als politische Gemeinschaft freier Menschen im 19. Jahrhundert Karriere

Nationalismus als Emanzipationsideologie

machte, tut der historischen Bedeutung des frühen Nationalismus als integrierender Kraft im Prozess der Herausbildung der bürgerlichen Gesellschaft keinen Abbruch. (Im übrigen bleibt zu beachten, dass ebenso wenig wie von einer einheitlichen liberalen Gegenbewegung zum Metternich'schen System in ganz Deutschland die Rede von einer nur annähernd geschlossen auftretenden Opposition in dieser Zeit sein kann; eine solche konnte sich unter den politischen Bedingungen der Nachkriegsära nicht herausbilden. Opposition im Vormärz erstreckte sich bis in die zwischen konservativer Orthodoxie und innerkirchlichem Liberalismus zerrissenen Kirchen hinein, in denen liberale Gegenströmungen wie die Lichtfreunde [gegründet 1841, 1845 verboten] und die Deutschkatholiken [gegründet 1845] das Staatskirchentum der Amtskirchen in Frage stellten und so von hier aus die Revolution vorbereiteten; vgl. Graf 1978, Pilick 1999.)

Der frühe Nationalismus war „jahrzehntelang eine liberale Oppositions- und Emanzipationsideologie, welche die ständische Ungleichheit, die Vormacht des Adels, den deutschen Spätabsolutismus, den partikularstaatlichen Egoismus überwinden wollte" (Wehler ²1989, 240f.) – und deshalb von den Konservativen auch als Bedrohung empfunden und energisch bekämpft wurde. Dies nicht zuletzt, weil die zentralstaatlichen Träume der deutschen ‚Patrioten' die politische Existenz der einzelnen Gliedstaaten prinzipiell in Frage stellten. Gleiches gilt für die scheinbar nachgeordnete Forderung zur Herausbildung einer nationalen *Identität*. Auch sie stand quer zu den partikularstaatlichen Interessen, die vom Untertanen ganz selbstverständlich eine jeweilige nationale, besser müsste man hier sagen: regionale oder landsmannschaftliche Identität verlangten: als Bayer, Preuße, Württemberger usw. Und selbstverständlich rief auch der Traum vom gesamtdeutschen Nationalstaat *als Verfassungsstaat* die Abwehrkräfte der restaurativen Staaten auf den Plan, die sich zu immunisieren suchten gegen jede Form der Infragestellung des status quo. (Wehler ²1989, 396f.)

Trägergruppen des Nationalismus

Trägergruppen dieses Nationalismus waren zum einen die zunächst in Süd- und Mitteldeutschland aufkommenden Männergesangsvereine, die bis 1848 etwa 100 000 Mitglieder zählten (Klenke 1998). Zum anderen zu nennen ist die Turnbewegung, die nach zwischenzeitlichem Verbot in den frühen vierziger Jahren einen zweiten Aufschwung erlebte (was auch damit zusammenhängt, dass Preußen 1842 den Gymnastikunterricht an den höheren Schulen eingeführt und damit das Turnen wieder legalisiert hatte); 1848 zählen die deutschen Turnvereine bereits rund 90 000 Mitglieder, überwiegend junge Männer kleinbürgerlicher Herkunft. Als dritte Trägerschicht erscheint die akademische Jugend, die sich sehr bald nach dem Kriegsende an einzelnen deutschen Universitäten in studentischen Vereinigungen, den sogenannten Burschenschaften, zu organisieren begann. Mit der Tradition der gegen Napoleon gerichteten vaterländischen Vereine überführte sie die seit den Befreiungskriegen nicht erloschenen liberalen und demokratischen Reformerwartungen in die Nachkriegsära (und stieß damit auf große Sympathien bei vielen Professoren). Die Enttäuschung über die politische Entwicklung, die lediglich eine Staatenkonföderation zu Wege gebracht hatte und eben nicht die ersehnte nationale Einheit der Deutschen, markiert die Grunderfahrung der aus den Freikorps und freiwilligen Jäger-Corps in die Hörsäle zurückgekehrten Studenten. Sie führte zu einer von den Obrigkeiten argwöhnisch beobachteten Politisierung, die nach dem 1817 auf der thüringischen Wartburg gefeierten „Nationalfest" zum Gedenken an die „Wiedergeburt des freien Gedankens und der Befreiung des Vaterlandes" in Reformation und Völkerschlacht zu massiven Repressionen führte. Das dem Vorbild der revolutionären Volksfeste in Frankreich nachempfundene Studentenfest rief als erste machtvolle öffentliche Demonstration der politischen Opposition umgehend die Obrigkeiten auf den Plan. Preußen erließ eilends ein Verbot der studentischen Verbindungen an allen Universitäten, was allerdings nicht verhindern konnte, dass sich die Burschenschaften bereits in der zweiten Hälfte der zwanziger Jahre wieder zu reorganisieren begannen. Nach einem erneuten Verbot in den dreißiger Jahren fanden sie im darauffolgenden Jahrzehnt in der sogenannten „Progreß"-Bewegung eine neue Basis und in der liberalen Presse ein Ausdrucksmedium, kamen schließlich sogar mit eigenen Zeitschriftengründungen auf den Markt („Zeitschrift für Deutschlands Hochschulen" [1844–45], „Akademische Zeitschrift" [1845–1846]). Das in seiner Bedeutung für sich genommen eher nachrangige Attentat auf den Schriftsteller – und vor allem hohen Beamten eines der drei Mitgliedsstaaten der aus Preußen, Österreich, Russland bestehenden „Heiligen Allianz" – Kotzebue, dessen „Geschichte des deutschen Reiches" neben Schriften beispielsweise des preußischen Staatsrats Johann Peter Friedrich von Ancillon („Souveränität und Staatsverfassung"), des Direktors des preußischen Polizeiministeriums Karl Albert Christoph Heinrich von Kamptz (Codex der Gensdarmerie) und des Staatstheoretikers Karl Ludwig von Haller („Restauration der Staatswissenschaft") auf dem Wartburgfest bereits von Anhängern Jahns dem Scheiterhaufen übergeben worden waren, sowie ein gescheitertes Attentat auf den nassauischen Minister Carl von Ibell am 1. Juli desselben Jahren taten ein übriges, um die teils berechtigte, teils von interessierten Kreisen gezielt geschürte Revolutionsfurcht weiter anzufachen. In diesem Klima versammelte Metternich am 6. August 1819 Minister der zehn größten deutschen Bundesstaaten (Österreich, Preußen, Hannover, Sachsen, die beiden Mecklenburg, Nassau, Bayern, Baden, Württemberg) zu einer Geheimkonferenz in Karlsbad. Im Ergebnis ausführlicher Beratungen einigte man sich auf dieser am 31. August beendeten Konferenz auf ein Bündel von Bundesgesetzesvorlagen, die darauf abzielten, die öffentliche Meinung zum Schweigen zu bringen und durch die Kriminalisierung des Gedankenaustauschs jede Gruppenbildung bereits im Ansatz unmöglich zu machen. Kernstück dieser Absprachen, die am 20. September 1819 durch die Frankfurter Bundesversammlung zu geltendem Bundesrecht erklärt wurden, waren neben der strengen Beaufsichtigung der Universitäten und der Einrichtung einer außerordentlichen Bundes-„Central-Untersuchungs-Commission" zur Ausspürung der „revolutionären Umtriebe und demagogischen Verbindungen" mit Sitz in Mainz, die Einführung einer strengen Zensurpolitik, die unter anderem die Einführung einer präventiven *Zensur* für Zeitungen und Zeitschriften sowie aller weiteren Druckschriften mit einem Umfang von weniger als 20 Bogen (320 Seiten) vorsah. Umfangreichere Schriften, von denen man etwas unbedarft annahm, dass sie auf-

Wartburgfest

Karlsbader Beschlüsse

grund ihres hohen Preises und ihres Umfangs sowieso wohl kein größeres Publikum würden erreichen können, waren von dieser Vorzensur ausgenommen, unterlagen allerdings der Nachzensur. Flankierende Zensurmaßnahmen der einzelnen Staaten engten den Spielraum von Verlegern und Redakteuren weiter ein. Die preußische Regierung beispielsweise behielt sich ein Vetorecht bei der Besetzung von Redakteursstellen vor (vgl. Huber, Dokumente zur deutschen Verfassungsgeschichte, S. 107). Ganz allgemein belegte das Bundes-Preßgesetz Redakteure einer verbotenen Zeitschrift für fünf Jahre mit einem Berufsverbot; „binnen fünf Jahren" so lautet der entsprechende Paragraph im Bundes-Preßgesetz, dürften solche Redakteure „in keinem Bundesstaate bei der Redaction einer ähnlichen Zeitschrift zugelassen werden" (§ 7). Abgesehen von punktuellen und allein vorübergehenden Auflockerungen blieben diese Zensurregeln innerhalb des Deutschen Bundes dem Grunde nach bis zum März 1848 gültig.

Die politische Situation nach den Karlsbader Beschlüssen von 1819 war dem Aufbau eines freien Publikationswesens alles andere als förderlich. Hatten die veralteten und uneinheitlichen Zensurgesetze in den deutschen Ländern Publizisten und Schriftstellern in der kurzen Zeitspanne nach dem Ende der Napoleonischen Besetzung zumindest in einigen Ländern (Holstein, Sachsen-Weimar-Eisenach, Hessen, Baden, Nassau, Württemberg) für einige Jahre eine relative Freiheit der Meinungsäußerung ermöglicht, beendete die strafbewehrte Einführung der Zensur eine kurze Blütezeit der Zeitschriftenliteratur, in der immerhin so bedeutende Zeitschriften wie Josef Görres' „Rheinischer Merkur" (1814/15), Heinrich Ludens „Nemesis" (1814–1818) und Johann Baptist von Pfeilschifters „Zeitschwingen" (1817–1819) hatten erscheinen können.

Kampf gegen die Zensur

Die Arbeit des Mainzer Informationsbüros und vor allem die geheimen Wiener Beschlüsse zur Überwachung und Steuerung des Pressewesens konnten der Verbreitung oppositioneller Zeitungen wie beispielsweise der „Zeitschwingen" Ludwig Börnes (1819), der „Kieler Blätter" Friedrich Christoph Dahlmanns oder des „Teutschen Beobachters" Samuel Gottlieb Lieschings vorübergehend Einhalt gebieten. Sie konnte die Expansion des Zeitungsmarktes *be*hindern. Langfristig *ver*hindern allerdings konnten sie all dies nicht. Das Netz der Zensur blieb im übrigen auch als solches löchrig und bot immer wieder Möglichkeiten, durch seine Maschen zu schlüpfen, wovon die Autoren des Vormärz auch reichlich Gebrauch zu machen verstanden. Eine Möglichkeit der Zensur zu entgehen, war so die Verlegung des Druckortes einer Zeitschrift, eine andere, die Zeitschrift unter einem anderen Namen weiterzuführen. Druckorte konnten fingiert, Urheberschaften durch Pseudonyme oder Anonyme verschleiert werden. Mit Hilfe besonderer Druck- und Kompositionstechniken wurde des weiteren immer wieder die Grenze von zwanzig Bogen überschritten; zugleich wurde mit Hilfe versteckter Kritik, mit Anspielungen, mit Hilfe der Tarnung von Gesellschaftsanalysen als Reiseberichten und Ähnlichem die Zensur getäuscht: der dritte und der vierte Teil von Börnes „Briefen aus Paris" beispielsweise erschienen 1833 als 11. und 12. Teil seiner „Gesammelten Schriften" unter dem Titel „Mitteilungen aus dem Gebiet der Länder- und Völkerkunde" mit dem fingierten Verlagssignet „Offenbach. Bei L. Brunet".

Zu den beliebten Mitteln im Kampf gegen die Zensur gehörte neben der Camouflage die Offenlegung der Zensureingriffe für den Leser durch die druckgraphische Markierung zensierter Stellen (Leerstellen, Gedankenstriche etc.). Heine hat dies in „Ideen. Das Buch Le Grand" (Reisebilder. Zweyter Theil, 1826) in satirischer Weise zugespitzt, indem er im XII. Kapitel außer den Zensurstrichen nur die folgenden sprechenden Worte stehen ließ: „Die deutschen Censoren - - - - - Dummköpfe - - - - ." (DHA VI, 201)

Die Wiener Ministerialkonferenz vom Juni 1834 hat solche Methoden der Zensursatire zwar ausdrücklich verboten, ihre weitere Verwendung aber nicht abstellen können, wie das Beispiel der von Heinrich Laube (1833/34 und 1842–1844) und Gustav Kühne (von 1835–1842) herausgegebenen „Zeitung für die elegante Welt" zeigt, obwohl gerade die Möglichkeiten der Zeitungen und Zeitschriften, die Zensur zu unterlaufen bei weitem eingeschränkter waren als dies bei Büchern der Fall war. Die meisten oppositionellen Zeitungen bestanden aus diesem Grund auch nur jeweils für kurze Zeit, beispielsweise die „Deutsche Tribüne" 1831, „Das Westphälische Dampfboot" von 1845–1848 oder „Der Gesellschaftsspiegel" von 1845/46. Nicht viel besser erging es den literarischen Zeitungen, den eigentlichen Multiplikationsmedien der bürgerlich-progressiven Literatur. Zu der (geringeren) Zahl der etwas langlebigeren Zeitschriften dieser Art gehören: „Europa. Chronik der gebildeten Welt" (1835–1885); „Telegraph für Deutschland" (1838–1848). Zu der Mehrzahl der kurzlebigen Theodor Mundts „Literarischer Zodiacus für Zeit und Leben, Wissenschaft und Kunst" (1835–1836), „Dioskuren. Für Wissenschaft und Kunst" (1836–1837), „Der Freihafen. Galerie von Unterhaltungsbildern aus den Kreisen der Literatur, Gesellschaft und Wissenschaft" (1838–1842).

Publizistik und Zensur

Erheblich eingeschränkt in seiner Präsenz und Wirkung wird durch die Zensur vor allem auch das Theater, das als öffentliches Kommunikationsereignis seit dem 18. Jahrhundert (Französische Revolution) ohnedies einem ständigen Misstrauensvorbehalt ausgesetzt war (Eke 1997, 23 ff.). Die Überwachungsmaßnahmen verschärfen auf diese Weise den ökonomischen Druck, dem insbesondere die im Vormärz in großer Zahl als (in der Regel) Aktiengesellschaften gegründeten städtischen Theater unterlagen, während den Hof- und Residenztheatern (Berlin, Kassel, Darmstadt, Dresden, Hannover, Karlsruhe, Schwerin, Stuttgart, Weimar, München, Wien, Braunschweig, Coburg/Gotha, Dessau, Detmold, Oldenburg, Neustrelitz, Meiningen, Wiesbaden) hinsichtlich ihrer künstlerischen Entfaltung von anderer Seite Grenzen gesetzt waren, insofern sie primär der Außendarstellung des Souveräns dienten (vgl. Daniel 1995, Zielske 2002). Beides führte dazu, dass von den Bühnen kaum innovative ästhetische Impulse ausgingen, die Dramatiker vielmehr zu großen Zugeständnissen an den Geschmack und an die politischen Gegebenheiten gezwungen waren (Porrmann/Vaßen 2002). Faktisch war das Theater unter den gegebenen gesellschaftlichen Bedingungen damit auf den Unterhaltungsaspekt beschränkt (vgl. Kortländer 2002, 199 f.), konzentrierte sich dementsprechend auf Zerstreuendes (Oper, Singspiel, Ballett) und vor allem auf die verschiedenen Ausprägungen des bürgerlichen Lachtheaters (Volksstück, Komödie, Posse, Schwank, Vaudeville) sowie auf Melodramen und Schauerstücke. Einerseits

Theaterverhältnisse im Vormärz

stagnierten die realen Theaterverhältnisse im Vormärz so künstlerisch gleichermaßen unter der Last der Tradition wie den Fesseln der Zensur und hat das Theater als Institution im Unterschied zu seiner kulturellen Anerkennung so auch „kaum gesellschaftliche Relevanz" (Porrmann/Vaßen 2002, 15) – ungeachtet im Übrigen des Umstands, dass auch das Unterhaltungstheater im Einzelfall zeitbezogen-kritisch agieren konnte (Bayerdörfer 2002). Andererseits allerdings entsteht jenseits der Bühnen, die sie nicht erreicht, mit Werken Grabbes und Büchners gerade im Vormärz auch eine innovative, auf die Moderne vorausweisende Dramatik, unterstützen dialogisch-dramatische Kurz-Formen wie etwa im Falle Adolf Glaßbrenners in publikumswirksamer Weise den kritischen Impetus satirischer Texte, stoßen eine florierende Theaterkritik und eine bald breit ausdifferenzierte Theater-Publizistik auf breite Resonanz („Allgemeine Theaterchronik", 1832–1873; „Der (wohlunterrichtete) Theaterfreund", 1830, 1848; „Allgemeines Theater-Lexicon", 1839–1843; „Theater-Lexikon. Theoretisch-praktisches Handbuch für Vorstände, Mitglieder und Freunde des deutschen Theaters", 1841). In welchem Maße dabei gerade der Bühne und der Theaterpublizistik allen *objektiven* Behinderungen zum Trotz *subjektiv* die Funktion einer politischen Ersatzöffentlichkeit zuwächst, lässt sich an der Einführung des 1846 in neuer Auflage erscheinenden „Allgemeinen Theater-Lexikons" ablesen, in der es heißt: „Die Bühne ist für uns Deutsche außer der Kirche fast die einzige Stätte der Öffentlichkeit. In ihrer Beachtung und Anerkennung vereinigen sich alle Stämme, Staaten und Provinzen des deutschen Volkes, sie ist der Mittelpunkt der intellectuellen und geselligen Einheit Deutschlands, ein die Zeitblätter und Conversation stets rege und lebendig erhaltender, nie sich erschöpfender oder alternder Stoff, und demnach ein unabweisbarer Aggregat des gesellschaftlichen Lebens." (Allgemeines Theater-Lexikon oder Encyklopädie alles Wissenswerthen für Bühnenkünstler, Dilettanten und Theaterfreunde. Hrsg. von Robert Blum, Karl Herloßsohn und Hermann Marggraff. Bd. 1. Neue Auflage. Altenburg, Leipzig 1846, S. III) Heinrich Heines Spott über den Surrogatcharakter des Theaterwesens aus dem Jahre 1835 relativiert dies dann allerdings wieder etwas: „Wir, die wir fast gar keine raisonnirende politische Journale besaßen, waren immer desto gesegneter mit einer Unzahl ästhetischer Blätter, die nichts als müßige Mährchen und Theaterkritiken enthielten: so daß, wer unsere Blätter sah, beinahe glauben musste, das ganze deutsche Volk bestände aus lauter schwatzenden Ammen und Theaterrezensenten. Aber man hätte uns doch Unrecht gethan. Wie wenig solches klägliche Geschreibsel uns genügte, zeigte sich nach der Juliusrevoluzion, als es den Anschein gewann, daß ein freyes Wort auch in unserem theuren Vaterland gesprochen werden dürfe. […] In der That, wenn in Deutschland die Revoluzion ausbrach, so hatte es ein Ende mit Theater und Theaterkritik, und die erschreckten Novellendichter, Comödianten und Theaterrezensenten fürchteten mit Recht: ‚daß die Kunst zu Grunde ginge.'" (DHA VIII, 178f.)

Zwar setzen die einzelnen Bundesstaaten die in Karlsbad verabschiedeten Repressionsgesetze in unterschiedlicher Weise um – Bayern, Württemberg und Sachsen-Weimar eher laxer, Baden, Nassau und Preußen beispielsweise in noch verschärfterer Form –, im Ergebnis aber markierten sie im ganzen Bund den Startschuß für die sogenannten Demagogenverfolgungen, mit denen das politische Leben zunächst eingefroren und die publizistische Öffentlichkeit einer scharfen Kontrolle unterworfen wurde. Das Denunziantentum blühte; missliebige Professoren wurden gleich reihenweise von den Hochschulen entfernt (Fries und Oken in Jena, de Wette in Berlin, Arndt in Bonn usw.), die Universitäten insgesamt wurden unter Kuratel gestellt, Burschenschaftler in Gefängnis- oder Festungshaft genommen; die Literatur selbst stand seitdem erst einmal unter dem Generalverdacht, den Aufruhr zu schüren.

Mit der Wiener Ministerialkonferenz, die vom 25. November 1819 bis zum 20. Mai 1820 dauerte, erreichte Metternich überdies vorübergehend auch sein Hauptziel: die verbindliche Festschreibung des „monarchischen Prinzips". Es ist Bestandteil der am 15. Mai 1820 von der Ministerialkonferenz verabschiedeten „Bundes-Supplementar-Akte", die am 8. Juli vom Frankfurter „Plenum" zu einem „Grundvertrag" des Deutschen Bundes erklärt wurde. Zwar gewährte Artikel 56 der neuen Wiener Schlussakte den bestehenden konstitutionellen Verfassungen eine Bestandsgarantie, mit dem Artikel 57 aber wurde das traditionelle Souveränitätsprinzip des Fürsten für sakrosankt erklärt. Dieser Artikel definiert das „monarchische Prinzip" als Vereinigung der „gesamten Staatsgewalt in dem Oberhaupte des Staats"; „nur in der Ausübung bestimmter Rechte" könne der „Souverän durch eine landständische Verfassung […] an die Mitwirkung der Stände gebunden werden".

So gelang es Metternich das *öffentliche* politische Leben bis 1830 weitgehend lahmzulegen und die liberalen und nationalen Bewegungskräfte unter Kontrolle zu halten. Der Ausbruch der gegen die bourbonische Restauration gerichteten Julirevolution in Paris (27. bis 29. Juli 1830), die Karl X. zum Thronverzicht zwang und zur Thronbesteigung des Herzogs von Orléans als ‚Bürgerkönig' Louis-Philippe I. führte, setzte der relativen Ruhe des staats- und sozialkonservativen Restaurationsjahrzehnts allerdings ein abruptes Ende. Die Ereignisse in Frankreich, ausgelöst durch den Versuch Karls X., mit den Ordonanzen vom 25. Juli die Pressefreiheit einzuschränken, die Abgeordnetenkammer aufzulösen und das Wahlrecht zu ändern, zogen eine Kettenreaktion in ganz Europa nach sich. Auch in einer ganzen Reihe deutscher Klein- und Mittelstaaten (Braunschweig, Kurhessen, Sachsen, Hannover) kam es – flankiert durch Forderungen nach Pressfreiheit, Verfassungen und Nationalstaatlichkeit in den nun in großer Zahl neu gegründeten Zeitungen und Zeitschriften – zu offenem Aufruhr und zu verschärften Verfassungskämpfen. Hinzu kamen eine Reihe städtischer Revolten, z.B. in Göttingen, Köln, Elberfeld, Jülich, Frankfurt, München, Wien und Prag. Was jetzt begann, nennt der Historiker Hans-Ulrich Wehler eine „klassische Inkubationsperiode", eine „Zeit des Übergangs" mit „stetig anwachsenden Spannungen zwischen alten Strukturen und neuen Kräften, ‚eine Schwelle zur Moderne' schließlich, die in das Vorfeld der politischen Revolution von 1848, aber auch der deutschen industriellen Revolution hineinführt." (Wehler ²1989, 346)

Die meisten deutschen Intellektuellen feierten die Julirevolution, die den Konstitutionalismus stärkte und eine Erweiterung des Wahlrechts und der

Auswirkungen der Julirevolution

Befugnisse der Parlamentskammern erstritt, als Zeichen des Aufbruchs aus den erstarrten Verhältnissen. Heines Bemerkung aus der Börne-Denkschrift über die „Juliusrevoluzion, welche unsere Zeit gleichsam in zwey Hälften auseinander sprengte" (DHA XI, 56), vermittelt ebenso einen Eindruck von dieser Aufbruchstimmung wie das liberale Freiheitspathos, das – ein zweites Beispiel – Anastasius Grüns „Spaziergänge eines Wiener Poeten" trägt, die 1831 anonym erschienen.

Hambacher Fest

Im Zusammenhang mit diesem Erstarken des politischen Protests nach der Julirevolution steht das „Nationalfest der Deutschen", zu dem sich zwischen dem 27. und dem 30. Mai 1832 ca. 20000 bis 30000 Anhänger der radikal-liberalen Opposition in der Ruine des Hambacher Schlosses in der bayerischen Pfalz bei Neustadt an der Haardt versammelten. Die Resonanz auf das Hambacher Fest, das im Unterschied zum Wartburgfest von 1817 nicht mehr als allein nationales Ereignis begangen, sondern vielmehr bereits „im Bewußtsein einer europäischen Solidarität aller antifeudalen Kräfte abgehalten" wurde (Labuhn 1980, 91), war nicht nur in der liberalen Öffentlichkeit groß. Die dort in Reden und Grußworten erhobenen Forderungen zur Einrichtung eines freiheitlichen deutschen Einheitsstaates, nach Republik und Demokratie sowie eines konföderierten republikanischen Europa rief umgehend auch die Münchner Zentralregierung auf den Plan, die eilends über die Pfalz den Belagerungszustand verhängte und die Initiatoren des Festes (darunter Jacob Siebenpfeiffer und Johann Georg August Wirth) verhaften ließ.

Einschränkung der politischen Öffentlichkeit

Mit den am 28. Juni 1832 durch den Bundestag verabschiedeten „6 Artikeln" zur „Aufrechterhaltung der gesetzlichen Ordnung" und den in die gleiche Richtung zielenden „10 Artikeln" vom 5. Juli 1832 wurden die Versammlungsfreiheit nahezu völlig eingeschränkt, das Petitionsrecht und das Budgetrecht, die Rede- und Berichtsfreiheit der landständischen Versammlungen beschränkt sowie eine Bundeskommission zur Überwachung der Landtage eingerichtet; das Zensurwesen wurde noch einmal verschärft. Als am 3. April 1833 eine Gruppe unter anderem ehemaliger Mitglieder des „Vaterlandsvereins zur Unterstützung der freien Presse" die Frankfurter Hauptwache stürmte, bot diese missglückte Aktion den willkommenen Anlass zur Einrichtung einer mit umfangreichen Vollmachten ausgestatteten „Bundes-Zentralbehörde", die bis zu ihrer Auflösung 1842 dann auch Ermittlungsverfahren gegen mehr als 2000 Personen führte. Den Höhepunkt der Repressionsmaßnahmen stellt das Schlussprotokoll der Wiener Geheimkonferenz dar, die zwischen Januar und Juli 1834 mit den Bevollmächtigten der im engeren Rat des Bundestags vertretenen Staaten stattfand. Die im Rahmen dieser Geheimkonferenz am 12. Juni 1834 verabschiedeten, aus Angst vor Protesten aber bis 1843 geheimgehaltenen 60 Artikel zielten ab auf die totale Kontrolle der politischen Öffentlichkeit, insbesondere der Universitäten.

Zwar gelingt mit der Durchsetzung dieser Beschlüsse vorübergehend noch einmal die Stabilisierung des durch die Ereignisse in Frankreich bereits empfindlich getroffenen ‚Systems Metternich'. Weder aber lässt sich mit den neuen Repressionsmaßnahmen wie noch in der „Syrupszeit" (Grabbe, HKA V, 318; Brief an den Kritiker Wolfgang Menzel vom 15. 1. 1831) der zwanziger Jahre das politische Leben nachhaltig einfrieren noch die schnelle Reorganisation der Opposition, geschweige denn die Fortführung der politischen Arbeit durch die zahlreichen vor den Nachstellungen des Metternich'schen Unterdrückungsapparats ins Ausland geflüchteten Intellektuellen (u.a. Börne, Heine, Büchner, Wirth, Venedey, Herwegh, Ruge, Weitling) verhindern – schon gar nicht der Re-Import oppositionellen Gedankenguts nach Deutschland. Vor allem im französischen Exil, in Paris, sowie in der Schweiz, Belgien, später auch in London fand sich die Opposition in Vereinigungen zusammen, die auf teils legalem Weg, teils aber auch mit Hilfe illegal eingeschmuggelter Konterbande aus dem Exil heraus nach Deutschland hineinzuwirken suchten.

Opposition und Exil

Hier im Ausland finden sich auch die Anfänge der deutschen Arbeiterbewegung; hier entstand mit dem um 1832 von Kaufmannsgehilfen, Handwerksgesellen und emigrierten Intellektuellen in Paris gegründeten „Deutschen Volksverein" die Keimzelle der kommunistischen Bewegung („Bund der Geächteten", gegründet 1834 – „Bund der Gerechten", gegründet im Winter 1836/37 aus dem ersten heraus und 1847 aufgegangen im „Bund der Kommunisten"); hier entwickelte Marx in den vierziger Jahren aus der Philosophie Hegels heraus seine Geschichtsphilosophie, hier entsteht im Auftrag des „Bundes der Kommunisten" im Winter 1847/48 in Zusammenarbeit von Marx und dem Elberfelder Fabrikantensohn Friedrich Engels das „Kommunistische Manifest", das mit seinen Ideen vom Ende der Ausbeutung, des Privateigentums und der Aufhebung der politischen Gewalt des Staates in einer klassenlosen Gesellschaft im Verlauf des 19. Jahrhunderts seine Wirkung entfalten sollte. (Vgl. dazu im einzelnen Kap. V, 6.)

In welchem Maße von der Julirevolution identifikatorische und integrierende Momente für die bürgerlich-oppositionelle Literatur der dreißiger und vierziger Jahre ausgingen, lässt sich noch an Rudolf Gottschalls Drama „Die Marseillaise" (Uraufführung 1849 in Hamburg) ablesen, das – getragen von der Aufbruchstimmung der späteren Märzrevolution – Geschichte im rückwärtigen Brückenschlag zwischen der Französischen Revolution von 1789, der Julirevolution von 1830 und (als gedachtem Fluchtpunkt) der Märzrevolution von 1848 als Stafette konstruiert. Auf der Vorgangsebene rückt „Die Marseillaise" dabei mit der Huldigung des in Not und Elend kümmerlich vegetierenden Schöpfers der Revolutionshymne Rouget de Lisle durch das im Juli 1830 im Geist des Fortschritts wiedergeborene Frankreich einen Vorgang der Sinngenerierung in den Mittelpunkt der Aufmerksamkeit, der sich unmittelbar auf die frühe, gemäßigte Phase der Französischen Revolution bezieht. Das Frankreich des 1830 auf den Thron gelangten Bürgerkönigs Louis Philippe wird im Stück vertreten so durch den General Lafayette (auch das ein Stück historischer Kontinuitätsbildung), den legendären Veteranen des amerikanischen Unabhängigkeitskriegs und der Konstituante. Lafayette hatte sich von der Revolution abgewandt, nachdem sich seine Vorstellungen von der Interessenvermittlung zwischen reformwilligem Adel und Großbürgertum in einer der englischen Staatsform angepassten Monarchie nicht hatten verwirklichen lassen. Gegner des Konsulats auf Lebenszeit und im Zuge der Julirevolution als Kommandeur der Nationalgarde reaktiviert, betritt Lafayette in Gottschalls Stück die Bühne der Geschichte als Repräsentant der Partei des in den Barrikadenkämpfen

Gottschalls Drama „Die Marseillaise"

siegreichen Großbürgertums. Aus der Hand Lafayettes lässt das Frankreich des ‚Bürgerkönigs' dem nicht nur von den Gespenstern seiner revolutionären Vergangenheit, sondern auch von den Organen der bourbonischen Restauration verfolgten Dichter die politische und historische Rechtfertigung seines von Entbehrungen geprägten Lebens zuteil werden. Ausgezeichnet und zum Offizier der Ehrenlegion ernannt, gekrönt mit einem Ehrenkranz, stirbt der „Sänger der Freiheit" am Ende des Stückes im Angesicht der Vertreter der erneuerten französischen Nation (ein Kunstgriff, ist doch der historische Claude Joseph Rouget de Lisle erst 1836 gestorben). Die Julirevolution, mit der die ursprünglich in die ‚große Revolution' gesetzten Freiheitshoffnungen nun in vorbildlicher Weise zu sich kommen, versöhnt den alten Revolutionär mit der Geschichte und nimmt ihm die wie ein Alp auf ihm lastende Verantwortung für die von den emphatischen Versen seines Revolutionsliedes skandierten Schrecken der Revolutionszeit von der Brust: „Die neue Freiheit löst die alte Schuld." (Gottschall 1849, 40)

Ausdifferenzierung des Liberalismus

Eine bedeutende Rolle innerhalb des durch die Julirevolution erneut in Bewegung geratenen Politisierungsprozesses spielte der *Liberalismus*, der sich in den dreißiger Jahren zunehmend in radikalere Spielarten ausdifferenzierte. Dem auf Kompromiss und Versöhnung aufbauenden *bürokratischen* Liberalismus eines Heinrich von Gagern, Karl Friedrich Ibell oder Anselm von Feuerbach, der vor allem in den ersten beiden Jahrzehnten des 19. Jahrhunderts für eine moderne Staatsbürgergesellschaft auf der Grundlage von Marktwirtschaft und Rechtstaatlichkeit kämpfte, und dem für eine konstitutionelle Monarchie mit juristischer Ministerverantwortlichkeit eintretenden *konstitutionellen* Liberalismus eines Carl von Rotteck, Carl Theodor Welcker oder Friedrich Christoph Dahlmann, der sich insbesondere in den dreißiger und vierziger Jahren zu einer breit verzweigten politischen Richtung ausweitete, traten nun zunehmend *radikaldemokratische* Strömungen an die Seite, welche die Emanzipation unterschiedslos aller Bürger, Volkssouveränität und demokratische Mehrheitsherrschaft auf ihre Fahnen geschrieben hatten. Zwar verstanden sich die Liberalen gleich welcher Strömung seit jeher als Avantgarde des Fortschritts und Gegenpart auch zum Konservativismus etwa eines Friedrich Julius Stahl, der sich bereits im 18. Jahrhundert aus einer Abwehrhaltung gegen Aufklärung (bzw. ihre politisch praktizierte Variante) und Rationalismus herausgebildet hatte und mit dem steten Anwachsen der demokratischen Bewegung in einer explizit konservativen Tendenzliteratur (Moritz Graf von Strachnitz, Victor von Strauß und Torney, Johann Christian Freiherr von Zedlitz) ein Ausdrucksmedium fand (Schieder 1983). Mit dem bürokratischen und konstitutionellen Liberalismus alter Prägung allerdings, der auf die Reformfähigkeit des absolutistischen Staates setzte, hatte diese radikaldemokratische Spielart des Liberalismus kaum mehr Gemeinsamkeiten. Arnold Ruge, einer der an Hegels Dialektik geschulten ‚Links'-Intellektuellen unter diesen Radikaldemokraten, die sich selbst als Vortrupp einer weltumspannenden Kritik verstanden und alles einer radikalen und rigorosen Verstandeskritik unterwarfen (siehe auch u. a. Bruno und Edgar Bauer, Theodor Echtermeyer, Friedrich Koeppen, Karl Marx, Friedrich Engels; auf der eher populistischen Seite u. a. Gustav Struve, Friedrich Hecker, Lorenz Brentano, Robert Blum,

Heinrich Simon), verspottet den Liberalismus gleich als solchen so als bloß „alternativ nachhinkenden Entwurf einer staatlichen Ordnung, der sich stets an den wahren Machtpositionen zu orientieren hatte" (Labuhn 1980, 86), als „die gute Meinung", als „*guten Willen* zur Freiheit, aber nicht den *wirklichen Willen* der Freiheit" (Arnold Ruge: Eine Selbstkritik des Liberalismus. In: Deutsche Jahrbücher für Wissenschaft und Kunst, Nr. 1–3 vom 2.–4. 1. 1843, S. 4): „Genau zu der Zeit, als die Realisirung der Demokratie in Deutschland durch den deutschen Bund unmöglich geworden war, entstand der Liberalismus, d. h. auf Deutsch die gute Meinung, die frommen Wünsche für die Freiheit, die ‚*Freisinnigkeit*' oder die Sympathien mit der Demokratie – ‚*in der Gesinnung*'. […] Diese ‚gute Gesinnung' hat eine solche Unbestimmtheit und Weite, daß alles Mögliche hineingeht, jeder Gott und jeder Staat." (Ebd., S. 3) Und er kommt zu dem Schluss: „Die deutsche Welt, um ihre Gegenwart dem Tode zu entreißen und ihre Zukunft zu sichern, braucht nichts, als das neue Bewußtsein, welches in allen Sphären den freien Menschen zum Princip und das Volk zum Zweck erhebt, mit Einem Wort *die Auflösung des Liberalismus in Demokratismus.*" (Ebd., Nr. 3, S. 12)

Die hier sich abzeichnende Radikalisierung innerhalb der Oppositionsbewegung findet ein Gegenstück in der Literatur, deren Erscheinungsbild in den vierziger Jahren dominiert wird von der Popularität einer politischen und agitatorischen Lyrik. Hoffmann von Fallerslebens „Unpolitische Liedern", Franz Dingelstedts „Lieder eines kosmopolitischen Nachtwächters", Georg Herweghs „Gedichte eines Lebendigen", Wilhelm Weitlings „Kerkerpoesien" oder Friedrich von Sallets „Gedichte" (1843) demonstrieren, wie sich der Widerstand engagierter Literatur gegenüber zentralen Einrichtungen der Gesellschaft im Unterschied zu den dreißiger Jahren – im Falle Sallets beispielsweise die als Reformprogramm am Christentum formulierte Forderung zu einem grundlegenden sozialen Wandel (vgl. „Laien-Evangelium", 1842; „Die Atheisten und die Gottlosen unserer Zeit", 1844) – nun explizit politisch ausspricht und damit, nicht zuletzt aufgrund ihrer Annäherung an liedhafte und appellative Strukturen, eine Breitenwirkung erreicht, die der engagierten Literatur der dreißiger Jahre noch verwehrt geblieben war (vgl. dazu ausführlich Kap. IV).

Aufschwung der politischen Lyrik

Noch weniger als die liberale Literatur, die durch die Karlsbader Beschlüsse an die Kette staatlicher Überwachung gelegt werden sollte, dennoch aber in einem beständigen Grabenkampf mit der Zensur ihren Spielraum und ihren Einfluss erweitern konnte, war der Nationalismus als „liberale Oppositions- und Emanzipationsideologie" (Wehler ²1989, 240, s. o.) durch Verfolgung und Einschüchterung aus der Welt zu schaffen. Was in den Jahren der Revolutionskriege und des antinapoleonischen Befreiungskampfes in einigen elitären Intellektuellenzirkeln begonnen hatte, entwickelte sich in den wenigen Jahren bis zur Revolution von 1848 so zu einem Massenphänomen auf breiter sozialer Basis, das sich einerseits in Gestalt eines deutschen Kulturnationalismus ein Ventil schuf (beispielsweise mit den großen Festen zum Gedenken an die Erfindung des Buchdrucks, 1840, des 300. Todestags Luthers, 1846, oder der Gründung des Gustav-Adolf-Vereins, 1842).

Nationalismus als Massenphänomen

Ersatzrevolutionen

War es auf der anderen Seite in den zwanziger Jahren der Aufstand der Griechen gegen die türkische Besatzungsmacht gewesen, der zu einem vielfach, in Form von Aufrufen, Petitionen und Flugschriften sowie der Gründung zahlreicher Griechenvereine dokumentierten Philhellenismus in ganz Deutschland führte, so ist es in den dreißiger Jahren der von Wirtschaftskrisen und politisch-religiösen Verfolgungen angetriebene polnische Adelsaufstand vom November 1830 gegen die russische Fremdherrschaft, der diese Funktion einer ‚Ersatzrevolution' annahm. Die deutsche Polenbegeisterung, durchaus zwiespältig in ihrer politischen Ausrichtung im übrigen (vgl. Wehler ²1989, 397 f.), reflektiert das Identifikationspotential eines ‚auswärts' geführten Freiheitskampfes für nationalstaatliche Unabhängigkeit, dessen Protagonisten wie Volkshelden gefeiert und nach dem Scheitern des Aufstands zutiefst bedauert wurden. Nikolaus Lenaus Gedicht „Am Jahrstag der unglücklichen Polenrevolution" („An die Heidelberger Burschen"), geschrieben 1831, im Rückblick also auf die Niederlage der Aufständischen, das im Januar 1832 sofort in einem nicht autorisierten Druck in der politischen Zeitschrift „Der Hochwächter" erscheint, dokumentiert in exemplarischer Weise diesen Projektionscharakter der Griechen- und Polenliteratur:

Am Jahrstag der unglücklichen Polenrevolution

Uns're Gläser klingen hell,
Freudig singen uns're Lieder;
Draußen schlägt der Nachtgesell
Sturm sein brausendes Gefieder,
Draußen hat die rauhe Zeit
Uns'rer Schenke Thür verschneit.

Haut die Gläser an den Tisch!
Brüder! mit den rauhen Sohlen
Tanzt nun auch der Winter frisch
Auf den Gräber edler Polen,
Wo, verscharrt in Eis und Frost,
Liegt der Menschheit letzter Trost!

Um die Heldenleichen dort
Rauft der Schnee sich mit den Raben,
Will vom Tageslichte fort
Tief die Schmach der Welt begraben.
Wohl die Leichen hüllt der Schnee,
Nicht das ungeheure Weh. –

Wenn die Lerche wieder singt
Im verwaisten Trauerthale,
Wenn der Rose Knospe springt,
Aufgeküßt vom Sonnenstrahle,
Reißt der Lenz das Leichentuch
Auch vom eingescharrten Fluch.

Rasch aus Schnee und Eis hervor
Werden dann die Gräber tauchen,
Aus den Gräbern wird empor
Himmelwärts die Schande rauchen,

> Und dem schwarzen Rauch der Schmach
> Sprüht der Rache Flamme nach.
>
> Aber kommt die Rache nicht,
> Mag der Vogel mit dem Halme,
> Was da lebt im weiten Licht,
> Sterben in des Fluches Qualme,
> Und die Sonn' ersticke d'rin,
> Daß die Erde schmachte hin! –
> (Lenau, HKA I, 39 f.)

Die sogenannte Rheinkrise von 1840, begründet durch die von Frankreich mit einem Mal wieder geltend gemachten Ansprüche auf das linke Rheinufer als „natürlicher" Ostgrenze, gibt dem deutschen Nationalismus noch einmal einen gewaltigen Auftrieb. Allgemein hatten die Friedensjahre auch in den breiteren Bevölkerungskreisen eine gewisse Abkühlung der lange Jahre verbreiteten Frankophobie, des Germanenkults und der Reichsmythologie mit sich gebracht, was sich beispielsweise ganz allgemein an dem allmählich differenzierteren Umgang der Geschichtsschreibung mit der Französischen Revolution und sehr konkret dann an dem gewandelten Napoleonbild ablesen lässt, das die Literatur in den zwanziger Jahren im Unterschied zu den Dämonisierungen des französischen Kaisers aus der Kriegszeit allmählich zu transportieren beginnt (Eke 1997, Kap. 7). Durch die Julirevolution hatte Frankreich in den liberalen Schichten in gewisser Weise gar eine Vorreiter- und Vorbildrolle für die Durchsetzung liberaler Ideen gewonnen, mit der die Idee einer deutsch-französischen Allianz Auftrieb erhält.

Rheinkrise

Die durch die Regierung Thiers in Paris mit Kriegsvorbereitungen noch unterstützte Forderung zur Aufhebung der Verträge von 1815, mit denen die Siegermächte dem unterlegenen Frankreich den Verzicht auf die linksrheinischen Gebiete abgezwungen hatten, rief in Deutschland die Erinnerung an den napoleonischen Expansionismus wach und bewirkte ein durch nahezu alle Schichten und Klassen sich ziehendes patriotisches Echo, das die einigende Kraft des Nationalismus einmal mehr unter Beweis stellte. Das Rheinlied des 1809 in Bonn geborenen und bereits 1845 in Hunshoven bei Geilenkirchen gestorbenen Gerichtsschreibers (Auskultators und Aktuars) Nikolaus Becker spiegelt in überaus markanter Weise diesen Nationalpatriotismus, der die deutschen Länder in den vierziger Jahren erfasste:

> *Der deutsche Rhein*
>
> Sie sollen ihn nicht haben,
> Den freien deutschen Rhein,
> Ob sie wie gier'ge Raben
> Sich heiser danach schrein,
>
> Solang er ruhig wallend
> Sein grünes Kleid noch trägt,
> Solang ein Ruder schallend
> In seine Woge schlägt.
>
> Sie sollen ihn nicht haben,
> Den freien deutschen Rhein,

Solang sich Herzen laben
An seinem Feuerwein;

Solang in seinem Strome
Noch fest die Felsen stehn,
Solang sich hohe Dome
In seinem Spiegel sehn.

Sie sollen ihn nicht haben,
Den freien deutschen Rhein,
Solang dort kühne Knaben
Um schlanke Dirnen frein;

Solang die Flosse hebet
Ein Fisch auf seinem Grund,
Solang ein Lied noch lebet
In seiner Sänger Mund.

Sie sollen ihn nicht haben,
Den freien deutschen Rhein,
Bis seine Flut begraben
Des letzten Manns Gebein!
(Hermand 1967, 128)

Das im September 1840 veröffentlichte Lied Beckers ist nur ein Beispiel für die Flut von patriotischen Gedichten, die im Zuge der Rheinkrise veröffentlicht wurden; es ist aber sicherlich das bei weitem populärste Rheinlied und wurde allein ca. 200 Mal vertont. Ernst Moritz Arndt hat ebenso ein Rheinlied gedichtet („Das Lied vom Rhein an Niklas Becker") wie Max Schneckenburger („Die Wacht am Rhein") und selbst der Linksliberale Robert Prutz („Der Rhein"). Auch August Heinrich Hoffmann von Fallerslebens „Lied der Deutschen", das seit 1922 als deutsche Nationalhymne dient, entsteht in diesem Kontext (vgl. dazu im Einzelnen Kap. V, 2).

Erstaunlich genug nach den nur wenige Jahre zurückliegenden ideologischen und politischen Verwerfungen (Französische Revolution, napoleonische Hegemonie): Spätestens von der Juli-Revolution an bestimmte für rund zwei Jahrzehnte das Verhältnis zwischen deutschen und französischen Intellektuellen eine *entente cordiale*, die durch die Rheinkrise vorübergehend zwar irritiert, nicht aber im Grundsatz erschüttert werden konnte. Alles in allem gelten die Jahre zwischen Juli- und Märzrevolution als eine Blütezeit des deutsch-französischen Kulturaustausches und des deutsch-französischen Ideentransfers, die in diesem Maße zuvor bislang nicht erreicht worden war und danach sobald auch nicht wieder erreicht werden sollte (vgl. dazu Höhn/Füllner 2002). Die Idee einer Verschmelzung von deutschem Idealismus (Theorie/Philosophie) und französischem Sozialismus (Tat/politische Praxis), zu der Heine 1831 in der „Einleitung zu ‚Kahldorf über den Adel'" mit der Parallelisierung zwischen französischer *politischer* und deutscher *Ideen*-Geschichte wichtige Stichwörter geliefert hat, markiert die Fluchtlinie dieser deutsch-französischen Herzensallianz. „Seltsam ist es", so Heine, „daß das praktische Treiben unserer Nachbaren [!] jenseits des Rheins, dennoch eine eigne Wahlverwandschaft hatte mit unserem philosophischen Träumen im geruhsamen Deutschland. Man vergleiche nur die Geschichte der französischen Revolution mit der Ge-

Verbindung von deutschem Idealismus und französischem Sozialismus

schichte der deutschen Philosophie, und man sollte glauben: die Franzosen, denen so viel wirkliche Geschäfte oblagen, wobey sie durchaus wach bleiben mußten, hätten uns Deutsche ersucht unterdessen für sie zu schlafen und zu träumen, und unsre deutsche Philosophie sey nichts anders als der Traum der französischen Revoluzion." (DHA XI, 134)

Während Marx, dem es freilich weniger um ein Bündnis zwischen Frankreich und Deutschland als vielmehr um ein solches zwischen Philosophie und Proletariat ging, einige Jahre später von den Deutschen als bloß „philosophischen[n] Zeitgenossen der Gegenwart" („Zur Kritik der Hegelschen Rechtsphilosophie. Einleitung", Deutsch-Französische Jahrbücher, 1844) sprach, hat Heine diese Parallelisierung durchaus nicht so negativ gemeint, wie es der ironische Ton seiner ‚Einleitung' auf den ersten Blick vermuten lässt. Als Fortschrittsbewegung eindeutig gemacht hat er die geistige Revolution so beispielsweise dann in der 1834 erschienenen Schrift „Zur Geschichte der Religion und Philosophie in Deutschland". „Auf beiden Seiten des Rheines", heißt es hier, „sehen wir denselben Bruch mit der Vergangenheit, der Tradizion wird alle Ehrfurcht aufgekündigt, wie hier in Frankreich jedes Recht, so muß dort in Deutschland jeder Gedanke sich justifiziren, und wie hier das Königthum, der Schlußstein der alten socialen Ordnung, so stürzt dort der Deismus, der Schlußstein des geistigen alten Regimes." (DHA VIII/1, 77)

Daran dass Frankreich in der projektierten *entente cordiale* Ton und Tempo angibt, hat Heine, der dies bereits von Paris aus geschrieben hat, im Übrigen keinen Zweifel gelassen. Frankreich war für ihn – und auch für die anderen deutschen Intellektuellen, die sich in den dreißiger Jahren nach Paris wandten (oder zumindest die Blicke dorthin richteten) – Vorreiter auf dem Weg in die Moderne. Börne bezeichnete Frankreich von hier aus mit einem schlagenden Bild als „das Zifferblatt Europens; hier *sieht* man, welche Zeit es ist, in andern Ländern muß man die Uhr erst *schlagen* hören, um die Stunde zu erfahren" (Börne 2, 666). Dennoch war der deutsch-französische Ideentransfer alles andere als eine einseitige Angelegenheit. In dem selbem Maße, in dem in Deutschland die ‚französischen Zustände' (Heine), also die politische Entwicklung und die fortgeschrittene soziale Ideologie, zur Kenntnis genommen wurden, wurden umgekehrt in Frankreich deutsche Literatur und Musik, Philosophie und Philologie rezipiert. Die Voraussetzungen dafür waren bereits vor der Julirevolution geschaffen worden (u. a. durch Victor Cousins Versuch einer Integration ausgewählter Teilstücke deutscher und französischer Philosophie in sein System des ‚Eklektizismus'; mit der Rezeption der deutschen klassischen und romantischen Literatur im Gefolge von Madame de Staëls „De l'Allemagne" ; dem Durchbruch der französischen Romantik im Zuge der sogenannten „bataille d'Hernani"); sie kamen aber erst in den dreißiger Jahren voll zum Tragen (Höhn 2002, 27). Der hohen Anzahl von Korrespondenten deutscher Zeitungen, die zwischen 1830 und 1848 aus Paris berichteten, entsprach so umgekehrt die große Offenheit der französischen Presse für Berichte aus Deutschland; der nahezu unüberschaubaren Zahl von deutschen Intellektuellen, Künstlern, Wissenschaftlern und Publizisten, die sich dauerhaft oder vorübergehend in der französischen Metropole niederließen, stand

Vorreiterrolle Frankreichs

umgekehrt die (in ihrer Größenordnung allerdings unvergleichbare) Anzahl französischer (romantischer) Schriftsteller (Edgar Quinet, Gérard de Nerval, Alexandre Dumas, Honoré de Balzac, Victor Hugo), Philosophen und Wissenschaftler gegenüber, die Deutschland bereisen.

Scheitern von Allianzen

Auffallend ist, dass ungeachtet dieser günstigen Voraussetzungen für einen Austausch der Ideen und politischen Praktiken fast alle *konkreten* Projekte einer intellektuellen Allianz zwischen Deutschen und Franzosen, auf die vor allem die nach Paris emigrierten deutschen Schriftsteller und Intellektuellen ihre Hoffnungen gesetzt hatten, scheiterten. Das gilt für Börnes Zeitschriftenprojekt „La Balance. Revue allemande et française" (1836) ebenso wie für die von Arnold Ruge und Karl Marx herausgegebenen „Deutsch-Französischen Jahrbücher" (1844), die alle progressiven Kräfte hatten zusammenführen und durch eine Verbindung von junghegelianisch deutscher Philosophie und französischer revolutionärer Politik von Paris aus den politischen Umsturz in Deutschland auf publizistisch-pädagogischem Weg hatten vorbereiten sollen – womit die alte Bündnisidee nun die Gestalt einer revolutionären Strategie annahm (Höhn 2002b, 271). Sprechend immerhin ist die Begründung, mit der Ruge Frankreich zum großen Vorbild für den politischen Kampf erklärte: Frankreich nämlich kämpfe „um die Realisierung der großen Prinzipien des Humanismus", „welche die Revolution in die Welt gebracht" hat, und verfolge aus diesem Grund auch eine „kosmopolitische Sendung": „was sie für sich erkämpft, das ist für alle gewonnen" (Deutsch-Französische Jahrbücher, 1844, 86).

Auswirkungen der Pariser Februarrevolution

Im Grundsatz ändert sich an dieser Bedeutung des politischen Frankreich für die Deutschen auch in den folgenden Jahren nur wenig, obwohl sich bald immer deutlicher abzeichnete, dass die „alliance intellectuelle" eine „Allianz von Intellektuellen [war], in der die Deutschen das Sagen haben wollten" (Höhn 2002b, 282). Und so ist es nicht verwunderlich, dass der im Februar 1848 von Paris ausgehende Funke der Revolution sehr schnell gerade auf Deutschland übergriff – womit die europäische Dimension der Pariser Februarrevolution keineswegs in Abrede gestellt werden soll (vgl. Lill 1998). Immerhin erschütterte sie wie kein anderes Ereignis der jüngeren politischen Geschichte, mit Ausnahme Großbritanniens und der nordischen Staaten sowie des zaristischen Russland, ganz Europa in kurzer Zeit in seinen Grundfesten. Binnen weniger Tage hatte die in der Nacht vom 22. auf den 23. Februar 1848 mit Massendemonstrationen gegen die großbürgerliche Regierung Guizot/Thiers begonnene Revolution in Paris die Ära des Bürgerkönigtums beendet. Louis Philippe hatte am 24. Februar abgedankt und damit den Weg freigemacht für ein republikanisches Frankreich.

Die von Frankreich ausgehende revolutionäre Euphorie verbreitete sich geradezu wie ein Flächenbrand über die Staaten des Deutschen Bundes. Für einen kurzen geschichtlichen Augenblick schien mit den Ereignissen in Paris die politische Herrschaftsordnung in den Staaten des Deutschen Bundes hinweggefegt zu werden – bis nach nur wenigen Monaten die alten Herrschaftsträger wieder die Oberhand gewannen und das politische System restabilisierten.

Die deutsche Märzrevolution

Im Rückblick betrachtet, erscheint der *deutsche* März als „Schnitt- und

Kulminationspunkt verschiedener, seit langem angestauter Modernisierungskrisen politischer, wirtschaftlicher und gesellschaftlicher Provenienz" (Kreutz 1999, 72; vgl. auch Wehler ²1989, 660ff.). Konjunkturelle Einbrüche und Versorgungskrisen hatten in der zweiten Hälfte der vierziger Jahre in Deutschland zu einer explosiven Lage geführt, in der die seit dem 23. Februar in Paris siegreiche Revolution wie eine Initialzündung für eine Aufstandsbewegung wirkte, in der soziale und politische Antriebsmomente, Protestaktionen der deklassierten Unterschichten, bürgerliche Verfassungs- und nationale Emanzipationsbewegungen vorübergehend eine unmittelbare, in ihren Zielen und Vorstellungen nichtsdestoweniger inkohärente und diffuse Verbindung eingingen. Der deutsche März ist keine einheitliche Bewegung; er stellt sich vielmehr dar als eine Folge revolutionärer Erschütterungen auf verschiedenen Feldern und Aktionsebenen, deren anfängliche Erfolge sich weniger einer zielbewussten revolutionären Strategie verdankten, als vielmehr der Implosion der überkommenen Staatsordnungen (Mommsen 1998, 16f.)

Bereits im Februar setzen auf dem Land, anfangs noch unkoordinierte, Erhebungen gegen zunächst vermögende Gläubiger, jüdische Händler und reiche Pfarrer, dann gegen die adlige Grundherrschaft ein, in deren Verlauf vielerorts die adligen Grundbesitzer zum Verzicht auf Abgaben, Jagd- und Gemeinderechte gezwungen wurden. In den Städten führten Unruhen zur Bildung konzessionsbereiter ‚Märzregierungen', mit der bekannte Liberale wie Heinrich von Gagern in Hessen-Darmstadt, Friedrich Römer in Württemberg und Karl Georg Hoffmann in Baden an die Spitze der Landesregierungen gelangten, bald jedoch schon bei der Durchsetzung der sogenannten ‚März'-Forderungen an die Grenzen ihrer Möglichkeiten stießen. Die Einführung des allgemeinen (Männer-)Wahlrechts, von Versammlungs-, Vereins- und Pressefreiheit, die Erweiterung der Entscheidungskompetenzen der Landtage und Ministerverantwortlichkeit, eine umfassende Justizreform, die Lösung der „sozialen Frage" und die Verbriefung eines Rechts auf Arbeit, insbesondere die Schaffung konstitutioneller Verfassungen und die Einberufung einer Nationalversammlung standen ganz oben auf der Liste dieser Forderungen.

Schon am 3. März hob der alte Bundestag unter dem Druck der Ereignisse die Zensur auf; am 9. März, noch bevor in Wien ein Volksaufstand den verhassten Kanzler Metternich aus dem Amt jagen (13. März) sollte und in Berlin Friedrich Wilhelm IV. sich nach blutigen Straßenkämpfen zu einschneidenden Konzessionen bereit erklären musste (18./19. März), wurde die zuvor strafwürdige Trikolore Schwarz-Rot-Gold als Bundesfahne eingeführt. Mit diesen Anfangssiegen, zu denen die Abdankung Ludwigs I. von Bayern zugunsten Maximilians II. zu rechnen ist, der wie die Mehrzahl der Regenten in den deutschen Klein- und Mittelstaaten die Märzforderungen anerkannte, erachteten die Liberalen und auch die Mehrheit der Demokraten die Phase der Revolution für abgeschlossen; alles Weitere sollte jetzt auf parlamentarischem Wege, d.h. durch die künftige deutsche Nationalversammlung in die Wege geleitet werden. Damit aber verlor die Revolution, kaum dass sie begonnen hatte, ihre politische Schwungkraft. „Die ‚Bewegungspartei' setzte im Augenblick ihres unerwarteten politischen

Das Frankfurter Paulskirchenparlament

Triumphs, der potentiell mehrere Verhaltenschancen in sich barg, ganz überwiegend nicht auf die ‚revolutionäre Zerschlagung' der alten Ordnung, sondern auf ihre reformorientierte, ‚behutsame Umformung'." (Wehler ²1989, 717) Die entscheidenden Weichenstellungen dafür sollte das Frankfurter Parlament vornehmen, dem die Aufgabe zukommen sollte, die Gründung eines gesamtdeutschen Verfassungsstaates vorzubereiten und für die bislang noch verfassungslosen Einzelstaaten konstitutionelle Strukturen zu erarbeiten.

Vorparlament

Die Geschichte des Frankfurter Paulskirchenparlaments beginnt am 5. März in Heidelberg mit der Zusammenkunft von 51 führenden süd- und westdeutschen Liberalen (unter ihnen Friedrich Bassermann, Karl Theodor Welcker, Heinrich von Gagern, Georg Gottfried Gervinus, David Hansemann) und einigen Führern der radikalen Demokraten (Gustav von Struve, Friedrich Hecker, Johann Adam von Itzstein), die im Ergebnis die Einberufung einer nationalen Volksversammlung „zur Beseitigung der nächsten inneren und äußeren Gefahren wie zur Entwicklung der Kraft und Blüte deutschen Nationallebens" forderten (Hansen 2/1, 1942, 531). Bereits in dieser ersten Versammlung unterlagen die radikalen Bewegungskräfte, die auf die Fortsetzung der Revolution durch das Institut eines revolutionären Vollzugsausschusses setzten, einer liberalen Mehrheit. Die plädierte dafür, den revolutionären Anlauf abzubrechen und alle weiteren Ziele auf parlamentarischem Wege durchzusetzen, d. h. auch die Initiative für alle zukünftigen politischen Veränderungen an die Nationalversammlung abzutreten. Aufgrund dieser Vorentscheidung traten vom 31. März bis zum 3. April 574 amtierende Abgeordnete aus neu- und altständischen Landtagen in Frankfurt zum sogenannten Vorparlament zusammen, das mehrheitlich für den in Heidelberg vorgezeichneten Reformweg optierte. Nur ein Teil der unterlegenen Republikaner riskierte unter der Führung der badischen Kammermitglieder Friedrich Hecker und Gustav von Struve am 12. April im Badischen einen Aufstand mit dem Ziel, die Revolution bis zur Etablierung einer föderativ strukturierten deutschen Republik nach amerikanischem Vorbild weiterzutreiben. Die Hoffnung dieser Gruppe, durch ein Bündnis mit Handwerkern, kleinen Gewerbetreibenden und Bauern eine politische Basis für eine radikale Demokratie zu schaffen, die Schluss machen sollte mit den Halbheiten des Liberalismus, blieb Illusion. Bundestruppen schlugen die Revolte noch im Ansatz nieder.

Arbeit des Frankfurter Parlaments

Nach Wahlvorbereitungen und Wahlen trat die Nationalversammlung am 18. Mai zu ihrer konstituierenden Sitzung zusammen und wählte am 29. Juni den österreichischen Erzherzog Johann zum Reichsverweser. Am 27. Dezember 1848 verabschiedete sie einen Grundrechtekatalog, in dem die individuellen Freiheits- und Eigentumsrechte verankert, die ständischen Relikte verabschiedet, zugleich die Gleichheit vor dem Gesetz, Presse-, Meinungs-, Versammlungs, Lehr- und Forschungsfreiheit sowie Religionsfreiheit festgeschrieben, Rechtssicherheit gewährt, nicht zuletzt auch die Todesstrafe abgeschafft und – vor allem – die Trennung von Legislative, Exekutive und Judikative festgelegt wurden.

Restabilisierung des politischen Systems

In der Frage der nationalen Einheit allerdings kam das Parlament nicht entscheidend weiter. Zudem schränkten die bald einsetzenden Erfolge der

Gegenrevolution in den beiden entscheidenden Metropolen Wien und Berlin den politischen Handlungs- und Entscheidungsspielraum der Frankfurter Nationalversammlung schrittweise wieder ein. Nach erfolgreichen Versuchen der Restabilisierung an der Peripherie der Donaumonarchie (Norditalien, auf dem Balkan) schlagen zunächst kaiserliche Truppen unter dem Befehl des Fürsten zu Windischgrätz und des kroatischen Banus Jellačić von Bužim am 31. Oktober nach erbitterten Kämpfen in Wien einen Volksaufstand nieder und ermöglichen damit die Einsetzung eines gegen den deutschen Einheitsstaat gerichteten monarchistischen Regimes unter dem Fürsten von Schwarzenberg, der ausdrücklich die standrechtliche Hinrichtung des nach Wien entsandten Parlamentariers Robert Blum billigt und damit die Frankfurter Nationalversammlung desavouiert. Schwarzenberg verlegt den Wiener Reichstag nach Kremsier und degradiert ihn zunächst zur nicht mehr weiter nennenswerten Größe, um ihn schließlich am 4. März 1849 aufzulösen und eine pseudoliberale Verfassung zu oktroyieren. In Berlin übernimmt am 2. November eine konservative Regierung unter dem Grafen Friedrich Wilhelm von Brandenburg die Amtsgeschäfte, verhängt den Ausnahmezustand, lagert die Nationalversammlung in die Quarantäne nach Brandenburg aus und löst sie am 5. Dezember schließlich auf. Auch in Preußen wird von ‚oben' eine Verfassung oktroyiert, was nur bei oberflächlicher Betrachtung wie ein Zugeständnis erscheint. In Wirklichkeit signalisiert es den Umschlag der revolutionären Entwicklung.

Nicht allein in den Staaten des Deutschen Bundes, überall ist Ende 1848 in Europa die Restauration wieder auf dem Vormarsch. Frankreich hatte auch in dieser Hinsicht den Anfang gemacht. Ein dilettantisch ausgeführter Putschversuch der extremen Linken hatte bereits im Mai 1848 in Paris zu einem massiven Rechtsruck geführt. In seiner Konsequenz stehen die blutige Niederschlagung der Aufstände im Juni 1848, die sich gegen die Schließung der unrentablen Nationalwerkstätten gerichtet hatten, durch den mit diktatorischen Vollmachten ausgestatteten Kriegsminister Louis Eugène Cavaignac – und letztlich auch die überraschende Wahl ausgerechnet des Republik-Gegners Louis Napoléon Bonaparte in das Amt des Präsidenten der Zweiten Französischen Republik im Dezember 1848.

In Frankfurt einigte man sich nach langen und kontroversen Diskussionen zwar auf eine Mischung aus monarchischen und demokratischen, föderativen und unitaristischen Elementen als Staatsform (monarchischer Verfassungsstaat mit einem Erbkaisertum an der Spitze, Einrichtung eines Zweikammersystems als Legislative). Da seit dem Sieg der österreichischen Gegenrevolution im November 1848 und dem von Schwarzenberg offensiv vertretenen Führungsanspruch der Donaumonarchie in dem alten oder neuen Deutschen Bund eine gesamtdeutsche Lösung aber illusorisch geworden ist, entscheidet sich die Nationalversammlung im März 1849 mit denkbar knapper Mehrheit für eine kleindeutsche Lösung unter Ausschluss Österreichs mit Preußen an der Spitze. Am 28. März 1849 wird die neue Reichsverfassung verkündet und Friedrich Wilhelm IV. mehrheitlich zum „Kaiser der Deutschen" gewählt. Der freilich lehnt am 3. April das neue Amt ab.

Scheitern der Verfassungspolitik

Da es für den preußischen König keinen Ersatz gab, war damit die Verfassungspolitik des Paulskirchenparlaments gescheitert. Der Versuch, die Reichsverfassung dennoch in den deutschen Staaten durchzusetzen, scheitert am Widerstand der Großmächte Preußen und Österreich sowie einer Reihe größerer Mittelstaaten. Versuchen zu einem neuen revolutionären Anlauf von ‚unten' war gleichfalls kein Erfolg beschieden; Aufstände in Dresden, Elberfeld, der Pfalz und Baden, wo sich die Verfassungskrise am gefährlichsten zuspitzte, wurden blutig niedergeschlagen. Das im Zuge dieser erneuten Auseinandersetzungen in die Enge gedrängte Frankfurter Parlament löste sich am 30. Mai 1849 selbst auf; ein Teil der nicht zur Aufgabe bereiten Abgeordneten wich nach Stuttgart aus, wo es als sogenanntes Rumpfparlament am 6. Juni ein erstes Mal zusammenkam, am 18. Juni aber von württembergischen Truppen aufgelöst und außer Landes verwiesen wurde. Fünf Tage später kapitulierte die Festung Rastatt, auf die sich im Zuge der badischen Revolution die letzten Verteidiger der Demokratie zurückgezogen hatten. Damit endete die deutsche Revolution.

Auflösung des Parlaments

Der Rest ist Nachspiel: Am 1. 9. 1850 wird der Deutsche Bundestag wiedereröffnet, der Deutsche Bund unter österreichischer Führung wieder hergestellt. Die europäische Staatenwelt war damit erst einmal wieder auf die gesellschaftlichen Zustände zurückgeworfen, gegen die sich im Vormärz der Liberalismus und die radikale Demokratie als Opposition zu formieren begonnen hatten: In der großen Mehrzahl der europäischen Staaten regieren wieder halbabsolutistische Fürsten und in Paris, von wo aus alles seinen Anfang genommen hatte, reißt Louis Napoléon im Dezember 1851 mit einem Staatsstreich die Macht an sich und lässt sich im Jahr darauf zum Kaiser krönen. „Die schönen Ideale von politischer Sittlichkeit, Gesetzlichkeit, Bürgertugend, Freyheit und Gleichheit, die rosigen Morgenträume des achtzehnten Jahrhunderts, für die unsere Väter so heldenmüthig in den Tod gegangen, und die wir ihnen nicht minder martyrthumssüchtig nachträumten", schreibt Heine dazu Gustav Kolb, dem Redakteur der Augsburger „Allgemeinen Zeitung", am 13. Februar 1852, „– da liegen sie nun zu unseren Füßen, zertrümmert, zerschlagen, wie die Scherben von Porzellankannen, wie erschossene Schneider" (Säkularausgabe 23, 181).

Das Ende der „rosigen Morgenträume"

2. Die Entwicklung des Literaturmarkts im Vormärz

Eine der zentralen Voraussetzungen der Politisierung im Vormärz war die Verdichtung der öffentlichen Kommunikation durch die Expansion des literarisch-publizistischen Marktes (Bücher, Zeitungen, Zeitschriften/Journale). Die Grundlagen für diesen Prozess, in dem die Zensur erst ihre eigentliche Bedeutung als Kontroll- und Steuerungsmittel der öffentlichen Meinung gewinnt, werden bereits im 18. Jahrhundert geschaffen. Erst im ersten Drittel des 19. Jahrhunderts aber kommt es auf der Grundlage technologischer Innovationen wie der Einführung der mit Druckzylinder und Dampfpresse ausgestatteten Schnelldruckpressen (1811 in London entwickelt) und Papiermaschinen (1818 erstmalig in Berlin aufgestellt) zur Durchsetzung des dann auch schnell wachsenden Literaturmarktes. Er befriedigte das stetig

„Leserevolution"

wachsende Kommunikations- und Lesebedürfnis, das seine Wurzeln in einem einscheidenden Paradigmenwechsel im Leseverhalten hat, der sich in der zweiten Hälfte des 18. Jahrhunderts beobachten lässt: von der *intensiven* zur *extensiven* Lektüre, also von der wiederholten Lektüre eines oder ganz weniger Bücher (in der Regel ist es die Bibel, in der immer wieder gelesen wird) zur breitgestreuten Lektüre, der sich mit einer Intimisierung des Lesens (stille Lektüre statt geselliges Vorlesen) verbindet. Rolf Engelsing hat für diese Veränderung im Leseverhalten den Begriff der „Leserevolution" geprägt (Engelsing 1973). Neben der Verbreiterung und zugleich Intimisierung der Lektüre hat dieser Begriff noch eine dritte Bedeutungsdimension, zielt er doch auch zugleich auf die Demokratisierung der Lektüre als Folge und Produkt einer ständischen Verbreiterung des Lesepublikums und der sich entwickelnden Bedeutung der Frau als Leserin im Zuge der Aufklärung. Parallel zum gesellschaftlichen Aufstieg des Bürgertums entstand so ein neuer Lesertyp, der sich vom adligen und gelehrten Lesepublikum der Vergangenheit unterschied und eine neue Nachfrage erzeugte. Diese neue Nachfrage wiederum schlug sich nieder in einer beschleunigten und zugleich kommerzialisierten Buch- und Zeitungsproduktion und der sie begleitenden Herausbildung literarischer Moden (Jäger/Schönert 1980, 31 f.). Allein zwischen 1770 und 1800 stieg die Produktionsquote um 125%, die Zahl der Autoren um mehr als 350% (nämlich von 3000 auf 11 000) (Schenda 1977, 143 f.); die Zahl der Buchhandlungen verdreifachte sich (Martino 1990, 5). Zugleich verschoben sich deutlich die Gewichte von Werken der allgemeinen Gelehrsamkeit und der Theologie bzw. der Erbauungsliteratur hin zu praxisbezogener Aufklärungs-, Fach- und Wissenschaftsliteratur sowie zu Werken aus dem Bereich der schönen Künste, insbesondere aus dem weiten Bereich des Romans. Allein im Zeitraum zwischen 1740 und 1800 steigt der Anteil der ‚schönen Künste und Wissenschaften' am allgemeinen Buchaufkommen von knapp 6% auf rund 21,5%, während im gleichen Zeitraum der Anteil von Theologica, juristischer und medizinischer Literatur von rund 58% auf 26,7% der Gesamtproduktion absinkt; gleichzeitig wird das um 1700 noch dominierende Schrifttum in lateinischer Sprache bis zum Ende des 18. Jahrhunderts praktisch zur vernachlässigenswerter Größe. (Martino 1990, 4) Zwar sank die Produktion im ganzen gesehen als Folge der Napoleonischen Kriege drastisch ab, nach 1815 setzte allerdings eine rasche Erholung des Buchmarktes ein, die sich an den erhöhten Produktions- und Produzentenzahlen und der Eröffnung unzähliger weiterer Buchhandlungen ablesen lässt; allein zwischen 1800 und 1832 stieg die Zahl der registrierten Buchhandlungen im deutschen Sprach- und Kulturraum noch einmal von 500 auf 729, die Zahl der Autoren zwischen 1810 und 1837 von 12 500 auf 18 000 (Martino 1990, 152 f.).

Begleitend zu dem beschriebenen Wechsel von der intensiven zur extensiven Lektüre vollzieht sich ein von den professionellen Beobachtern der Literaturentwicklung mit Misstrauen beobachteter Wandel in der *Funktion* der Lektüre. Die breit gestreute Lektüre übte nicht mehr eine stabilisierende Funktion aus wie die wiederholte Lektüre der immer gleichen (wenigen) Werke und der durch sie weitergetragenen Werte und Vorstellungen, son-

Funktionswandel der Lektüre

dern begünstigte die Entstehung eines politischen Bewusstseins. Für die konservativen Regierungen und ihre Sympathisanten zeigte sich hier die Janusköpfigkeit des durch das Literaturprogramm der Aufklärung erzeugten Lesebedürfnisses. Rudolf Schenda hat diesen Zusammenhang von Lektüre und der Herausbildung einer öffentlichen Meinung am Beispiel eines 1799 veröffentlichten Textes von Anton Friedrich Büsching verdeutlicht, in dem das Lesepublikum bereits als unberechenbare und gefährliche Größe erscheint. Unter anderem schreibt Büsching: „Das Publicum, dessen zahlreichsten Theil der gemeine Mann ausmacht, ist ein großmächtiges Thier, welches sich nicht wohl durch Gewalt und auf einmahl bändigen und zwingen läst, sondern durch Klugheit und nach und nach gelehrig und folgsam gemacht werden muß." (Schenda 1977, 59) Maßhalten, Einschränkung der Lektüre – das sind die Rezepte, die von hier aus gegen ein ausschweifendes und unkontrolliertes Lesen ins Feld geführt werden. Das Schlagwort der ‚Lesesucht' hat so auch jenseits aller moralisierenden Kritik an einer vom Nützlichen abgekoppelten (reinen) Lektüre eine eminent politische Kehrseite als ideologischer Kampfbegriff, der sich nicht zuletzt auch ins Feld führen ließ gegen den (vermeintlich) verderblichen Einfluss der Lesegesellschaften und mehr noch der Leihbibliotheken, die als wichtigste Distributionsinstanz den Prozess der Leseentwicklung in der skizzierten Form überhaupt erst ermöglicht hat.

Lesegesellschaften und Leihbibliotheken

Die Leihbibliotheksforschung hat belegt, dass die Mehrzahl der erschienenen Bücher vom späten 18. Jahrhundert an von Lesegesellschaften und Leihbibliotheken erworben wurden, von denen es um 1850 in Deutschland etwa 1500 bis 2000 Einrichtungen von unterschiedlicher Organisationsform und Qualität gegeben hat, angefangen bei mobilen Leihbibliotheken über die Sortimentsbuchhandlungen, Antiquariaten, Papier- und Schreibwarenhandlungen angeschlossenen Institute (die sogenannten „Winkelbibliotheken") bis hin zu den kommerziellen Lesekabinetten und Lesemuseen (Martino 1990, 204). Ihre eigentliche Blütezeit als wichtigster Vertriebsweg vor allem der belletristischen Literatur erlebt die Leihbibliothek dabei insbesondere in den Jahren 1815–1835, ausgelöst insbesondere durch den Publikumserfolg der Romane Walter Scotts, durch die Konjunktur preisgünstiger Übersetzungsliteratur und die ersten Billigausgaben klassischer Autoren. Ihre Leserschaft rekrutierten die Leihbibliotheken dabei aus den verschiedensten Schichten. Die Leihbibliothek war so auch keine standesspezifische (bürgerliche oder kleinbürgerliche) Institution, deren Kundschaft sich ‚nach oben' oder ‚nach unten' abgrenzen ließe. Nur indem sie „von allen Klassen und Schichten" benutzt wurde, konnte sie überhaupt, wie Jäger, Martino und Wittmann betont haben, „zur bedeutendsten Institution des literarischen Lebens des 19. Jahrhunderts, und insbesondere der Restaurationsepoche" werden (Jäger, Martino, Wittmann 1979, 482).

Anstieg der Alphabetisierung

Bei allen Ausführungen zur Demokratisierung der Lektüre müssen allerdings die tatsächlichen Leserzahlen im Auge behalten werden. Schenda geht so davon aus, dass in Mitteleuropa um 1770 überhaupt nur 15 %, um 1800 25 % und um 1830 lediglich ca. 40 % der Bevölkerung über sechs Jahre als „potentielle Leser" in Betracht kommen (Schenda 1977, 444 f.). Was auch immer von der Verlässlichkeit solcher Berechnungen zu halten ist, zeigen sie doch einen rasanten Anstieg der Alphabetisierung, auch wenn die Veränderung des Leseverhaltens sich zunächst wohl nur in einer Minderheit vollzogen und die Ausweitung der Lektüre anfangs nur einen vergleichweisen kleinen Teil der Bevölkerung erfasst haben dürfte; in der Regel heißt das: das sogenannte Erwerbs- und Beamtenbürgertum und nur in geringerem Umfang die ländliche Bevölkerung, die städtischen Unterschichten und das Kleinbürgertum. Dass aber gerade in dieser Minderheit das „litterarisch ästhetische Publicum" früherer Zeiten nun mit einem im Kern bürgerlich geprägten Publikum verschmolz, hat nicht wenige der Konservativen beunruhigt. Sichtbar wurde hier nämlich bereits im Ansatz die Ablösung der vertikal stark differenzierten Ständegesellschaft durch eine im Anspruch überständische und bürgerlich geprägte Gesellschaftsform.

Die Entwicklung des Literaturmarktes wird begleitet von einem auffallenden Umbau des literarischen Wertungsgefüges. Wesentliche Formveränderungen gingen insbesondere dabei von der Ausdifferenzierung des Pressewesens aus, das im Vormärz zu einem der wichtigsten Mittel des Bürgertums im Kampf um politischen Einfluss avancierte, auch wenn Zahl und Auflagenhöhe der deutschen Zeitungen im Vormärz im Vergleich mit ihrer ausländischen Konkurrenz noch relativ klein waren (selbst eine so vielbeachtete Zeitung wie Cottas „Augsburger Allgemeine" hatte eine Auflage von lediglich 9000 Stück). Mit der Journalliteratur im allgemeinen und dem Essay im besonderen entwickelten sich neue Ausdrucksformen literarischer Kommunikation, an deren Seite gegen Ende des zur Beobachtung stehenden Zeitraums in den vierziger Jahren mit dem Feuilletonroman ein ganz neues Genre tritt. Die Journalliteratur, die sich durch die Durchlässigkeit von Gattungs- und Diskursgrenzen auszeichnet (Frank 1996, 36), durch Unmittelbarkeit, Beweglichkeit, Kürze und Aktualität, läuft im 19. Jahrhundert allen anderen Multiplikationsmedien von Meinungen (etwa dem schwerfälligen politischen Drama) den Rang ab. Publizistik ist Waffe im Meinungsstreit, und das Feuilleton – ursprünglich die Bezeichnung für das Beiblatt einer Zeitung, dann für den durch einen Strich vom Hauptteil abgetrennten unteren Teil des Zeitungsblatts –, in dem schon kurz nach seiner Einführung zunächst kleinere Erzählungen, dann Auszüge aus Romanen, schließlich ganze Fortsetzungsromane abgedruckt werden, dient dem Leseranreiz in diesem Meinungsstreit. „Es ist die Zeit des Ideenkampfes, und Journale sind unsre Festungen", schrieb Heine bereits am 11. November 1828 an Gustav Kolb (Säkularausgabe 20, 350). Speziell für die Veröffentlichung in einer Zeitung geschrieben, entwickelt der Feuilletonroman aus den Bedingungen des Mediums heraus eigene ästhetische Spielregeln (Orientierung der Kapitellänge an technischen Vorgaben, Episodenhaftigkeit, serielle Narrationsmuster, Herstellung von Leserbindungen, Spannungsaufbau zum Ende hin), die ihn über die Gattungsgrenzen hinausführen. Als erster deutscher Feuilletonroman gilt Georg Weerths Roman „Leben und Thaten des berühmten Ritters Schnapphahnski", der zwischen dem 8. 8. 1848 und dem 21. 1. 1849 in einundzwanzig Folgen in der „Neuen Rheinischen Zeitung" erschien (Prototyp der Gattung selbst ist Eugene Sues 1842 im „Journal des Débats" erschienener Roman „Les mystères de Paris").

Verschiebungen im literarischen Wertungsgefüge

Journalliteratur und Feuilletonroman

Der Roman als neue Leitgattung

Die Entwicklung des solcherart ganz eigenen (Markt-)Regeln folgenden Feuilletonromans vollzieht sich im Schatten des allgemeinen Aufstiegs der bis dahin eher marginalisierten Gattung des Romans an die Spitze der Gattungstrias. Hermann Marggraffs explizite Würdigung des Romans als demokratische Gattung, die „keinen Unterschied der Stände" mehr anerkenne, veröffentlicht 1839 in seiner Übersicht über „Deutschland's jüngste Literatur- und Culturepoche" (Marggraff 1839, 363), verweist auf die politische Hintergründigkeit dieser auf den ersten Blick allein innerliterarischen Verschiebung im ästhetischen Gefüge, die sich gegen den Widerstand einer am Wertgefüge der Klassik ausgerichteten und sich moralisch über die Gattung erhebenden Literaturkritik vollzog (vgl. Eke/Olasz-Eke 1994). Knapp einhundert Jahre vor Marggraff hatte der Ästhetiker Georg Friedrich Meier in seinen „Untersuchungen einiger Ursachen des verdorbenen Geschmacks der Deutschen" über den Roman geschrieben: „das Abentheuerliche, das Unwahrscheinliche, das Kauderwelsche, das Matte, das Unflätige und Zotenmäßige herrscht in den meisten Romanen [...] und wer noch nicht unsinnig ist, der kann durch dieselben recht methodisch verruckt werden!" (Meier 1746, 25) Meiers frühe Polemik gegen den Roman weist die Richtung, in welche die Kritik bis weit ins 19. Jahrhundert hinein zielen sollte. Noch 1817 formuliert das Brockhaus'sche „Conversations-Lexicon" im Artikel „Roman" in geradezu paradigmatischer Weise die zu dieser Zeit unter den Kritikern noch weit verbreitete „Abscheu" gegenüber jener „ekelhafte[n] Romanenlectüre, die [...] nur immer nach dem neusten greift, und keine anderen Forderungen macht, als daß nur das Herz gekitzelt [...] und mit einem Wechsel von Gestalten überschüttet werde, um ihn wieder zu vergessen" (S. 395 f.). In den ideologischen Kampfbegriffen der ‚Lesesucht' (oder ‚Lesewuth') und der ‚Romanenfluth' mit ihren Anklängen an Pathologisches und Sündhaftes findet diese Ablehnung der Gattung bei zahlreichen Literaturkritikern, Theologen und Pädagogen ihren nachhaltigsten Ausdruck. Ungeachtet dessen wird der Aufstieg des Roman (und auch der Erzählliteratur als solcher) im Gattungssystem des 19. Jahrhunderts begleitet von poetologischen Normierungsprozessen aber auch von Versuchen einer Komplexitätserweiterung. Etwa dort, wo die neuen Romane versuchen, (ästhetische) Ausdrucks- und Argumentationsweisen, Strukturmomente und Regularitäten anderer poetischer (Lyrik, Dramatik) oder nichtpoetischer Bereiche (z. B. juristische Literatur) aufzunehmen (Frank 1996, 28), oder die Handlungsführung durch eine panoramatische Aufweitung des Geschehens in eine Kunst des ‚Nebeneinanders' zu überführen. Zu letzterem Phänomen hat Karl Gutzkow im Vorwort seines Romans „Die Ritter vom Geiste" (Leipzig 1850/51), der „die zerstreuten Lichtstrahlen des Lebens in einen Brennpunkt" sammeln sollte, folgendes nachgetragen: „Denn ich glaube wirklich, daß der Roman eine neue Phase erlebt. Er soll in der That mehr werden, als der Roman von früher war. Der Roman von früher [...] stellte das *Nacheinander* kunstvoll verschlungener Begebenheiten dar. [...] Der neue Roman ist der Roman des *Nebeneinanders*. Da liegt die ganze Welt!" (Gutzkow 1998b, 8–10)

Schriftsteller und Journalist als ‚Berufe'

Zugleich mit der Ausdifferenzierung der Literatur zog die Entwicklung des Literaturmarkts auch die Herausbildung neuer, marktabhängiger

Berufsbilder nach sich: den freien Schriftsteller und den Journalisten/ Publizisten, der sich als Herausgeber einer Zeitschrift, als festangestellter Redakteur oder als freier Mitarbeiter im Markt zu behaupten suchte (Requate 1996, 112 f.). Beide, Schriftsteller und Journalisten, hatten ihre Tätigkeit im 18. Jahrhundert noch nahezu ausschließlich nebenberuflich ausgeübt. Der aufkommende Markt und die zunehmende Kommerzialisierung der Medien bot nun die Möglichkeit der Verberuflichung des Schriftsteller- und Journalistenwesens, womit sich zwar Möglichkeiten ‚geistiger' Freiheit und Unabhängigkeit (zumindest in Grenzen – siehe Zensur) eröffneten, zugleich aber auch ökonomische Abhängigkeiten entstanden. Insofern tritt der Beruf des freien Publizisten in gewisser Weise in die Fußstapfen der Hofmeister-Tätigkeit vieler Intellektueller im 18. Jahrhundert, zumal die Existenz als freier Journalist in nicht wenigen Fällen Antwort auf die erste „akademische ‚Überfüllungskrise'" im 19. Jahrhundert oder auf individuelle bzw. politische Verfolgung" ist (Requate 1996, 122). Dem freien Schriftsteller und Journalisten wiederum steht mit dem Verleger nun ein Unternehmertypus zur Seite, der die Vermittlung zwischen Autor und Publikum bzw. Produzenten und marktabhängigen Interessen übernahm.

Allerdings blieb auch in der ersten Hälfte des 19. Jahrhunderts der wirklich freie Schriftsteller oder Journalist, derjenige also, der allein von seiner Schriftstellerei oder seiner Journalistik auf Dauer leben konnte, eher die Ausnahme (Lenau, Heine, Börne, Alexis, Saphir, Gutzkow und Laube beispielsweise gingen unter zum Teil erheblichen Risiken diesen Weg des freien Schriftstellers und/oder Journalisten). Für die Mehrzahl der Literaten blieb die Anstellung in einem Brotberuf als Beamter, Professor, Pfarrer oder Lehrer dagegen die einzige Möglichkeit der Subsistenzsicherung. Und den wenigen, die sich als ‚freie' Autoren zu etablieren suchten, verlangte der Markt eine für heutige Verhältnisse unglaubliche Vielseitigkeit und vor allem auch Produktivität ab. Das Verfassen von Romanen, Theaterstücken, Gedichten, von Lexikonartikeln, Artikeln und Rezensionen für Zeitungen und Zeitschriften, von Reiseberichten und Übersetzungen, die Herausgabe von Journalen und Almanachen – all das verband sich für die Zeitgenossen zwangsläufig so mit dem Berufsbild des ‚freien' Literaten.

Insbesondere der von allen Autoren des Jungen Deutschland verfolgte Anspruch eines Brückenschlags zwischen Politik und Literatur (vgl. Kap. IV) zog in den dreißiger Jahren die Ausprägung eines neuen Literaturtyps nach sich, der sich – das Vorbild Börnes und Heines wirkt hier weiter – die Aufhebung nicht nur der Trennung zwischen Kunst und Leben, sondern auch der Gattungen und Genres, von Ästhetik, Wissenschaft und Politik in einer verständlichen Literatur zum Ziel gesetzt hat. Die von den Jungdeutschen geforderte Poesie des Lebens findet ihren Niederschlag in der Entwicklung neuer, beweglicher, auch visuell geprägter Schreibweisen – Korrespondenzartikel, Briefe, Berichte, Notizen. Sie sind „Dokumente einer verschriftlichten Gegenwart" (Brendel-Perpina 2001, 138), die ihr Zentrum im Blick des Flaneurs finden.

Entwicklung neuer Schreibweisen

Faktisch bedeutete dies eine Abkehr von der Vorrangstellung des Schönen in der Kunst und der Gleichsetzung von Dichtkunst mit gebundener Sprache. Dem gegenüber steht ein Bekenntnis zur Prosa als – so Ludolf

Prosa als „Waffe" – Bedeutung der Kritik

Wienbarg in seinen „Aesthetischen Feldzügen" – Waffe der Gegenwart im Kampf um die öffentliche Meinung („Die Prosa ist eine Waffe jetzt, und man muß sie schärfen" [Wienbarg 1964, 90]) und vor allem zur Kritik, die das bevorzugte Feld der Interventionen des Jungen Deutschland wird. In einem programmatischen Artikel zum Beginn seiner Redaktion der „Zeitung für die elegante Welt" schreibt Heinrich Laube 1833 so: „Zum vollen Costüm neuer Eleganz" gehöre auch die „Anlegung des glänzenden Waffenschmucks der neuen Zeit – der Kritik. Wir leben in einer kritischen Epoche, Alles ist in Frage gestellt, das große Examen der Welt hat seit langer Zeit begonnen. Es rollt jetzt eine werdende Welt, ihre Fahne ist die Prüfung, ihr Scepter das Urtheil. In solcher Periode der Entwickelung scheint selten die wärmende Sonne; Alles sucht nach dem leitenden Monde – Kritik." ([Heinrich Laube:] Literatur. In: Zeitung für die elegante Welt, Nr. 3, 4. 1. 1833: S. 9–12 u. Nr. 7 vom 10. 1. 1833: S. 25–28; S. 9)

Die Jungdeutschen selbst haben das Ziel ihrer Kritik dabei zunächst negativ definiert: als Abrechnung *mit* und Zerstörung *des* Alten. In der „unbedingte[n] Verneinung" bestimmt Gutzkow so 1835 in einem Rückblick auf die zurückliegenden Jahre den Schrittmacher der Literaturrevolution, die im Gefolge der politischen Julirevolution die „Periode des marmornen Ruhms und des Elends" von der Tagesordnung der Geschichte abgesetzt habe. (Karl Gutzkow: [Unbetitelter Eröffnungsbeitrag zum] Phönix. Frühlings-Zeitung für Deutschland. Literaturblatt Nr. 1 vom 7. 1. 1835: S. 21–24; S. 21 f.) Ludolf Wienbarg wiederum hat in seiner Besprechung des zweiten Bandes von Heines „Salon" die Grundsätze dieser rücksichts- und kompromisslosen Kritik auf den Begriff gebracht: „Die junge Kritik hat junge Kränze zu verschenken, und dadurch unterscheidet sie sich vor der alten Kritik, deren Kränze verschenkt, verblüht und plattgedrückt sind an den Schläfen großer Todten. Die junge Kritik feiert aber keine Apotheosen und bedenkt sich wohl, die Lorbeerbäume in aller Hast und auf's geratewohl zu plündern. Sie hat eine sehr einfache Art, zu loben und zu tadeln, sie nennt die Dinge bei ihrem Namen. Sie protegirt nicht und scharwenzelt nicht, ist nicht gnädig und nicht unterthänig und am wenigsten trägt sie den Mantel auf beiden Schultern." (Ludolf Wienbarg: H. Heine. Salon II. [Rez.]. In: Literarische und Kritische Blätter der Börsen-Halle, Nr. 991 vom 14. 1. 1835: S. 41–44 u. Nr. 999 vom 2. 2. 1835: S. 109–112; S. 111)

Die in Wienbargs Besprechung begegnende Altersmetaphorik („junge Kritik" versus „alte Kritik") ist nicht nur typisch für das Junge Deutschland; sie entfaltet ihre polarisierende Sprengkraft in charakteristisch Weise auch vor dem Hintergrund der liberalen Gesinnungen und Ideen, die auszudrücken der Literatur von den Jungdeutschen abverlangt wurde. Sie bilden die gedankliche Mitte eines polemischen Dualismus, in dessen Fluchtlinie die Jungdeutschen für sich und die als fortschrittlich geltenden Autoren ihrer Zeit (Börne und Heine vor allem) den Anspruch des Neuen, des Zeitgemäßen und ‚Jungen' behaupteten, die Vertreter und Anhänger der vergangenen Kunstperiode, die Mehrzahl der Dichter der Restaurationsperiode, selbst zeitgenössische Autorenkollegen wie beispielsweise Willibald Alexis aber als alt und verbraucht verwarfen. Der wiederum, als Kritiker, Zeitschriftenherausgeber und Romanautor („Cabanis", 1832; „Roland von Berlin", 1840) selbst einer der herausragenden Schriftsteller seiner Zeit, bekämpfte nicht nur die Priorität des moralisch-politischen Votums innerhalb der jungdeutschen Literaturkritik als hohles „Echo jener erlogenen Jugendkraft [...], die den Mund voll nimmt von Erfinden, Schaffen, Volksleben, und selbst nichts hat als ohnmächtige Phrasen" („Helgoland von L. Wienbarg [...]". In: Blätter für literarische Unterhaltung, Nr. 298/1838: S. 1211 f.; S. 1212), sondern attackierte auch das Verständnis der Jungdeutschen von Kritik als Zeitkritik, das sich ihm allein in seiner destruktiven Seite erschloß, als Vernichtungskritik „,jungdeutschen Zornmuths'" (ebd.) (Eke 2000). Überhaupt bildet das Zerstörende der jungdeutschen Kritik schon früh einen der zentralen Ansatzpunkte der gegen das Junge Deutschland gerichteten Stellungnahmen, die den Jungdeutschen in ihrem Kampf gegen die alten Kunstbegriffe eine ruinöse Vernichtungsenergie attestieren, dabei aber das konstruktive Element in der Ablehnung der Tradition durch die jungdeutsche Kritik übersehen – einer Kritik, die Platz schaffen sollte für das Neue einer künftigen Literatur und im Verständnis der Jungdeutschen selbst nur ein zeitflüchtiges Medium der Zukunftsbestimmung war.

Für Gutzkow ist bereits 1835 der Punkt des Umschlags erreicht. Programmatisch erklärt er in seinem bereits zitierten Einführungsaufsatz zum „Literaturblatt" des „Phönix": „Bis hieher sind wir im Augenblick gekommen, bis zu dem Grundsatze: die kritische Periode ist vorüber" (S. 22); „positiv" habe die „junge Generation" von nun an zu „verfahren, selbst zu schaffen; zu lärmen und zu perhorresciren würde ihr schlecht stehen" – was der Kritik nicht die Aufgabe zuweist, zu loben, sondern vielmehr einer „poetischen Zukunft" ([Karl Gutzkow:] Intermezzo. In: Phönix. Frühlings-Zeitung für Deutschland. Literaturblatt Nr. 21 vom 29. 5. 1835: S. 501 f.; S. 502) vorzuarbeiten: „Die Literatur ist zerstückelt genug: die Kritik hat jezt ein chirurgisches Geschäft zu übernehmen, sie soll heilen, wieder herstellen und ergänzen. Sie soll die panische Furcht, welche über die Autoren gekommen ist, beschwören, die Wildheit einfangen; sie soll Rath geben, Vorschläge machen und nichts so sehr vermeiden, als durch übertriebenen Lärm die Theilnahme des Publikums zu erkälten, durch Appelliren an eine Menge, welche man nicht sieht und hört, diese altklug und vornehm zu machen. In der That, es herrscht viel Mittelmäßigkeit im Lande; aber es ist unverantwortlich, selbst die Mittelmäßigkeit an den Indifferentismus, an Menschen zu verrathen, welche für gar nichts sind. Wenn schon dafür gesorgt ist, daß die *Bäume* nicht in den Himmel wachsen; wie viel mehr, daß sich die *Sträucher* nichts dürfen einfallen lassen!" (Karl Gutzkow: [Unbetitelter Eröffnungsbeitrag zum] *Phönix* [s. o.], S. 24) Im Hintergrund dieser und ähnlicher Überlegungen steht ein triadisches Entwicklungsmodell (Kunst – Kritik – Kunst), wonach der kritischen Periode (2), welche die Goethe'sche Kunstperiode und die Periode der Restaurationsliteratur (1) beendet, eine neue Periode des Kunstwerks (3) folge.

Kritik als Wegbereiterin des Neues

In Zeitungen, Zeitschriften und Journalen fanden die Jungdeutschen die für den Ideentransport (oder -*schmuggel*) geeignete, flexible Publikationsform – und auch das notwendige Auskommen. Zeitungen waren ein Podium für die Ausformulierung von Ideen, sie bildeten zugleich Kristallisationskerne für Vereinigungen Gleichgesinnter. Französische Zeitschriften

Publikationsforen

wie die „Revue des Deux Mondes", die „Revue des Paris" und das „Journal des Débats politiques et littéraires" waren dabei, was ihre Eleganz und vor allem ihre Spartenvielfalt angeht, strukturell beispielgebend für die Publizistik der Jungdeutschen (Brandes 1991, 120ff.), zu deren bedeutendsten Zeitschriften das von Karl Gutzkow redigierte „Forum der kritischen Journalliteratur" (1831), das „Literaturblatt" zum „Phönix. Frühlings-Zeitung für Deutschland" (1835) und seine – allerdings gleich nach der Probenummer verbotene – „Deutsche Revue" (zusammen mit Ludolf Wienbarg, 1835) gehören sowie die von Heinrich Laube 1833/34 redigierte „Zeitung für die elegante Welt" und der von Theodor Mundt 1835 herausgegebene „Literarische Zodiacus". In ihnen wird ein an der Publizistik Börnes und der Prosa Heines geschulter neuer Ton hörbar – eingängig, geistreich und amüsant, dabei eingängig, zuspitzend und polemisch –, den die Jungdeutschen selbst als ‚modern' und ‚zeitgemäß' behaupteten. Entsprechend schreibt Gutzkow in den „Säkularbildern": „Moderne Literatur heißt Abspiegelung der Zeitgenossen in den Lagen, worin sie sich befinden, Einmischung in ihre Debatten, Frage und Antwort in Sachen des allgemeinen Nachdenkens und der praktischen Philosophie. Der Literatur gegenüber ist das moderne Genre in der Form leicht, im Inhalte zufällig, in Manier und Haltung subjektiv, witzig und melancholisch zugleich, launig in jeder Beziehung, begabt mit kritischem Talente und für die eigene Produktion entweder in manchen Fällen geradezu impotent oder zu wenig ehrgeizig, um es den großen Klassikern der Vergangenheit nachzutun. Roman, Novelle, die kleine Abhandlung, Briefe, empfindsame Reisen, das sind so die einfachsten Formen, wie der moderne Autor seine Empfindungen, Träume und Charaktere einfängt. Das moderne Genre entsteht schnell, verbreitet sich schnell, wird schnell verstanden und stirbt – schneller noch, als es oft eine Kritik erlebt hat." (Gutzkow, GW IV, 11. Teil, 24) Eine Selbstbeschränkung auf Themen der Kunst und Literatur verbot sich dabei schon vom Grundsatz des notwendigen „Ideenkampfes" von vornherein (sie schlägt, Folge des Bundestagsbeschlusses von 1835 zum Verbot des Jungen Deutschland, erst in den späteren Zeitschriften der Jungdeutschen als Tendenz zur Entpolitisierung durch). Im Gegenteil sollten die Journale neben ‚literarischen' Themen gerade der Diskussion von Fragen der Pressefreiheit, der Religionskritik, der Verfassung, nicht zuletzt auch der Frauenemanzipation ein Forum bieten.

Emanzipation der Frau

Gerade die letztgenannte Frage der ‚*weiblichen*' Emanzipation gehört – analog zur allgemeinen Erweiterung des Diskursfeldes Liebe um den Bereich einer sich verselbständigenden Sexualität im Vormärz (vgl. Frank/Kopp 1999) – zu den zentralen ‚politischen' Themen jungdeutscher Publizistik (vgl. dazu beispielsweise Heinrich Laubes „Liebesbriefe", Theodor Mundts Erzählung „Moderne Lebenswirren", Franz Dingelstedts „Rätsel der Liebe"). Karl Rottecks und Theodor Welckers „Staatslexikon" definiert das Verhältnis der Geschlechter noch als eines der Ergänzung: „Denn das Wesen und die Bestimmung, die Vollkommenheit der höheren Menschheit, stellen sich in beiden [Geschlechtern] nicht etwa auf verschiedenen höheren oder niederen Stufen, wie männlicher Despotismus fabeln mochte; sondern nur in verschiedenen einander ergänzenden Richtungen dar.

Sie werden also nur durch die Gemeinsamkeit beider, nur durch die Behauptung ihrer Besonderheit und zugleich durch ihre gegenseitige Verbindung und Ergänzung verwirklicht." (Staats-Lexikon oder Encyclopädie der Staatswissenschaften. Hrsg. von Carl von Rotteck und Carl Welcker. Bd. 6. Altona 1838, S. 642; Stichwort „Geschlechtsverhältnisse") Dadurch dass innerhalb dieses supplementären Modells ‚Weiblichkeit' und ‚Männlichkeit' aber wieder klar auf die Merkmale von Passivität und Emotionalität auf der einen (Weiblichkeit) bzw. Aktivität und Rationalität (Männlichkeit) auf der anderen Seite festgeschrieben sind, verlängert sich damit nur das Rollenverteilungsmodell ‚Weiblichkeit/Mütterlichkeit/Häuslichkeit' versus ‚Männlichkeit/Berufstätigkeit/Öffentlichkeit' aus der vorindustriellen Zeit in das 19. Jahrhundert hinein und mit ihm ein „hierarchisch-komplementäres Ehemodell" (Goetzinger 1997, 20), in dessen Mitte das Konzept der Geschlechtervormundschaft steht. Moralität, Wirtschaft, Staat und Gesellschaft finden in diesem – auch der Regulierung einer zügellos-schweifenden Erotik dienenden (vgl. Lukas 1999) – Ehemodell, das durch zahlreiche literarische und pädagogische Schriften verbreitet wird, ihren Fluchtpunkt. Der Ausbruch der Frau aus der Geschlechtervormundschaft, und sei es in der Form der Ehelosigkeit, stellte der zeitgenössischen Anthropologie zufolge von hier aus eine der grundlegenden Säulen der Gesellschaft in Frage und wurde als „unbedingte Geltendmachung der Individualität" (Carl Biedermann: Die junge Literatur und ihr Princip in der Reform des Geschlechtsverhältnisses, Hallische Jahrbücher Nr. 176–182, 24.–31. 7. 1838, 1451), d.h.: als Gegenstück des zum Ideal erklärten bürgerlichen Gemeinsinns und des sich selbst zähmenden Subjekts unter negative Vorzeichen gestellt (weiterführend Lukas 1999). Dass beispielsweise Therese Huber in ihrem Roman „Die Ehelosen" (1829) für das Ideal der Ehelosigkeit eintrat, musste von hier aus ebenso als skandalisierend empfunden werden, wie das Eintreten jungdeutscher Autoren wie Laube, Mundt und Wienbarg für das Selbstbestimmungsrecht der Frau, auch wenn zumindest Huber die Möglichkeit einer ehefreien Autonomie der Frau wieder im Konzept eines Lebens in sozialer Verantwortung und einer Moral der Fürsorge aufgefangen hat (vgl. dazu Rippman 1987, Goetzinger 1997). Ganz unverblumt spricht Mundt im Juli-Heft seiner Zeitschrift „Literarischer Zodiacus" von der Ehe als „meistentheils […] Association zur beiderseitigen Vernichtung der Individualität", wobei er die Verantwortung dafür bei den Männern sucht, die die Befähigung zu den geistigen Dingen allein für sich beanspruchen. Das sei die wahre Frivolität: „Ihr Prüden und Frommen, die ihr recht sittlich und dem Sinn tugendhafter Altvordern gemäß zu handeln glaubt, wenn ihr euch eure Eheweiber bloß für das Bett nehmt und für die Küche, um in beiden nur etwas Legitimes zu haben, und die ihr jede höhere Einigung des sinnlichen und geistigen Elements als eine Frivolität verdammt und verketzert, wie gemein und unsittlich ist eure Gesinnung! Die geistige Bedeutung einer ganzen Hälfte des menschlichen Geschlechts verkennt ihr, ihr seid die Frivolen!" (Literarischer Zodiacus, Bd. II, 1835, S. 52 bzw. 54; vgl. auch Mundts Plädoyer für die erotische Selbstbestimmung der Frau in seinem Roman „Madonna")

3. Wirtschaftlich-industrieller Strukturwandel

Industrielle Revolution

Unterhalb der politischen Oberflächenbewegung gewann in der ersten Hälfte des 19. Jahrhunderts eine epochale Entwicklung wieder an Dynamik, die im Vergleich zu England auf dem Kontinent durch Revolution und Krieg weit zurückgeworfen worden war: die industrielle Revolution. Ihre Grundlagen waren bereits vor 1815 gelegt worden und der mit ihr verbundene Modernisierungsprozess führt auch weit über das Jahr 1848 hinaus – gerade aber in dem hier zur Diskussion stehenden Zeitraum nimmt er in signifikanter Weise an Bedeutung zu. Der Sozialhistoriker Hans-Ulrich Wehler spricht von einem regelrechten „Take-Off" (Wehler ²1989, S. 26) der Industrialisierung, der die Länder des Deutschen Bundes nach einer längeren Anlaufphase gegen Ende der dreißiger/zu Beginn der vierziger Jahre nun auf allen Ebenen erfasst. Ermöglicht durch die Entwicklung dampfbetriebener Kraft- und Arbeitsmaschinen, die Durchsetzung der Industriefabrikation und einer marktorientierten Warenproduktion, bezieht dieser Modernisierungsprozess wesentliche Impulse aus einem Aufschwung insbesondere im Bereich des Eisenbahnbaus, der Eisen- und Stahlindustrie, des Kohlebergbaus und des Maschinenbaus. Der Siegeszug der neuen Dampfkraftmaschinen, die in den dreißiger und vierziger Jahren in vielfältiger Weise zum Einsatz kamen (als Spinn- und Webmaschinen beispielsweise in der Textilindustrie, als Druckpressen im Verlagswesen, als Förderungs- und Transportmaschinen im Bergbau, als Hobel- und Fräsmaschinen in der Metallverarbeitung etc.), begleitet die industrielle Revolution im allgemeinen.

Schlüsselstellung des Eisenbahnbaus

Im besonderen aber nimmt unter allen Wirtschaftsbereichen nicht von ungefähr der Eisenbahnbau die Schlüsselstellung schlechthin ein. Bereits 1842, sieben Jahre nachdem mit der Eröffnung der Strecke zwischen Nürnberg und Fürth die Eisenbahnära in Deutschland überhaupt erst begonnen hatte, waren nach Wehlers Berechnungen im Eisenbahnbau bereits 45 900 Menschen beschäftigt; vier Jahre später waren es dann schon 178 500 Menschen (Wehler ²1989, S. 614f.) Da für den Ausbau des Streckennetzes, für den Bau von Zügen und Lokomotiven immense Mengen an Stahl benötigt wurden, was wiederum die Energienachfrage in die Höhe trieb, zu deren Deckung große Mengen an Steinkohle benötigt würden, die ihrerseits nur durch den Einsatz immer neuer, wiederum erst zu bauender Werkzeug- und Kraftmaschinen gefördert werden konnten, trieb der Eisenbahnbau die Expansion auch der anderen Führungssektoren an.

Revolutionierung der Raum-Zeit-Verhältnisse

Am Beispiel der Eisenbahnreise lässt sich sehr plastisch beschreiben, wie die technologischen Innovationen im frühen 19. Jahrhundert die Gesamtheit der Lebensverhältnisse gleichsam mit einem Zeitkoeffizienten versehen, die Wahrnehmungslogik umgestalten und so das Zeiterleben dynamisieren (vgl. Schivelbusch 1989). Als Vehikel einer maschinenbeschleunigten Bewegung verändert die Eisenbahn im Laufe des 19. Jahrhunderts nicht nur das Paradigma des Reisens, seine Zielsetzung und ontologische Bestimmung. Die Revolutionierung des Transportwesens wandelt grundlegend auch die Raum-Zeit-Verhältnisse der vorindustriellen Gesellschaft. Dass die Eisenbahn im 19. Jahrhundert zur Metapher eines eng mit der Entwicklung von Wissenschaft und Technik verbundenen allgemeinen Fortschrittsgedankens werden konnte – eine Bestimmung, die sich noch in Marx' sprichwörtlich gewordener Bestimmung der Revolutionen als „Lokomotiven der Geschichte" niederschlägt („Die Klassenkämpfe in Frankreich 1848 bis 1850") –, ist Indiz zugleich dafür, in welchem Maße im Rahmen der industriellen Revolution des 19. Jahrhunderts die Beschleunigung der Zeit in die Nachfolge der demokratischen Revolution tritt, auf die sich nach 1789 der bürgerliche Fortschrittsoptimismus weithin gegründet hatte, utopische Hoffnungen sich mithin nun auf den technischen Fortschritt richten.

Das durch den schnellen Ausbau des Schienennetzes ermöglichte industrielle (und eben nicht mehr individuelle, nämlich zu Fuß, zu Pferd oder Kutsche vollzogene) Reisen ersetzte den gemächlichen Fluss der Bildungsreise, in der im 18. Jahrhundert noch die Vorstellung von Aufklärung und Fortschritt mit derjenigen einer Bewegung in Raum und Zeit übereingekommen war. Das industrielle Reisen ‚tötete' geradezu ‚den Raum', wie Heine 1843 die Veränderung der Wahrnehmungserfahrung durch die Revolution des Transportwesens beschrieb. Unter dem Datum des 5. Mai notiert er im 57. Stück seiner „Lutezia" betitelten „Berichte über Politik, Kunst und Volksleben" (Anlass für dieses Notat gibt die Eröffnung der Eisenbahnlinien von Paris nach Orléans und Rouen):

Die Eröffnung der beiden neuen Eisenbahnen, wovon die eine nach Orleans, die andere nach Rouen führt, verursacht hier eine Erschütterung, die jeder mitempfindet, wenn er nicht etwa auf einem socialen Isolierschemel steht. Die ganze Bevölkerung von Paris bildet in diesem Augenblick gleichsam eine Kette, wo einer dem andern den elektrischen Schlag mittheilt. Während aber die große Menge verdutzt und betäubt die äußere Erscheinung der großen Bewegungsmächte anstarrt, erfaßt den Denker ein unheimliches Grauen, wie wir es immer empfinden, wenn das Ungeheuerste, das Unerhörteste geschieht, dessen Folgen unabsehbar und unberechenbar sind. Wir merken bloß, daß unsere ganze Existenz in neue Gleise fortgerissen, fortgeschleudert wird, daß neue Verhältnisse, Freuden und Drangsale uns erwarten, und das Unbekannte übt seinen schauerlichen Reitz, verlockend und zugleich beängstigend. So muß unseren Vätern zu Muthe gewesen seyn, als Amerika entdeckt wurde, als die Erfindung des Pulvers sich durch ihre ersten Schüsse ankündigte, als die Buchdruckerey die ersten Aushängebogen des göttlichen Wortes in die Welt schickte. Die Eisenbahnen sind wieder ein solches providenzielles Ereigniß, das der Menschheit einen neuen Umschwung giebt, das die Farbe und Gestalt des Lebens verändert; es beginnt ein neuer Abschnitt in der Weltgeschichte, und unsere Generazion darf sich rühmen, daß sie dabey gewesen. Welche Veränderungen müssen jetzt eintreten in unsrer Anschauungsweise und in unsern Vorstellungen! Sogar die Elementarbegriffe von Zeit und Raum sind schwankend geworden. Durch die Eisenbahnen wird der Raum getödtet, und es bleibt uns nur noch die Zeit übrig. Hätten wir nur Geld genug, um auch letztere anständig zu tödten! In vierthalb Stunden reist man jetzt nach Orleans, in eben so viel Stunden nach Rouen. Was wird das erst geben, wenn die Linien nach Belgien und Deutschland ausgeführt und mit den dortigen Bahnen verbunden seyn werden! Mir ist als kämen die Berge und Wälder aller Länder auf Paris angerückt. Ich rieche schon den Duft der deutschen Linden; vor meiner Thüre brandet die Nordsee. (DHA XIV/1, 57f.)

Der industrielle „Take off" wird begleitet von einem rasanten Strukturwandel im Bereich der landwirtschaftlichen Produktion, der günstige Voraussetzungen schuf für das Wachstum des industriellen Sektors. Zumin-

Strukturwandel in der Landwirtschaft

dest erfährt die Land- und Forstwirtschaft nach den von Missernten und Preisverfall begleiteten Krisenjahren zwischen 1816/17 und 1826 eine dem ‚Umbau' der industriellen Produktion vergleichbare Revolutionierung, die nur einmal noch, durch die große Hungersnot von 1846/47, unterbrochen wird. Diese Revolutionierung eines Wirtschaftsbereichs, in dem noch 1815 nahezu Dreiviertel aller Beschäftigten Arbeit fand, vollzog sich in Gestalt einer Abkehr von der Subsistenzwirtschaft und der Umstellung auf eine marktorientierte Produktion und damit auf das Wechselspiel von Angebot und Nachfrage. Diese von einer Bodenreform, der Erhöhung der Anbauflächen durch die Beseitigung der Schwarzbrache und die Kultivierung neuer Anbauflächen, die Verbesserung von Bewirtschaftungsmethoden, der Vergrößerung des Viehbestandes und der Intensivierung des Anbaus neuer Früchte wie Kartoffel, Mais, Sonnenblume, Tabak flankierte Kommerzialisierung der Landwirtschaft vollzieht sich regional mit großen Unterschieden in Schüben und Sprüngen – auf den großen Rittergütern und den Großbesitzungen schneller als auf den kleineren Höfen –, betraf aber sowohl die Großbauern wie die kleineren Meiereien. Der Vormärz erweist sich auch in dieser Hinsicht als eine Übergangszeit, in der das Feudalzeitalter endgültig dem Ende entgegenging und der Siegeszug des Marktes begann. Begleitet wurde dieser Prozess von einem rasanten Bevölkerungswachstum, das bereits in der zweiten Hälfte des 18. Jahrhunderts im Zuge einer verbesserten Versorgung der Bevölkerung mit Grundnahrungsmitteln und Arbeit im Gefolge des beginnenden Ausbaus der Landwirtschaft und eines allgemeinen ökonomischen Aufschwungs eingesetzt hatte, nun (mit regionalen Schwankungen) aber noch einmal erheblich zunahm. (Vgl. Wehler ²1989, S. 8f.)

Bevölkerungswachstum

Das hohe Wachstum der ländlichen Bevölkerung zog gravierende soziale Probleme nach sich, zumal das Industriewachstum zunächst noch nicht mit dem Bevölkerungsanstieg Schritt halten, der Arbeitskräfteüberschuss mithin noch nicht durch die Industrie abgeschöpft werden konnte. Da sich der Bevölkerungs- und Arbeitskräfteüberschuss zudem mit dem Niedergang des Heimgewerbes und der traditionellen Handwerksberufe überschnitt, kam es zu einer Verelendung breiter Bevölkerungsschichten. ‚Pauperismus' wurde diese sich dramatisch zuspitzende Massenarmut genannt, welche die deutschen Staaten nach langem Zögern und letztlich nur aus Angst vor einer Wiederholung der die ‚Große Furcht' genannten Massenaufstände während der Französischen Revolution schließlich zu einer öffentlichen Armenpolitik nötigte.

Pauperismus

In der Ausgabe der Brockhausschen „Real-Enzyklopädie" von 1846 wird ‚Pauperismus' folgendermaßen erläutert: „Pauperismus ist ein neu erfundener Ausdruck für eine höchst bedeutsame und unheilvolle Erscheinung, die man im Deutschen durch die Worte Massenarmut wiederzugeben versucht hat. Es handelt sich dabei nicht um die natürliche Armut, wie sie […] immerfort einzelne befallen mag, sondern Pauperismus ist da vorhanden, wo eine zahlreiche Volksklasse sich durch die angestrengteste Arbeit höchstens das notdürftigste Auskommen verdienen kann, auch dessen nicht sicher ist, in der Regel schon von der Geburt an und auf Lebenszeit solcher Lage geopfert ist, keine Aussichten der Besserung hat, darüber immer tiefer in Stumpfsinn und Rohheit versinkt, den Seuchen, der Branntweinpest und viehischen Lastern aller Art, den Armen-, Arbeits- und Zuchthäusern fortwährend eine immer steigende Zahl von Rekruten liefert und dabei immer noch sich in reißender Schnelligkeit ergänzt und vermehrt." In welchem Maße mit dem Pauperismus die soziale Frage als ein drängendes Problem in den Vordergrund trat, lässt sich an der in den vierziger Jahren breit gestreuten Pauperismus-Literatur ablesen, die nicht über die Tatsache dieser neuen Form der Armut, um so mehr aber über ihre Ursachen, ihr Ausmaß und ihre Folgen stritt. Sie ist Ausdruck dafür, in welchem Maße die Zeitgenossen das Verelendungsproblem des Pauperismus, der übrigens auch die bildungsbürgerliche Welt nicht verschonte und zur Herausbildung eines akademischen oder intellektuellen Proletariats führte, als Krisenphänomen verstanden, das die Grundfesten der Ordnung zu erschüttern im Begriff war. Der Hungeraufstand der schlesischen Weber im Frühsommer 1844, hervorgerufen durch die Verdrängung des traditionellen Weber*handwerks* durch *maschinelle* und *fabrikmäßige* Produktionsformen, musste vor diesem Hintergrund wie ein Fanal künftigen Aufruhrs wirken (Marx hat den Weberaufstand denn auch als erste militante Aktion des Proletariats verklärt).

Die stetig steigenden Auswandererzahlen sind unmittelbare Folge dieser Entwicklung, zumal den meisten Armen auch der Weg vom Land in die Stadt, der doch Arbeit und Brot zu versprechen schien, durch rigorose Zuzugsgesetze versperrt war. Da die Städte nichts mehr fürchteten als eine Vergrößerung der bedürftigen Bevölkerung durch mittellose Arbeitsuchende schränkten sie durch allerlei Maßnahmen wie die Koppelung von Heimat- Niederlassungs- und Bürgerrechten an Grundbesitz, Vermögen oder Leumundszeugnisse die Niederlassungsfreiheit ein. Allein zwischen 1840 und 1849 wanderten aus diesen Gründen 418 800 Deutsche überwiegend nach Amerika aus. Das sind mehr als drei Mal so viele wie in dem Jahrzehnt zuvor (1830–1839: 145 100) und rund neun Mal so viele wie in den fünfzehn Jahren zwischen 1816 und 1829 (= 47 500). (Zahlen nach Wehler ²1989, 17)

<small>Auswanderung</small>

Nicht nur lässt sich im Zuge des hier in seinen negativen Auswirkungen begegnenden Modernisierungsprozesses erstmals nun das Auftreten marktbedingter Klassen beobachten; im Schatten der Ausdehnung der kapitalistischen Marktwirtschaft verschiebt sich auch die gesellschaftliche Kräftekonstellation weiter in Richtung auf das Bürgertum. „Umwandlung der Stratifikationshierarchie" (Wehler ²1989, 143) nennt die Sozialgeschichtsforschung diesen Prozess der allmählichen Verwandlung der feudalstaatlichen Ordnung in eine bürgerliche Gesellschaft, in dessen Verlauf zum einen der Adel (durchschnittlich 02–05% der Bevölkerung) mit seinen Hoffnungen auf eine Restauration der durch Säkularisierung, Mediatisierung und Staatsbildung eingeschränkten alten Privilegien zunehmend in die Defensive geriet und 1848/49 gar die formalrechtliche Aufhebung ständischer Unterschiede hinnehmen musste, zum anderen die alte handelsbürgerliche Honoratiorenschicht in ihrer Vorrangstellung von einer rasch sich nun herausbildenden Schicht des Wirtschaftsbürgertums (Wirtschaftsbourgeoisie) abgelöst wurde, welche die wirtschaftliche Zukunft bestim-

<small>Verschiebungen innerhalb der gesellschaftlichen Kräftekonstellation</small>

men sollte. Zu beachten bleibt dabei, dass es sich beim Bürgertum im Vormärz selbstverständlich (noch) nicht um eine homogene Sozialformation handelt. Es gab keine ‚Bürgerliche Gesellschaft' als solche, vielmehr „mehrere bürgerliche Gesellschaften mit spezifischer sozialer Zusammensetzung, eigenen Leitbildern der Lebensführung, unterschiedlichen Lebensstilen und Mentalitäten nebeneinander." (Wehler ²1989, 238)

IV. Wirklichkeitserfahrung und ästhetische Form: Transfer und Transformation

1. Das Junge Deutschland

1834 veröffentlicht Ludolf Wienbarg unter dem Titel „Aesthetische Feldzüge" eine Serie von Vorlesungen, die er 1833 als Dozent in Kiel gehalten hat. Diesen Vorlesungen, die sich bewusst absetzen von der systematisierenden akademischen Ästhetik als Lehre des Schönen, schickt er eine mit folgenden Worten beginnende „Zueignung" voraus:

Dir, junges Deutschland, widme ich diese Reden, nicht dem alten. Ein jeder Schriftsteller sollte nur gleich von vornherein erklären, welchem Deutschland er sein Buch bestimmt und in wessen Hände er dasselbe zu sehen wünscht. Liberal und illiberal sind Bezeichnungen, die den wahren Unterschied keineswegs angeben. Mit dem Schilde der Liberalität ausgerüstet sind jetzt die meisten Schriftsteller, die für das alte Deutschland schreiben, sei es für das adlige oder für das gelehrte oder für das philiströse alte Deutschland, aus welchen drei Bestandteilen dasselbe bekanntlich zusammengesetzt ist. Wer aber dem jungen Deutschland schreibt, der erklärt, daß er jenen altdeutschen Adel nicht anerkennt, daß er jene altdeutsche, tote Gelehrsamkeit in die Grabgewölbe ägyptischer Pyramiden verwünscht und daß er allem altdeutschen Philisterium den Krieg erklärt und dasselbe bis unter den Zipfel der wohlbekannten Nachtmütze unerbittlich zu verfolgen willens ist. (Wienbarg 1964, 3)

Der Ausdruck ‚Junges Deutschland', den Wienbarg wenn auch wohl nicht erfunden, so doch aber entscheidend popularisiert hat (Wülfing 1978, 150f.), wurde zum Leitbegriff einer neuen Generation von Autoren, die – durchaus uneins dabei, was Sachfragen angeht – eine Grenze zog zwischen sich und der „Kunstonanie des verflossenen Jahrhunderts" (Karl Gutzkow: Vom Berliner Journalismus. In: Forum der Journal-Literatur. Eine antikritische Quartalsschrift, Bd. 1, 1831, H. 2, S. 151–204; 180). Kategorisch erklärt Wienbarg in seinen „Aesthetischen Feldzügen" so die Zeit der „Behaglichkeit" für beendet, in der die „Großen unserer Literatur" in der „sichern Höhe" einer „von der Welt abgeschiedenen Sphäre" lebten, „weich und warm gebettet in einer verzauberten idealen Welt, und sterblichen Göttern ähnlich auf die Leiden und Freuden der wirklichen Welt hinabschauend und sich vom Opferduft der Gefühle und Wünsche des Publikums ernährend." (Wienbarg 1964, 187f.) Die mit der Julirevolution eröffnete neue Phase der Geschichte habe dem Dichter in einem zeitaktuellen Prozess der Annäherung des „Wirkliche[n]" an das Ideelle (Wienbarg 1964, 188) vielmehr einen Platz mitten im Leben zubemessen.

„Poesie des Lebens"

Dieses Junge Deutschland, das sich mit seiner entschieden kosmopolitischen Einstellung abgrenzt gegenüber allem ‚Altdeutschen', wie es sich unter anderem in den nationalen Idealen der Burschenschaften auf der einen Seite und der für die Erweiterung der individuellen Freiheiten streitenden altliberalen Opposition (Varnhagen von Ense, Adelbert von Chamisso u. a.) auf der anderen Seite verkörpert, wird nach der durch die

Karlsbader Beschlüsse erzwungenen politischen Windstille der zwanziger Jahre als literarisch-politische Opposition in der neuen Aufbruchstimmung nach der Julirevolution zunächst tonangebend. Man hat im Hinblick darauf deshalb verschiedentlich von der „Blütezeit jungdeutschen Denkens und Wirkens" (Wülfing 1982, 71), von der „jungdeutschen Sturm- und Drangzeit" (Proelß 1892, 770) oder gleich der „Sturm- und Drangperiode des neunzehnten Jahrhunderts" (Holzmann 1888, 327) gesprochen – der freilich der Bundestag schnell wieder ein Ende bereitet hat. Bereits am 10. Dezember 1835 erließ er ein umfassendes Publikationsverbot gegen die Schriften des Jungen Deutschland, das einem Schreibverbot für die in diesem Zusammenhang namentlich genannten Autoren gleichkam: Heinrich Heine, Ludolf Wienbarg, Heinrich Laube, Theodor Mundt und Karl Gutzkow. Andere, im Bundestagsbeschluss nicht aufgeführte Autoren wie insbesondere Ludwig Börne werden dem Jungen Deutschland im weiteren Sinne zugerechnet – je nachdem, wie breit der Begriff gefasst wird: u. a. August Lewald, Richard Otto Spazier, Ferdinand Gustav Kühne, Ernst Willkomm, Anastasius Grün, Franz von Ungern-Sternberg, Charles Sealsfield. Manfred Windfuhr rechnet selbst Luise Mühlbach (Ehefrau Theodor Mundts seit 1839), Ida Hahn-Hahn, Fanny Lewald und Louise Aston zum Jungen Deutschland, obwohl deren Hauptwerke erst deutlich nach dem Bundestagsbeschluss von 1835 erscheinen. Immerhin hätten diese Autorinnen „wesentliche Teile der jungdeutschen Programmatik und Praxis übernommen bzw. um spezifisch weibliche Aspekte erweitert" (Windfuhr 1997, 334).

Politische Revolution und literarische Revolution

Auch wenn Metternich persönlich von der Existenz einer literarischen Gruppierung des „Jungen Deutschland" überzeugt gewesen sein mag (Wolf/Schopf/Burkard/Lepper 1998, 65), kommt erst der Sondergesetzgebung des Deutschen Bundestags das zweifelhafte Verdienst zu, einen Kreis von Autoren zu einer Bewegung zusammengefasst zu haben, die mehr als nur ihr Alter voneinander trennt: ästhetische Praktiken, Ausdrucksmittel, vor allem auch der ihnen jeweils zukommende literarhistorische Rang. Was die Autoren des Jungen Deutschland allerdings über alle Differenzen hinweg eint, ist das Bewusstsein der Zeitzeugenschaft, genauer: das Bewusstsein, Zeugen einer Zeitenwende zu sein, kurz: in einer „Übergangsepoche" (Wienbarg 1964, 76) zu leben, in der die bürgerlichen Freiheiten nun auch in Deutschland erreichbar schienen und sich damit auch der Literatur neue Aufgaben stellten. Dieses Zeitgefühl ist stark von der Julirevolution in Frankreich geprägt, die vierzig Jahre nach der Französischen Revolution wiederum ganz Europa in Bewegung und Aufregung versetzte, auch wenn ihre praktischen Auswirkungen auf Deutschland relativ gering waren (vgl. dazu Kap. III).

Politisierung der Literatur

Auf die so politisch begründete Revolutions-Erfahrung, gleichermaßen an der Schwelle zur Moderne zu stehen, antworteten die Autoren des Jungen Deutschland ihrerseits nun mit einer „literarischen Revolution": mit einem neuen Stil- und Sprachgestus, der die Trennung zwischen ‚hoch' und ‚niedrig', Dichtung und Tagesliteratur, Poesie und Journalistik weitgehend hinter sich ließ. Wenn Gutzkow in der Rollenprosa seiner Narrenbriefe („Briefe eines Narren und einer Närrin", Hamburg 1832) gleich in seiner ersten Buchveröffentlichung die „Nothwendigkeit der Politisirung unserer Literatur" (18. Brief, S. 140) behauptet, dann ist damit im Kern bereits die in Heines zitiertem Schlagwort vom „Ende der Kunstperiode" vorgedachte Absage an die „aristokratische Zeit der Literatur" (DHA VIII, 125) weitergeführt, welche die Autoren des Jungen Deutschland bei aller Heterogenität mit der Einkleidung ihrer emanzipatorischen Botschaft in eine adressatenorientierte Sprache nun auf ihre Weise in ästhetische Praxis zu übersetzen suchten (und damit überhaupt erst wesentliche Voraussetzungen für die Popularisierung ihrer Literatur schufen). Die Autoren des Jungen Deutschland verneinten so die ‚zeitlose' Gültigkeit der Poesie, vertraten stattdessen den Anspruch, durch Literatur auf die Realität einwirken zu wollen *und zu können*, sie zu verändern, und zwar unmittelbar. Von hier aus beziehen sie Stellung: zur zeitgenössischen Wirklichkeit, zur Politik, auch zur Ästhetik.

‚Jetzig' wollte die jungdeutsche Literatur sein; sie wollte das zur Sprache bringen, ‚was an der Zeit ist' und damit ihre ‚Zeitgenossenschaft', wie eines der wichtigsten Schlagworte des Jungen Deutschland lautet (vgl. Wülfing 1982, 73 ff.) unter Beweis stellen. Was es bedeutet, Zeitschriftsteller zu sein, hat Ludwig Börne bereits 1818 in der Ankündigung seiner Zeitschrift „Die Wage" in geradezu programmatischer Weise beschrieben. Die „Aussagen der Zeit zu erlauschen, ihr Mienenspiel zu deuten und beides niederzuschreiben" (Börne I, 670), darin sieht Börne hier eine der zentralen Aufgaben des Schriftstellers, der mehr ist noch als bloß der „Fuhrmann der Wissenschaft und der Geschichte" (was für sich genommen er aller Ehren wert erachtet): „Er reicht uns das Gefäß, das unentbehrlich ist, um an der Quelle der Wahrheit für den Durst des Augenblicks zu schöpfen." (Börne I, 668)

> Zu jenem Dienste sind noch lange nicht genug berufen, und doch ist so vieles daran gelegen, daß die Zeitschriften sich vermehren; ja, oft wäre zu wünschen, daß die Tagesblätter in Stundenblätter auseinandergingen, damit nichts überhört werde und verloren gehe. Der beobachtenden Blicke können nie zu viele und die Berichte des Geschehenen nicht zu häufig werden. Die Entwickelungsstufe, über welche jetzt die Menschheit schreitet, bringt Verborgenes hervor, das sich schnell wieder bedeckt, sobald die Stufe erstiegen ist, und erst nach Jahrhunderten des Stillstandes, wenn das Menschengeschlecht von neuem einen Schritt macht, wiedererscheinen wird. Wie dort, wo dem Leben Gefahr droht, seine Geheimnisse hervorspringen und in den Erscheinungen der Krankheit sich uns die Gesetze des Wohlbefindens offenbaren, so müssen wir an den Gebrechen dieser Zeit die Regel ihrer Vollkommenheit lernen und, um den innern Bau der bürgerlichen Gesellschaft zu erforschen, schnell, ehe sie sich schließen, durch ihre offenen Wunden sehen. (Börne I, 670f.)

Der Literatur sollte unter diesen Prämissen die Aufgabe zufallen, die Relikte des Alten abzutragen, d. h. den Feudalismus zu bekämpfen, und das Neue, die Zukunft, literarisch vorwegzunehmen, die unter der hässlichen „Larve der alten Zeit" (Wienbarg 1964, 75) heranwächst. Unter den gegebenen Umständen konnte dieser Kampf nicht offen ausgetragen werden, sondern bedurfte Methoden der Camouflage, der Tarnung, mit denen die neuen Ideen als Konterbande in die Öffentlichkeit getragen werden konnten. Das Schlagwort vom Ideenschmuggel beschreibt sehr gut diese Strate-

Marginalia:
- Der Dichter als Zeitschriftsteller
- Ideenschmuggel

gie der verdeckten Einflussnahme unter dem „bleiernen Druck der Verhältnisse" (Wienbarg 1964, 40). „Der Ideenschmuggel wird die Poesie des Lebens werden" schreibt Gutzkow im 16. seiner Narrenbriefe (Gutzkow 1832, 125), und an Büchner, der ihm sein Drama *Dantons Tod* zur Veröffentlichung zugeschickt hat, schreibt er am 17. März 1835: „Treiben Sie wie ich den Schmuggelhandel der Freiheit: Wein verhüllt in Novellenstroh, nichts in seinem natürlichen Gewande: ich glaube, man nützt so mehr, als wenn man blind in Gewehre läuft, die keineswegs blindgeladen sind." (Büchner 2, 398)

„Verschiedenartige Geschichtsauffassung"

Fluchtpunkt dieser besonderen Zeitgenossenschaft ist so die Zukunft, Ansatzpunkte aber sind und bleiben, wie Heine (wohl) im August/September 1833 in dem kurzen Textfragment „Verschiedenartige Geschichtsauffassung" (der Titel des Fragments geht auf Adolf Strodtmann zurück) schreibt, die Interessen der Gegenwart. Damit setzt er die neue Literatur ab zum einen von den „Weltweisen der historischen Schule" (d.i. Friedrich Karl von Savigny und Karl Friedrich Eichhorn in der Rechtsgeschichte, Barthold Georg Niebuhr und Leopold von Ranke in der Geschichtsschreibung) und den „Poeten aus der Wolfgang-Goetheschen Kunstperiode" (gemeint sind damit hier vermutlich Clemens von Brentano, Joseph von Eichendorff, Friedrich Schlegel, Ludwig Tieck, Ludwig Uhland), denen er, eben weil sie in der Geschichte nichts als einen „trostlosen Kreislauf" zu sehen vermögen, einen „sentimentalen Indifferentismus gegen alle politischen Angelegenheiten des Vaterlandes" zum Vorwurf macht. Heine setzt sich damit ab zum anderen von der „Humanitätsschule" (d.i.: im engeren Sinn Lessing, im weiteren: Johann Gottfried Herder, Friedrich Schiller, Johann Wolfgang Goethe, Jean Paul; Immanuel Kant, Johann Gottlieb Fichte, Friedrich Wilhelm Schelling, Christoph Martin Wieland), welche die Geschichte unaufhaltsam auf dem Vormarsch zum Guten sehe und damit den Fatalitätsgedanken der ersten Gruppe durch eine Art säkularisierten Vorsehungsglauben ersetze (Höhn 1991, 181). „Beide Ansichten", das Kreislauf- und das Fortschrittsmodell also, so Heine

wollen nicht recht mit unseren lebendigsten Lebensgefühlen übereinklingen; wir wollen auf der einen Seite nicht umsonst begeistert seyn und das Höchste setzen an das unnütz Vergängliche; auf der anderen Seite wollen wir auch, daß die Gegenwart ihren Werth behalte, und daß sie nicht bloß als Mittel gelte, und die Zukunft ihr Zweck sey. Und in der That, wir fühlen uns wichtiger gestimmt, als daß wir uns nur als Mittel zu einem Zwecke betrachten möchten; es will uns überhaupt bedünken, als seyen Zweck und Mittel nur konventionelle Begriffe, die der Mensch in die Natur und in die Geschichte hineingegrübelt, von denen aber der Schöpfer nichts wußte, indem jedes Erschaffniß sich selbst bezweckt und jedes Ereigniß sich selbst bedingt, und Alles, wie die Welt selbst, seiner selbst Willen da ist und geschieht. – Das Leben ist weder Zweck noch Mittel; das Leben ist ein Recht. Das Leben will dieses Recht geltend machen gegen den erstarrenden Tod, gegen die Vergangenheit, und dieses Geltendmachen ist die Revoluzion. Der elegische Indifferentismus der Historiker und Poeten soll unsere Energie nicht lähmen bey diesem Geschäfte; und die Schwärmerey der Zukunftbeglücker soll uns nicht verleiten, die Interessen der Gegenwart und das zunächst zu verfechtende Menschenrecht, das Recht zu leben, aufs Spiel zu setzen. – Le pain est le droit du peuple, sagt Saint Just und das ist das größte Wort, das in der ganzen Revoluzion geprochen worden – (DHA X, 301 f.)

Voraussetzung dafür, die „Interessen der Gegenwart" geltend machen zu können, wiederum war, dem Verständnis der Jungdeutschen nach, die Aufhebung der Trennung von Kunst und Leben – nun von anderer, von politischer Seite her. ‚Jetzig', und das heißt: eingreifend, kann Literatur für sie nur sein, wenn sie ganz nah an die Zeit-Wirklichkeit mit ihren Widersprüchen und Konflikten heranrückt. Entsprechend bestimmt Ludolf Wienbarg in seinen „Aesthetischen Feldzügen" den Bruch zwischen Alt und Neu, zwischen ‚Altem Deutschland' und ‚Jungem Deutschland' im Hinblick auf das von beiden Richtungen poetisch austarierte Verhältnis von Kunst und Leben:

Aufhebung der Trennung von Kunst und Leben

die Schriftstellerei ist kein Spiel schöner Geister, kein unschuldiges Ergötzen, keine leichte Beschäftigung der Phantasie mehr, sondern der Geist der Zeit, der unsichtbar über allen Köpfen waltet, ergreift des Schriftstellers Hand und schreibt im Buch des Lebens mit dem ehernen Griffel der Geschichte, die Dichter und ästhetischen Prosaisten stehen nicht mehr wie vormals allein im Dienst der Musen, sondern auch im Dienst des Vaterlandes, und allen mächtigen Zeitbestrebungen sind sie Verbündete. Ja, sie finden sich nicht selten im Streit mit jenem schönen Dienst, dem ihre Vorgänger huldigten, sie können die Natur nicht über die Kunst vergessen machen, sie können nicht immer so zart und ätherisch dahinschweben, die Wahrheit und Wirklichkeit hat sich ihnen zu gewaltig aufgedrungen, und mit dieser, das ist ihre Schicksalsaufgabe, mit dieser muß ihre Kraft so lange ringen, bis das Wirkliche nicht mehr das Gemeine, das dem Ideellen feindliche Entgegengesetzte ist. [...]

Ich würde in Verlegenheit geraten, sollte ich im einzelsten Einzelnen an einem Satz, einer Periode das Gesagte nachweisen, nichtsdestoweniger ist eben dieser verschiedene Charakter im Ganzen, Großen allen prosaischen Werken dieser und jener Zeit aufgedrückt. Die neue Prosa ist von der einen Seite vulgärer geworden, sie verrät ihren Ursprung aus, ihre Gemeinschaft mit dem Leben, von der andern Seite aber kühner, schärfer, neuer an Wendungen, sie verrät ihren kriegerischen Charakter, ihren Kampf mit der Wirklichkeit, besonders auch ihren Umgang mit der französischen Schwester, welcher sie außerordentlich viel zu verdanken hat. (Wienbarg 1964, 188 f.)

‚Vulgärer', das heißt: näher am Leben, der ‚reinen' Kunst ferner – und das zielt abgesehen von der im Grundsatz angestrebten Synthese von geistig-ästhetischer und politischer Emanzipation („Dienst der Musen" – „Dienst des Vaterlandes") ganz unmittelbar auf die Entwicklung eines neuen, unverwechselbaren Prosastils. Der Begriff des ‚Vulgären' ist durchaus nicht abwertend gemeint, da die neue Literatur solcherart „ihren Ursprung aus, ihre Gemeinschaft mit dem Leben" verrate; zugleich sei sie aber auch „kühner, schärfer, neuer an Wendungen" geworden. Auf der Folie dieser neuen Schreibweise entwickeln die Jungdeutschen die Grundzüge einer gerade *subjektiven*, schonungslos „das Innerste des Menschen, sein Fühlen, sein Herzenstrachten" enthüllenden Dichtung und Kritik, wie Laube sie in seiner programmatischen Ankündigung der „Zeitung für die elegante Welt" seinerseits wiederum unmittelbar auf die politischen Entwicklungen seit der Julirevolution rückbezogen und im Hinblick auf das große Vorbild Heine begründet hat. (Heinrich Laube: [ohne Titel]. In: Zeitung für die elegante Welt, Nr. 3 vom 4. 1. 1833, S. 9–12 u. Nr. 7 vom 10. 1. 1833, S. 25–28; S. 25) Dieser wiederum hat der ästhetischen Revolution als Begleiterin der politischen Umwälzungen („die neue Zeit wird

Ästhetische Subjektivität

auch eine neue Kunst gebären, die mit ihr selbst in begeistertem Einklang seyn wird", DHA XII/1, 47) eine zugleich wahrnehmungslogische und erkenntnispraktische Komponente zubemessen, die ihrerseits wiederum durch eine (medien-)technologische Revolution bedingt wurde. Ihren Niederschlag findet diese Vorstellung unter anderem im Zueignungsbrief der „Lutezia"-Berichte von 1854 mit der literarisch-ästhetischen Adaption einer innovativen neuen Technologie, der Daguerrotypie, wenn Heine schreibt: „meine Berichte sind ein daguerrotypisches Geschichtsbuch, worin jeder Tag sich selbst abkonterfeite, und durch die Zusammenstellung solcher Bilder hat der ordnende Geist des Künstlers ein Werk geliefert, worin das Dargestellte seine Treue authentisch durch sich selbst dokumentirt." (DHA XIII/1, 19)

Dieses innerhalb der jungdeutschen Bewegung nicht unumstrittene Prinzip der Subjektivität – was nichts anderes meint, als den eigenen Erfahrungen und Ansichten Ausdruck zu verleihen (Steinecke 1982, 48) – kollidiert zwangsläufig mit dem von etablierten Kritikern wie Willibald Alexis zum obersten Grundsatz der Dichtkunst erhobenen Prinzip der Objektivität. Bereits in seiner großen Scott-Rezension von 1823 hatte Alexis die Objektivität zum „höchste[n] Gesetz aller Poesie" erklärt (The Romances of Walter Scott [...] Romane von Walter Scott [...]. In: Jahrbücher der Literatur, Bd. 22, 1823: S. 1–75; S. 30). Damit wird nicht nur der weitestgehende Rückzug des Autors aus seinem Werk zur künstlerischen Norm erhoben; Objektivität bedeutet für Alexis zugleich auch die Ausschaltung der *Subjektivität* des Autors aus seinem Werk, den Verzicht auf die Artikulation eigener Ansichten und Reflexionen, zumal historischer Urteile und politischer Ansichten. Dass die „Jünger" der neuen „Sturm- und Drangperiode" genau das, also ‚subjectives Gefühl' und ‚objective Auffassung', nicht getrennt zu halten wüssten, führt sie Alexis' Ansicht nach auf Abwege, die im Chaos enden würden. ([Anmerkung zu Theodor Mundt: Die vier Norweger von Hinrich Steffens <Rez.>]. In: Berliner Conversations-Blatt für Poesie, Literatur und Kritik, Nr. 200 vom 11. 11. 1828, S. 790)

2. Ludwig Börne und Heinrich Heine: Vorbilder des neuen Zeitschriftstellers

Autoren als „Künstler, Tribune und Apostel"

Die grundlegenden Überlegungen zu dieser neuen „Poesie des Lebens" (Wienbarg 1834, 87), mit der sich die Autoren des Jungen Deutschland in signifikanter Weise zugleich gegenüber den noch produktiven Romantikern wie Joseph von Eichendorff und Clemens Brentano und den gegenüber der gesellschaftlichen Problematik in ihrer Literatur zurückhaltenden Autoren wie Eduard Mörike und Annette von Droste-Hülshoff abgrenzten, wurden von Ludwig Börne und Heinrich Heine gegenüber der „ästhetisierende[n], philosophierende[n] Kunstsinnszeit" entwickelt und von Autoren wie Karl Immermann („Die Epigonen", 1836) und Charles Sealsfield („Lebensbilder aus beiden Hemisphären", 1835–1837; „Das Cajütenbuch, oder Nationale Charakteristiken", 1841) auf jeweils ‚eigene und eigenwillige Weise in die Praxis übersetzt. Heine selbst hat in einem Brief an Heinrich Laube vom 8. April 1833 zumindest für seine Abrechnung mit der (spät-)romantischen Dichtung in „Die romantische Schule" in diesem Sinne eine gewisse Urheberschaft geltend gemacht („Es war nöthig, nach Goethes Tode dem deutschen Publikum eine literarische Abrechnung zu überschicken. Fängt jetzt eine neue Literatur an, so ist dies Büchlein auch zugleich Programm und ich, mehr als jeder andere, mußte wohl dergleichen geben."; Säkularausgabe 21, 52). Zugleich hat er am Versuch eines Brückenschlags zwischen Kunst und Leben das Neue an der Literatur des Jungen Deutschland herausgehoben. Die junge Autorengeneration wolle, so Heine, „keinen Unterschied machen [...] zwischen Leben und Schreiben", „die Politik" nicht mehr „ trennen von Wissenschaft, Kunst und Religion"; „zu gleicher Zeit" wollten die jungen Autoren „Künstler, Tribune [= Politiker] und Apostel [= Theologen]" sein, sich also einmischen in *alle* gesellschaftlichen Bereiche: „Ja, ich wiederhole das Wort Apostel, denn ich weiß kein bezeichnenderes Wort. Ein neuer Glaube beseelt sie mit einer Leidenschaft, von welcher die Schriftsteller der früheren Periode keine Ahnung hatten. Es ist dieses der Glaube an den Fortschritt, ein Glaube der aus dem Wissen entsprang. Wir haben die Lande gemessen, die Naturkräfte gewogen, die Mittel der Industrie berechnet, und siehe wir haben ausgefunden: daß diese Erde groß genug ist; daß sie jedem hinlänglichen Raum bietet, die Hütte seines Glücks darauf zu bauen; daß diese Erde uns alle anständig ernähren kann, wenn wir alle arbeiten und nicht Einer auf Kosten des Anderen leben will; und daß wir nicht nöthig haben die größere und ärmere Klasse an den Himmel zu verweisen." (DHA VIII, 218)

Ludwig Börne und Heinrich Heine, die beide nicht zufällig auf dem Höhepunkt ihres Ruhmes und ihrer Bekanntheit in den dreißiger Jahren von der Weltmetropole Paris aus, was nichts anderes heißt als: vom Exil aus, agieren – beide in ihrem Revolutionsenthusiasmus im übrigen schnell enttäuscht durch das bourgeoise ‚Juste Milieu' des Bürgerkönigtums –, sind als Prototypen eines neuen Intellektuellentypus Vorbilder für die Jungdeutschen: Börne, insoweit er als politischer Autor kompromisslos auf die Veränderung der sozialen Verhältnisse drängt; Heine, insofern er als Zeitschriftsteller *und* Dichter die auseinanderstrebenden Tendenzen der Dichtkunst und des politisch eingreifenden Schreibens zusammenhält und so nachdrücklicher noch als der ‚einseitige' zeitkritische Journalist Börne die Wandlung vom *Poeten* traditionellen Verständnisses zum *Schriftsteller* vorlebt, welche die Jungdeutschen als Modell eines zeitgemäßen Künstlertums verstanden wissen wollten. Während Börne im Bundestagsbeschluss überraschenderweise gar nicht erst namentlich genannt wurde, ist Heine im übrigen wohl erst auf Betreiben Metternichs selbst auf die Verbotsliste des Bundestags gekommen (Wolf/Schopf/Burkard/Lepper 1998, 73), auch wenn er bereits seit längerem im Visier der österreichischen und preußischen Geheimdienste gestanden hatte. Den Ausschlag dafür gegeben hat vermutlich seine Abhandlung „Zur Geschichte der Religion und Philosophie in Deutschland" (1834), die Metternich bald nach ihrem Erscheinen gelesen hatte.

Zeitgemäßes Künstlertum

Dass beide, jüdischer Herkunft, bereits frühzeitig zum Protestantismus konvertiert waren (Börne bereits 1818, der jüngere Heine 1825), änderte

Antijüdische Ressentiments als Mittel im Kulturkampf

nichts daran, dass die konservative Partei immer wieder in Kritiken und Stellungnahmen das antijüdische Ressentiment aufrief, um Börne und Heine politisch (und moralisch) zu diskreditieren. Den Resonanzboden für diese Strategie, die sich in der Auseinandersetzung mit dem Jungen Deutschland wiederholt (vgl. etwa Wolfgang Menzels Artikel „Unmoralische Literatur"), bildet die seit dem Wiener Kongress nicht allein in Preußen wieder aufflammende antijüdische Stimmung. Die Gründung der „Christlich-teutschen Tisch-Gesellschaft", die im Unterschied zu den jüdischen Salons der späten Aufklärungszeit die Aufnahme dezidert an das religiöse Bekenntnis band, ist nur ein bekanntes Beispiel für die fortgesetzte kulturelle Ausgrenzung der Juden. Nicht grundlegend etwas geändert daran hatte der Kampf der Juden um kulturelle und staatsbürgerliche Gleichstellung, der an der Wende zum 18. Jahrhundert mit der Einmischung des absolutistischen Staates in die inneren Angelegenheiten der jüdischen Gemeinden begonnen und auf dem Höhepunkt der Aufklärung mit den verschieden gestimmten Reformansätzen Moses Mendelsohns und Saul Aschers seine entscheidenden innerjüdischen Impulse erfahren hatte. Die durch das revolutionäre Frankreich verabschiedete Erklärung der Menschenrechte vom 26. August 1789 mit der aus ihr abgeleiteten formellen Gleichstellung der Juden als Staatsbürger, der Code Napoleon und das 1812 von den liberalen preußischen Reformern durchgesetzte Emanzipationsedikt, das die Juden erstmals zu Staatsbürgern mit den gleichen bürgerlichen Rechten und Pflichten wie die christlichen Untertanen erklärte (allerdings auch nur für die sogenannten Schutzjuden im altpreußischen Gebiet wirksam wurde), sind Etappen auf diesem Emanzipationsprozess, der nach dem Wiener Kongress bald auch institutionell auf weiter Strecke wieder ins Stocken geriet. Zum Teil – so etwa im Zuge der Karlsbader Beschlüsse von 1819 – wurden die Zugeständnisse an die jüdische Bevölkerung wieder zurückgenommen (Preußen beispielsweise kassierte bereits 1822 das erst ein Jahr zuvor erlassene Edikt, das den Juden den Zugang zum Lehramt an preußischen Universitäten eröffnet hatte); konservative und judenfeindliche Strömungen gewannen Zulauf. Insbesondere in der Publizistik erfolgte seit 1815 eine regelrechte „,gelehrte' antijüdische Hetzkampagne" (Tewarson 1999, 22), die von den Schriften der Professoren Fries und Rühss angetrieben wurde (Friedrich Jakob Fries: *Über die Gefährdung des Wohlstandes und Charakters der Deutschen durch die Juden.* Heidelberg 1816; Friedrich Rühss: *Die Rechte des Christentums und des deutschen Volkes, verteidigt gegen die Ansprüche der Juden und ihrer Verfechter.* Berlin 1816). Bereits 1819 kam es mit den von Würzburg ausgehenden „Hep-Hep-Krawallen" erstmals seit dem ausgehenden Mittelalter in Deutschland wieder zu weiträumigen Pogromen, die über lokal begrenzte antijüdische Übergriffe hinausgingen und in einem unmittelbaren Zusammenhang mit den Emanzipationsbestrebungen der Juden standen (Katz 1973, Rohrbacher 1993).

Befreiung des Judentums – Emanzipation des Bürgers

Börne, der im Unterschied zu Heine aus einer orthodoxen jüdischen Familie stammte und überdies noch selbst in Frankfurt das Leben im Ghetto kennen gelernt hatte, hat seine ‚Identifizierung' als Jude stets als neue Einschließung empfunden (vgl. dazu Börne III, 364f.). Im 74. seiner „Briefe aus Paris" hat er sich mit der Perfidie der Verwendung des antijudaischen Ressentiments im politischen Meinungsstreit im Grundsatz auseinandergesetzt. Unter dem Datum des 7. Februar 1832 übersetzt er hier den „Judenschmerz" (Börne I, 286) der Demütigung in verallgemeinerbare politische Kategorien. Anlass dafür bietet ihm ein in der „Deutschen Allgemeinen Zeitung" erschienener Aufsatz mit dem Titel „Noch ein Wort über Börne", dessen Verfasser sich mit den ersten Folgen der „Briefe" auseinandersetzt:

Es ist wie ein Wunder! Tausend Male habe ich es erfahren, und doch bleibt es mir ewig neu. Die einen werfen mir vor, daß ich ein Jude sei; die andern verzeihen mir es; der dritte lobt mich gar dafür; aber alle denken daran. Sie sind wie gebannt in diesem magischen Judenkreise, es kann keiner hinaus. Auch weiß ich recht gut, woher der böse Zauber kömmt. Die armen Deutschen! Im untersten Geschosse wohnend, gedrückt von den sieben Stockwerken der höhern Stände, erleichtert es ihr ängstliches Gefühl, von Menschen zu sprechen, die noch tiefer als sie selbst, die im Keller wohnen. Keine Juden zu sein, tröstet sie dafür, daß sie nicht einmal Hofräte sind. Nein, daß ich ein Jude geboren, das hat mich nie erbittert gegen die Deutschen, das hat mich nie verblendet. Ich wäre ja nicht wert, das Licht der Sonne zu genießen, wenn ich die große Gnade, die mir Gott erzeigt, mich zugleich ein Deutscher und ein Jude werden zu lassen, mit schnödem Murren bezahlte – wegen eines Spottes, den ich immer verachtet, wegen Leiden, die ich längst verschmerzt. Nein, ich weiß das unverdiente Glück zu schätzen, zugleich ein Deutscher und ein Jude zu sein, nach allen Tugenden der Deutschen streben zu können und doch keinen ihrer Fehler zu teilen. Ja, weil ich als Knecht geboren, darum liebe ich die Freiheit mehr als ihr. Ja, weil ich die Sklaverei gelernt, darum verstehe ich die Freiheit besser als ihr. Ja, weil ich in keinem Vaterlande geboren, darum wünsche ich ein Vaterland heißer als ihr, und weil mein Geburtsort nicht größer war als die Judengasse und hinter dem verschlossenen Tore das Ausland für mich begann, genügt mir auch die Stadt nicht mehr zum Vaterlande, nicht mehr ein Landgebiet, nicht mehr eine Provinz; nur das ganze große Vaterland genügt mir, soweit seine Sprache reicht. […] Und weil ich einmal aufgehört, ein Knecht von Bürgern zu sein, will ich auch nicht länger der Knecht eines Fürsten bleiben; ganz frei will ich werden. Ich habe mir das Haus meiner Freiheit von Grunde auf gebaut; macht es wie ich und begnügt euch nicht, das Dach eines baufälligen Staatsgebäudes mit neuen Ziegeln zu decken. (Börne III, 509–512)

Die zitierten Sätze zeigen, in welchem Maße die Befreiung des Judentums für Börne paradigmatische Bedeutung hat für das Ringen um Freiheit und die Emanzipation der Menschen als Bürger (Rippmann 2004, 30), das Börne in der Fluchtlinie der Französischen Revolution als „neues Tagewerk" der Menschheit in einer nach Jahren der Stagnation zur Entscheidung gereiften Zeit-Situation bestimmt.

Die Redaktion der Zeitschrift „Die Wage" (1818–1821) begründet insbesondere durch ihre Theater- und Literaturkritiken Börnes frühen Ruhm und trägt ihm den Ruf eines der führenden Repräsentanten der deutschen Oppositionsbewegung ein. Das Programm der Verbindung aller wesentlichen Lebensbereiche, das im Untertitel der „Wage" als „Zeitschrift für Bürgerleben, Wissenschaft und Kunst" angezeigt ist und von Börne eigens in der Ankündigung der Zeitschrift begründet wird (Börne I, 671), findet seine Übersetzung in dem von Börne in der „Wage" erstmalig konsequent ausgeschriebenen Versuch, die *literarische* Öffentlichkeit in eine *politische* Öffentlichkeit umzuwandeln. Mit einem Schreibverfahren „doppelter Optik"

Umwandlung der literarischen zur politischen Öffentlichkeit

und "stilistischer Ambiguität" (Koopmann 1986, 181), das die Wahrheit verhüllt und sich mit Witz und Ironie bewusster Doppeldeutigkeiten bedient, beschreitet er neue Wege, die es ihm erlauben, seine politischen Anliegen an der Zensur vorbei an den Leser zu adressieren. Wo die klassische Rhetorik Eindeutigkeit verlangt, setzt Börne auf die Schaffung von Assoziationsräumen und schafft damit das Vorbild einer kleinen, beweglichen Literatur, die er in den zwanziger Jahren als freier Mitarbeiter verschiedener Zeitungen („Neckarzeitung", „Morgenblatt für gebildete Stände", „Politische Annalen") immer weiter entwickelt und in den drei Bänden der „Briefe aus Paris" (1832–1834), seinem unter dem Eindruck der Julirevolution geschriebenen Hauptwerk, das um die Verwirklichung der Ideen des Fortschritts und der Freiheit kreist, perfektioniert (freilich in seinen letzten Schriften, eben weil er sich in Paris nicht mehr der direkten Zensur ausgesetzt sah, auch wieder hinter sich ließ). Noch 1828 allerdings hatte er in der „Novelle" „Gedanken über die Rechtmäßigkeit des sechsten Zinstalers in Deutschland" im Interesse der Leserlenkung, aber auch der Täuschung der Zensur eine Ästhetik des Indirekten empfohlen, die ihr Ironisches Spiel treibt mit der Verwendung disparater Begriffe, Bilder und Metaphern: „Sprecht von allen Dingen da, wo sie nicht hingehören: in der Religion von den Jesuiten, in der Moral von der Politik, in der Anthropologie von Don Michel. Bei dem deutschen Prozesse erklärt die Schraube ohne Ende; bei der Ophtalmie verhandelt die Zensur; lehrt bei der Polizeiwissenschaft die Hypochondrie, in der Toxikologie redet von der geheimen Polizei und beim Wechselfieber vom hohen deutschen Adel." (Börne I, 616) Zusammen mit folgender *politischer* Begründung, die er in den „Briefen aus Paris" für die Integration von Wissenschaft, Kunst und Leben gibt, schlagen diese poetologischen Überlegungen eine Brücke unmittelbar ins Zentrum des jungdeutschen Literaturprojekts: „Die Zeiten und Theorien sind vorüber, die Zeit der Praxis ist gekommen. Ich will nicht schreiben mehr, ich will kämpfen. Hätte ich Gelegenheit und Jugendkraft, würde ich den Feind im Felde suchen; da mir aber beide fehlen, schärfe ich meine Feder, sie soviel als möglich einem Schwerte gleichzumachen. Und ich werde sie führen, bis man sie mir aus der Hand schlägt, bis man mir die Faust abhaut, die mit der Feder unzertrennlich verbunden ist." (Börne III, 351)

Börne und Heine – ein deutsches Zerwürfnis

Börnes Verwandlung im Pariser Exil vom (ursprünglich in den zwanziger Jahren noch) Konstitutionalisten zum Republikaner und kompromißlosen Aktivisten, die ihn immer weiter von den ursprünglich aufklärerisch-liberalen Zielen seines Kampfes um die Emanzipation von Mensch und Gesellschaft entfernt (Labuhn 1980, 252 f.), radikalisiert diese Entscheidung für die äußere politische Wirkung des Schreibens, entfremdet Börne zunehmend aber auch von Heine und führt zum Zerwürfnis zwischen den beiden in der vormärzlichen Öffentlichkeit lange Zeit als Dioskurenpaar wahrgenommenen Repräsentanten der Opposition. Konsequent unterstellt er im Exil die Literatur der politischen Absicht, gibt also das spielerisch-ästhetische Moment auf und wird damit zum eigentlichen Anreger der sogenannten Tendenzliteratur der ausgehenden dreißiger und der vierziger Jahre, die Heine in seinem Versepos „Atta Troll" (1843) satirisch abfertigen wird (Rippmann 2004, 52 u. 209). Zudem agiert Börne – seit dem Ham-

Primat des Politischen

bacher Fest 1832 überzeugt von dem unmittelbaren Bevorstehen einer politischen Erhebung in Deutschland – in seinen letzten Lebensjahren in der sich in ersten Ansätzen herausbildenden Arbeiterbewegung nun zunehmend ‚politisch' im unmittelbaren Verständnis. Das heißt: Sein bis dahin literarisches Engagement für den Liberalismus, das ihn noch 1831 in der *politischen* Beteiligung des vierten Standes eine Lösung des Konfliktes zwischen Arm und Reich hatte sehen lassen („Nicht gegen den Besitz, nur gegen die Vorrechte der Reichen streitet das Volk" – Börne 3, 371), nimmt „konkrete politisch-agitatorische Formen an" (Rippmann 2004, 205). Entscheidende Impulse erfährt er dabei aus der Bekanntschaft mit der ekstatisch-visionären Sozialtheologie des katholischen Geistlichen und Publizisten Hugues-Félicité-Robert de Lamennais, dessen 1834 erschienene Programmschrift „Paroles d'un Croyant" Börne ins Deutsche übersetzt („Worte des Glaubens") und unentgeltlich unter den deutschen Arbeitern in Paris verteilen lässt. Lamennais bemühte sich in seiner kleinen Schrift, die auf ein breites Echos in der europäischen Öffentlichkeit stieß, um eine Versöhnung von Liberalismus und Katholizismus. Das Christentum wird bei ihm zum Bürgen für alle gesetzlichen Freiheiten. Im Aufstand der Völker gegen die Fürsten und Könige im Namen des Christentums sah Lamennais die entscheidende Voraussetzung für die Neuorganisation einer christlich organisierten, brüderlich gerechten und in Liebe geeinten demokratischen Gesellschaft als Konkretisationsform eines irdischen Gottesreichs, in dem allen Bürgern die gleichen Freiheiten zustehen. Über den Weg zur Erreichung dieser Utopie ließ er sich allerdings nur sehr vage aus.

Darin dass Heine im Unterschied zu Börne in seiner künstlerischen Produktion über den Bruch mit der Kunstperiode hinaus auch weiterhin dem Grundsatz des Ästhetischen verpflichtet blieb, dürfte der tiefere Grund für jenes epochale Zerwürfnis liegen, das die beiden „Vorschwimmer" der neuen Autorengeneration (Wienbarg 1964, 188) im Exil bis zum völligen Bruch voneinander entfernte, auch wenn Heine sich nach 1830 in Paris zunächst vor allem erst einmal auf zeitkritische Prosa verlegte („Französische Zustände", 1833; „Der Salon", 1834 ff., „Die Romantische Schule", 1836). Auf der einen Seite verteidigt Heine so in der 1837 entstandenen kleinen Schrift „Über die französische Bühne", anders als noch in der früheren Abrechnung mit der „Romantischen Schule", die „Autonomie der Kunst" gegenüber der Indienstnahme für ihr selbst fremde Zwecke: „weder der Religion, noch der Politik soll sie als Magd dienen, sie ist sich selber letzter Zweck, wie die Welt selbst" (DHA XII/1, 259). Auf der anderen Seite aber bringt Heine in seinem Werk wie kein anderer Autor seiner Zeit durch die Entgrenzung der unterschiedlichen Schreibformen von Lyrik, Prosa, Essayistik, Reisebericht etc. auch die Grundprinzipien der Goethezeit – mit ihrem Primat der Ästhetik gegenüber dem Empirischen – ins Wanken. Zugleich greift er eingeführte Erzählmuster auf und entwickelt sie weiter: den historischen Roman („Der Rabbi von Bacharach", 1840), den pikaresken Roman („Aus den Memoiren des Herrn Schnabelewopski"; 1833), die Gesprächsnovelle („Florentinische Nächte"; 1836) (dazu Windfuhr 1997, 368). So darf denn auch die geforderte „Poesie des Lebens" nicht als Gegensatz zum Ästhetischen verstanden werden, sondern vielmehr im

Verteidigung der Kunst

Sinne einer dialektischen Aufhebung des einen im anderen: als Forderung zumal auch nach einer demokratisch fundierten und sozial verantwortlichen Ästhetik.

Das „Buch der Lieder" Kontrastkomik, Wortwitz, kontrastive Aufzählungen sowie der Wechsel zwischen einzelnen Sprachregistern (‚hoch' – ‚niedrig', pathetisch – trivial, Muttersprache – Fremdsprache) machen bereits das 1827 erschienene „Buch der Lieder" zu einem die Dichtung *als Dichtung* wieder neutralisierenden Spiel von Nähe und Distanz, Traditionsaufnahme und Traditionsbruch, Kontinuität und Diskontinuität, durch das Heine eine moderne Subjektivität zum Ausdruck bringt. Nur noch wenig gemein mit der naiven Mentalität der ‚historischen' Form, von der es seinen Ausgang nimmt, hat beispielsweise so das im Lied von der Loreley („Ich weiß nicht, was soll es bedeuten") weitergeführte Volksliedhafte des Tons. Stattdessen macht Heine es gerade in seiner Zeitgebundenheit zum Medium einer ‚zeitgemäßen' Dichtung. Auf den ersten Blick scheint das Gedicht inhaltlich mit dem Motiv der unerfüllten Liebe zwischen Mensch und Elementargeist und formal mit seinen vierzeiligen Strophen aus dreihebigen, unregelmäßig gefüllten Versen mit wechselnden, kreuzweise gebundenen, weiblichen und männlichen Reimen ganz in der Tradition der romantischen Volksliedrichtung zu stehen. Der durch den syntaktisch einprägsamen Bau der Strophen noch unterstrichene Eindruck von Schlichtheit aber verdankt sich ganz offenkundig kunstvollen Bezügen (Wiederholung handlungsanzeigender Verben, Verwendung von Alliterationen etc.) und wird obendrein konterkariert durch die Einsetzung eines reflexiven Sprecher-Ichs, das sein subjektives Empfinden mitteilt, die balladeske Handlung aber keineswegs in ein Ziel führt (ganz abgesehen davon, dass Heine auf der Folie des romantischen Grundmotivs nun ein Bild zerstörerischer Weiblichkeit und einer ihrer positiven Wertigkeit beraubten Liebe entfaltet).

> Ich weiß nicht, was soll es bedeuten,
> Daß ich so traurig bin;
> Ein Mährchen aus alten Zeiten,
> Das kommt mir nicht aus dem Sinn.
>
> Die Luft ist kühl und es dunkelt,
> Und ruhig fließt der Rhein;
> Der Gipfel des Berges funkelt
> Im Abendsonnenschein.
>
> Die schönste Jungfrau sitzet
> Dort oben wunderbar,
> Ihr gold'nes Geschmeide blitzet,
> Sie kämmt ihr goldenes Haar.
>
> Sie kämmt es mit goldnem Kamme,
> Und singt ein Lied dabey;
> Das hat eine wundersame,
> Gewaltige Melodey.
>
> Den Schiffer, im kleinen Schiffe,
> Ergreift es mit wildem Weh;
> Er schaut nicht die Felsenriffe,
> Er schaut nur hinauf in die Höh'.

> Ich glaube, die Wellen verschlingen
> Am Ende Schiffer und Kahn;
> Und das hat mit ihrem Singen
> Die Lore-Ley gethan.
> (DHA I/1, 207–209)

Zum Vorbild für die junge Generation wird Heine allerdings weniger durch seine frühe Lyrik als vielmehr durch die unkonventionelle Gattungsvermischung seiner *Reisebilder* (1826–1831), in denen er Zeit- und Gesellschaftssatire, Lyrik und Prosa zu einem ironischen Zeit- und Sittenbild verbindet. Offensiv schreibt er sich mit der Verlängerung der Reisebeschreibung in die politische Publizistik an die Öffentlichkeit heran, „auf die die frühe Lyrik noch subversiv zielte" (Stein 1991, 54). Geschickt nutzt Heine damit die Konjunktur der Reiseliteratur in der Zeit, die auf ein gesteigertes geographisches, ethnisches, sozial- und kulturgeschichtliches Interesse antwortet, das seinerseits sich aus den Ergebnissen wissenschaftlicher Entdeckungen und Forschungsreisen speist. Alexander von Humboldt vertritt den wissenschaftlichen Sektor der Reiseliteratur, Adelbert von Chamisso den dokumentarisch-unterhaltenden, der Fürst Hermann von Pückler-Muskau die vielfarbige Reiseplauderei. Diese Reisebeschreibungen werden ergänzt durch die vielfältige Reise- und Reiseführerliteratur, die dem eigenen Land gewidmet ist.

Gattungsvermischungen

Für Heine verliert das in den „Reisebildern" angelegte Modell einer dialektischen Aufhebung „lyrische[r] Rede […] in Prosa" (Stein 1991, 53) in den dreißiger Jahren an Bedeutung. Mit dem Gang ins Pariser Exil (1831) schärften sich zugleich seine Vorstellungen von der Funktion und Praxis der Publizistik. Weniger am Nachrichtenjournalismus im engeren Verständnis interessiert, sah Heine seine Aufgabe in der journalistischen Reflexion über Nachrichten und Ereignisse und in der Kommentierung dessen, was ‚an der Zeit' war. Dabei verstand er sich in erster Linie erst einmal als „Autor mit interkulturellem Auftrag" (Ferner 1997, 228), dessen zentrales Anliegen die gegenseitige Aufklärung der verfeindeten Nationen Frankreich und Deutschland über einander war. Börne verfolgte mit seinem Zeitschriftenprojekt „La Balance. Revue allemande et française" 1836 ganz ähnliche Ziele. 1840 zieht Heine so folgende Bilanz: „Alles was ich seit zehn Jahren über Frankreich schrieb, sey es in deutschen Journalen oder in besonderen Büchern, hatte nur einen Zweck, nemlich gewissen perfiden Berichterstattern entgegenzuwirken die, bezahlt von den Feinden des französischen Volks, unseren Deutschen alles was sich hier ereignet, die Menschen und die Dinge, im gehäßigsten Lichte zeigen." (Säkularausgabe 21, 365) Gleiches gilt vice versa für seine Essays und Aufsätze über Deutschland, die er in Frankreich erscheinen ließ.

Die Dichtung im engeren Sinn der Poesie verliert im Licht dieser Neujustierung seines Schriftstellerverständnisses vorübergehend an Stellenwert in Heines Werk. Seinem Verleger Campe gegenüber, der 1837 einen Preis, eine goldene Feder, für das beste Gedicht ausgeschrieben hatte, versteigt Heine sich gar mit einem bekannten Bonmot zu einer regelrechten Absage an die Lyrik als solche, deren Zeit er in diesem Stadium seiner Entwicklung für abgelaufen erachtet: „Der Sangesvogel, der ist todt, / Du wirst ihn nicht erwecken! / Du kannst Dir ruhig in den Steiß / Die goldne Feder stecken." (Säkularausgabe 21, 242)

Tagespolitik   Die hier ansetzende gattungstypologische Verschiebung im Werk Heines ist Ausfluss eines veränderten Verhältnisses zur Politik. Während Börne in seinen letzten Jahren zunehmend agitatorisch vorgeht, wendet Heine sich so vorübergehend von der aktuellen *Tages*politik ab (was nicht heißt von der Politik als solcher!). An Varnhagen von Ense schreibt er am 16. 7. 1833 mit resignierendem Gestus: „Ich habe wahrlich nicht die Absicht, demagogisch *auf den Moment* zu wirken, glaube auch nicht mahl an die Möglichkeit einer momentanen Wirkung auf die Deutschen. Ich ziehe mich übrigens von der Tagespolitik zurück und beschäftige mich jetzt meistens mit Kunst, Religion und Philosophie." (Säkularausgabe 21, 59) Der von Heine zuerst auf französisch in der „Revue des Deux Mondes" veröffentlichte und dann in den zweiten Band des „Salons" übernommene umfangreiche Essay „Zur Geschichte der Religion und Philosophie in Deutschland" ist das bedeutendste Ergebnis dieser vorübergehenden Umorientierung in seinem Werk. Er versuchte mit dieser Blickabwendung *längerfristig* – und eben nicht durch ein in seiner Wirkung lediglich kurzfristiges tagespolitisches Engagement – auf die Ideen und Mentalitäten der Menschen einzuwirken; dies gleichsam als Vorbereitung für einen direkt und sofort nicht erreichbaren politischen Wechsel. Mit der Akzentuierung (deutscher) Geistesgeschichte allerdings wechselt Heine lediglich die Taktik, nicht das Ziel seines aufklärerischen Bemühens. So glaubte Heine, sich durch die Verlagerung seiner Beschäftigung auf ein vermeintlich weniger brisantes Feld zunächst einmal den Freiraum des oppositionellen Schriftstellers bewahren zu können – ein Fehlschluss, zumal Heine sich am Ende dieser Schrift einer Revolutionsprognostik nicht enthalten konnte und die deutsche Geistesrevolution als ersten Schritt der politischen Revolution hinstellte:

Lächelt nicht über den Phantasten, der im Reiche der Erscheinungen dieselbe Revoluzion erwartet, die im Gebiete des Geistes statt gefunden. Der Gedanke geht der That voraus, wie der Blitz dem Donner. Der deutsche Donner ist freilich auch ein Deutscher und ist nicht sehr gelenkig und kommt etwas langsam herangerollt; aber kommen wird er, und wenn Ihr es einst krachen hört, wie es noch niemals in der Weltgeschichte gekracht hat, so wißt, der deutsche Donner hat endlich sein Ziel erreicht. Bey diesem Geräusche werden die Adler aus der Luft todt niederfallen, und die Löwen in der fernsten Wüste Afrikas werden die Schwänze einkneifen und sich in ihren königlichen Höhlen verkriechen. Es wird ein Stück aufgeführt werden in Deutschland, wogegen die französische Revoluzion nur wie eine harmlose Idylle erscheinen möchte. Jetzt ist es freylich ziemlich still; und geberden sich auch dort der Eine oder der Andre etwas lebhaft, so glaubt nur nicht, diese würden einst als wirkliche Akteure auftreten. Es sind nur die kleinen Hunde, die in der leeren Arena herumlaufen und einander anbellen und beißen, ehe die Stunde erscheint, wo dort die Schaar der Gladiatoren anlangt, die auf Tod und Leben kämpfen sollen.
Und die Stunde wird kommen.
(DHA VIII/1, 118 f.)

Heines Saint-Simonismus   Nicht zufällig mischen sich in dem Essay „Zur Geschichte der Religion und Philosophie in Deutschland" religionskritische Interpretationen Kants, Fichtes, Hegels und Schellings mit der saint-simonistischen Theorie von der Rehabilitation der Materie („Réhabilitation de la matière") als Königsweg zur Gesundung der ‚zerrissenen' Menschheit und der weltlichen Erlösung des Menschen. Sehr schnell nämlich war Heine in Paris unter den Einfluss der saint-simonistischen Sozialphilosophie geraten und der sie leitenden Verbindung der sozialen Frage mit der Vorstellung von einer notwendigen „Rehabilitation der Materie", was nichts anderes meint als die Wiedereinsetzung des Körpers in seine angestammten Rechte (Glück, Genuss) und die Versöhnung von Geist und Körper (Heine spricht von der Wiederherstellung des ursprünglichen „Frieden[s] zwischen Leib und Seele"). Claude-Henri Comte de Saint-Simon hatte zwischen 1808 und 1825 in einer Reihe von Schriften ein umfassendes Reformmodell für den Staat und die Gesellschaft umrissen, das auf die Leitung des Staates durch eine Leistungselite der produktiven Gesellschafskräfte (Industrielle im weitesten Sinne derjenigen, die produktiv und nützlich sind für die Gesellschaft) setzte und ein friedlich prosperierendes System ‚industrieller Gleichheit' in Aussicht stellte. (Vgl. dazu insbesondere die 1821 erschienene Schrift „Du système industriel", Paris 1821.)

Unter dem Einfluss des Saint-Simonismus gewinnt Heines Vorstellung, dass der Genuss des Daseins und Lebensfreude unverbürgte Menschenrechte seien, die Konturen eines sozialen Programms, das er in der Philosophieschrift den Vorstellungen der radikalen Republikaner (und damit auch Börnes) entgegenhielt:

Die politische Revoluzion, die sich auf die Prinzipien des französischen Materialismus stützt, wird in den Pantheisten keine Gegner finden, sondern Gehülfe [...]. Wir befördern das Wohlseyn der Materie, das materielle Glück der Völker, nicht weil wir gleich den Materialisten den Geist mißachten, sondern weil wir wissen, daß die Göttlichkeit des Menschen sich auch in seiner leiblichen Erscheinung kund giebt, und das Elend den Leib, das Bild Gottes, zerstört oder avilirt, und der Geist dadurch ebenfalls zu Grunde geht. Das große Wort der Revolution, das Saint-Just ausgesprochen: *le pain est le droit du peuple*, lautet bey uns: *le pain est le droit divin de l'homme*. Wir kämpfen nicht für die Menschenrechte des Volks, sondern für die Gottesrechte des Menschen. Hierin, und in noch manchen anderen Dingen, unterscheiden wir uns von den Männern der Revoluzion. Wir wollen keine Sansküllotten seyn, keine frugale Bürger, keine wohlfeile Präsidenten: wir stiften eine Demokrazie gleichherrlicher, gleichheiliger, gleichbeseligter Götter. Ihr verlangt einfache Trachten, enthaltsame Sitten und ungewürzte Genüsse; wir hingegen verlangen Nektar und Ambrosia, Purpurmäntel, kostbare Wohlgerüche, Wollust und Pracht, lachenden Nymphentanz, Musik und Comödien – Seyd deßhalb nicht ungehalten, Ihr tugendhaften Republikaner! Auf Eure censorische Vorwürfe, entgegnen wir Euch, was schon ein Narr des Shakespear sagte: meinst du, weil du tugendhaft bist, sollte es auf dieser Erde keine angenehmen Torten und keinen süßen Sekt mehr geben?

Die Saint-Simonisten haben etwas der Art begriffen und gewollt. (DHA VIII/1, 61)

Sein Versepos „Deutschland ein Wintermärchen" (1844), eine satirische Generalabrechnung mit den deutschen Verhältnissen, eröffnet Heine mit einer Variation auf dieses Programm einer umfassenden sozialen und sinnlichen Befreiung der Menschheit, das die saint-simonistische Vorstellung von der Rehabilitation des ‚Fleisches' in einen dezidiert politisch-gesellschaftlichen Rahmen stellt. Dem ‚alten', beschwichtigenden „Entsagungslied" der Vertröstung auf ein besseres Jenseits stellt er im „Caput I" hier sein „neues Lied" entgegen, in dem die Verwirklichung des Gottes im Men-

Das ‚neue Lied' des Menschenglücks auf Erden

schen, d.h.: die Verbesserung der allgemeinen Lebensbedingungen als Möglichkeit (und Ziel) aufscheint:

> Ein neues Lied, ein besseres Lied,
> O Freunde, will ich Euch dichten!
> Wir wollen hier auf Erden schon
> Das Himmelreich errichten.
>
> Wir wollen auf Erden glücklich seyn,
> Und wollen nicht mehr darben;
> Verschlemmen soll nicht der faule Bauch
> Was fleißige Hände erwarben.
>
> Es wächst hienieden Brod genug
> Für alle Menschenkinder,
> Auch Rosen und Myrten, Schönheit und Lust,
> Und Zuckererbsen nicht minder.
>
> Ja, Zuckererbsen für Jedermann,
> Sobald die Schooten platzen!
> Den Himmel überlassen wir
> Den Engeln und den Spatzen.
>
> Und wachsen uns Flügel nach dem Tod,
> So wollen wir Euch besuchen
> Dort oben, und wir, wir essen mit Euch
> Die seligsten Torten und Kuchen.
>
> Ein neues Lied, ein besseres Lied,
> Es klingt wie Flöten und Geigen!
> Das Miserere ist vorbey,
> Die Sterbeglocken schweigen.
>
> Die Jungfer Europa ist verlobt
> Mit dem schönen Geniusse
> Der Freyheit, sie liegen einander im Arm,
> Sie schwelgen im ersten Kusse.
> (DHA IV, 92)

Das hier im dichterischen Text in Aussicht gestellte Ideal einer versöhnten Menschheit wiederum findet in der zitierten Passage aus der Philosophieschrift seine theoretische Begründung. Freilich ist es aus dem Rückblick auf den Saint-Simonismus als *historische* Bewegung geschrieben, interessiert vor allem an der universalistischen Perspektive des Saint-Simonismus, kaum jedoch an den praktischen Mitteln zur Aufhebung der „Ausbeutung des Menschen durch den Menschen", der „exploitation de l'homme par l'homme", von der Heine noch 1855/56 in der Einleitung zur französischen Übersetzung der „Reisebilder" schreibt (Hauschild/Werner 1997, 223f.).

3. Das Junge Deutschland und der Verbotsbeschluss von 1835

Das Verbot des Jungen Deutschland durch den Bundestag im Dezember 1835 steht in der Konsequenz der Anerkennung der wirkungsästhetischen Positionen der neuen Literatur, wonach „Rhetorik und sozial mobilisierende Wirkung" Hand in Hand gehen, durch die Obrigkeitsinstanzen des Metternich'schen Überwachungsstaats (Frank 1996, 27). Ohnedies waren die Behörden bereits durch den Umstand aufs äußerste alarmiert, dass seit 1834 in der Schweiz ein von den Ideen des italienischen Exilrepublikaners Giuseppe Mazzini inspirierter Geheimbund unter eben dem Namen „Junges Deutschland" existierte und die Verbindung zwischen ihm und den argwöhnisch beobachteten deutschen Literaten gleichen Namens zunächst unklar gewesen sein dürfte (Hauschild 1985, 157; Brandes 1991, 22 f.; Wolf/Schopf/Burkard/Lepper 1998, 66). Heine zeigt sich auch hier im Rückblick als scharfsinniger Analytiker, wenn er 1853 in einer unterdrückten Anmerkung zu seinen „Göttern im Exil" schreibt: „Nicht der gefährlichen Ideen wegen, welche ,das junge Deutschland' zu Markte brachte, sondern der populären Form wegen worin jene Ideen gekleidet waren hat man das berühmte Anathem dekretirt über die böse Brut und namentlich über ihren Rädelsführer, den Meister der Sprache, in welchem man nicht eigentlich den Denker sondern nur den Stylisten verfolgte. Nein, ich gestehe bescheidentlich, mein Verbrechen war nicht der Gedanke, sondern die Schreibart, der Styl." (DHA IX, 294) Und dieser „Styl" bezog sich keineswegs auf die Journalliteratur allein, sondern setzte sich fort in der facettenreichen literarischen Produktion der jungdeutschen Autoren im engeren Sinn, die nahezu das gesamte Spektrum der Prosa umfasst, angefangen mit Reiseberichten über Novellen (Heinrich Laube: „Reisenovellen", 1834), Briefe (Karl Gutzkow: „Briefe eines Narren an eine Närrin", 1832; Heinrich Laube: „Das neue Jahrhundert", 1833; Theodor Mundt: „Moderne Lebenswirren. Briefe und Zeitabenteuer eines Salzschreibers", 1834) bis hin vor allem zum Roman (Theodor Mundt: „Madonna. Unterhaltungen mit einer Heiligen", 1835; Heinrich Laube: „Das junge Europa", 1833–1837; Karl Gutzkow: „Wally, die Zweiflerin", 1835; „Seraphine", 1837). Im Bundestagsbeschluss ist die Gattungs- und Genrefrage entsprechend offen gehalten:

Mobilisierende Wirkung der neuen Ästhetik

Nachdem sich in Deutschland in neuerer Zeit, und zuletzt unter der Benennung *„das junge Deutschland"* oder *„die junge Literatur"*, eine literarische Schule gebildet hat, deren Bemühungen unverholen dahin gehen, in belletristischen, für alle Classen von Lesern zugänglichen Schriften die christliche Religion auf die frechste Weise anzugreifen, die bestehenden socialen Verhältnisse herabzuwürdigen und alle Zucht und Sittlichkeit zu zerstören: so hat die deutsche Bundesversammlung – in Erwägung, daß es dringend nothwenig sey, diesen verderblichen, die Grundpfeiler aller gesetzlichen Ordnung untergrabenden Bestrebungen durch Zusammenwirken aller Bundesregierungen sofort Einhalt zu thun, und unbeschadet weiterer, vom Bunde oder von den einzelnen Regierungen zur Erreichung des Zweckes nach Umständen zu ergreifenden Maßregeln – sich zu nachstehenden Bestimmungen vereiniget:

1. Sämmtliche deutschen Regierungen übernehmen die Verpflichtung, gegen die Verfasser, Verleger, Drucker und Verbreiter der Schriften aus der unter der Bezeichnung „das junge Deutschland" oder „die junge Literatur" bekannten literarischen Schule, zu welcher namentlich Heinr. *Heine*, Carl *Gutzkow*, Heinr. *Laube*, Ludolph *Wienbarg* und Theodor *Mundt* gehören, die Straf- und Polizei-Gesetze ihres Landes, so wie die gegen den Mißbrauch der Presse bestehenden Vorschriften, nach ihrer vollen Strenge in Anwendung zu bringen, auch die Verbreitung dieser Schriften, sey es durch den Buchhandel, durch Leihbibliotheken oder auf sonstige Weise, mit allen ihnen gesetzlich zu Gebot stehenden Mitteln zu verhindern.
2. Die Buchhändler werden hinsichtlich des Verlags und Vertriebs der oben erwähnten Schriften durch die Regierungen in angemessener Weise verwarnt und es wird ihnen gegenwärtig gehalten werden, wie sehr es in ihrem wohlverstandenen eigenen Interesse liege, die Maaßregeln der Regierungen gegen die zerstörende Tendenz jener literarischen Erzeugnisse auch ihrer Seits, mit Rücksicht auf den von ihnen in Anspruch genommenen Schutz des Bundes, wirksam zu unterstützen.
3. Die Regierung der freien Stadt Hamburg wird aufgefordert, in dieser Beziehung insbesondere der Hoffmann- und Campe'schen Buchhandlung zu Hamburg, welche vorzugsweise Schriften obiger Art in Verlag und Vertrieb hat, die geeignete Verwarnung zugehen zu lassen. (Houben 1911, 63)

Gutzkows „Wally, die Zweiflerin" als Anlass des Verbots

Unmittelbarer Anlass für das massive Vorgehen der Behörden gegen das Junge Deutschland, das bereits seit Anfang der dreißiger Jahre unter Beobachtung der Geheimdienste stand und mit Zensurmaßnahmen überzogen wurde (Laubes Schrift „Polen" war bereits 1833 verboten worden, die ersten beiden Bände seiner Reisenovellen 1834, im selben Jahr Wienbargs „Aesthetische Feldzüge", 1835 seine „Wanderungen durch den Thierkreis" und Mundts „Madonna"), war mit dem Erscheinen von Karl Gutzkows Roman „Wally, die Zweiflerin" im August 1835 auch hier wieder, wie bereits 1819, ein eher nachrangiges Ereignis. Die Ausfälle des damals maßgeblichen Literaturkritikers Wolfgang Menzel im Cotta'schen „Literaturblatt" (11. und 14. 9. 1835) gegen die „jeune Allemagne" im allgemeinen und gegen das (vermeintlich) frivole und gotteslästerliche Werk Gutzkows im besonderen spielten in diesem Zusammenhang eine unrühmliche Rolle, haben ihrerseits aber bereits eine Vorgeschichte unter anderem in der zum Teil massiven Kritik an den „Vertrauten Briefe über die Lucinde von Friedrich Schleiermacher", die Gutzkow Anfang 1835 neu herausgegeben und mit einem Vorwort versehen hatte. In diesem Vorwort hatte er Schleiermachers Briefe als Evangelium des neuen Geschlechtslebens gefeiert und von der wahren Liebe nicht nur die gegenseitige Anerkennung der Partner in ihrer geistigen Ebenbürtigkeit gefordert, sondern dieses entschiedene Plädoyer für Liebe und Unmittelbarkeit auch mit einem scharfen Angriff auf die theologische Orthodoxie verbunden. Mit der Weiterentwicklung von Heines Gegenüberstellung von Spiritualismus und Sensualismus und der von hier aus begründeten Utopie eines im Hier und Jetzt verankerten Rechts auf Menschen-Glück einer nur schwach fiktionalisierten Religionskritik grundsätzlicher Art war Gutzkow in dem kleinen Roman „Wally, die Zweiflerin" bereits einen Schritt weitergegangen.

Gutzkows Titelheldin ist eine gleichermaßen kühle wie kokette Spielerin auf dem gesellschaftlichen Parkett der Eitelkeiten. Dem Grunde nach etwas oberflächlich und in ihrer Gefühlskultur sediert, verachtet sie das Mediokre und leidet zugleich an der „Langerweile" (Gutzkow 1979, 24 u.25) ihrer gesellschaftlich sanktionierten Geschlechterrolle, welche die Frau im Sinne des bereits skizzierten Geschlechtermodells auf die gesellschaftliche Passivität festlegte. Mit dem Skeptiker Cäsar, einem zynischen Anatomen seiner Zeit und der Menschen, hat Gutzkow dieser Wally eine Komplementärfigur an die Seite gestellt: den Repräsentanten einer von der Gestaltung der Zeit ausgeschlossenen Generation, der Wally in ihrer theologisch befestigten Selbstgewißheit verunsichert. Während Wallys Sehnsucht nach einem Ausbruch aus den beschränkenden gesellschaftlichen Strukturen sich in einem ausgeprägten religiösen „Tick" ein – wenn auch irrationales – Ventil schafft, panzert Cäsar sich mit Zynismus und Ironie gegen die haltlose Leere und Langeweile (auch im Zusammenhang dieser Figur taucht der Begriff mehrfach auf) des ereignislosen Gleichmaßes der Zeit – was ihn zugleich der Welt entfernt, die er allein noch abstrakt und ästhetisch wahrnimmt: als Mittel der Unterhaltung. Wie Wally ein Verächter des Mediokren, erstreckt sich sein Skeptizismus auch auf die Religion, die er als „Produkt der Verzweiflung" bezeichnet, während sie Wally in gewisser Weise Sekurität verschafft. Mit der Religion entdeckt er den wunden Punkt Wallys, deren Eroberung er sich zum Ziel setzt. Antrieb dabei ist nicht Liebe, mehr „Eitelkeit" (Gutzkow 1979, 31), während umgekehrt Wally Cäsar aus dem Entzücken heraus begehrt, „statt eines Weibes Mensch zu sein" (Gutzkow 1979, 34).

Das Verhältnis zwischen Wally und Cäsar ist von der gleichen spielerisch-ästhetischen, unernsten Art wie ihr Verhältnis zur Wirklichkeit als solcher. Die Beziehung wird von beiden zunächst ganz formal aufgefasst. Zur Liebe (als Entäußerung des Ich im anderen, als Form des außer-sich-Seins) sind beide nicht fähig. Cäsar, „weil er egoistisch mit ihr spielt, sie, weil sie die Liebe zu einem anthropologischen Problem, einer religiös-philosophischen Gattungsfrage macht" (Kaiser 1983, 191). Eben weil sie sich nicht lieben können, weil sie zur Unmittelbarkeit des Gefühl nicht in der Lage sind, treffen sie ein Arrangement, eine „Übereinkunft der Liebe". David Horrocks hat diese Übereinkunft als Ausdruck einer terroristischen Strategie des Liebeskriegs interpretiert, mit der der gelangweilte Mann die oberflächlich selbstbewusste Frau überzieht und letztlich – nämlich mit der Demontage des sinnentleerten Gottesbegriffs in seinen Wally ausgehändigten „Geständnissen über Religion und Christentum" – in die Zerstörung treibt (Horrocks 2000). So wird Cäsar (der Feldherr und Eroberer) zum Verwandten von Laclos' Valmont, was aus Wally allerdings keine Merteuil macht, im Gegenteil. In einer symbolisch hoch aufgeladenen Szene – Wally zeigt sich Cäsar entblößt, bar ihres Panzers gesellschaftlich sanktionierter Masken und Rollen, schutzlos und nackt im Wortsinn – vollziehen Cäsar und Wally eine Art ‚geistiger Vermählung', die aber weder zur Erfüllung führt noch ein dauerhaftes Verhältnis stiftet: Wally geht am Tag ihrer ‚Selbstentblößung' ohne jede emotionale Bindung eine Konvenienzehe mit einem sardischen Gesandten ein, Cäsar wird sich ausgerechnet Wallys Freundin Delphine, einer Jüdin, zuwenden. Am Schluss beendet Gutzkows Heldin, der Cäsar mit der Entzauberung der Religion auch den letzten Trost genommen hat, nach dem Vorbild des seinerzeit Aufsehen erregenden idealistischen Freitods der Charlotte Stieglitz selbst ihr Leben, was Gutzkow im Rückblick, in der Vorrede zur Neuauflage des Romans von 1852, als Exempel einer „durch den Gedanken vollführten Vernichtung seiner selbst vor der Macht eines geliebten andern" verstanden wissen wollte (Gutzkow 1979, 146).

Der größte Teil des Textes besteht aus Reflexionen und Gesprächen der beiden Hauptfiguren. Fragen der Emanzipation des Individuums von gesellschaftlichen Zwängen im Allgemeinen und der Frau im Besonderen, Liebe und Ehe sowie die Bedeutung der Religion stehen dabei im Vordergrund. Während sich Wally über die durch Erziehung und Sozialisation beschränkte Lebensweise der Frau in der Gesellschaft erregt, richtet sich Cäsars Aversion gegen die ‚Konvention' (gesellschaftliche Verfügungen über das Subjekt) als solche, gegen das „Gehäuse von Manieren" (Gutzkow 1979, 34) als einem die Menschen allgemein, insbesondere aber die Geschlechter trennendem Institut des Zusammenlebens. Wallys Konvenienzehe steht als *kirchliches* Institut für dieses „Gehäuse von Manieren".

Ethisch-religiöse Fragen als soziale Fragen

Das Thema der Religion selbst wird in dem erwähnten Traktat Cäsars mit dem Titel „Geständnisse über Religion und Christenthum" behandelt. Cäsar wendet sich hier im Namen der Naturreligion gegen die Offenbarungsreligion, der er ganz im Geist der rationalistischen Bibelkritik des Reimarus und der Leben Jesu-Forschung David Friedrich Strauß' den historischen Jesus von Nazareth entgegenstellt. Wieder ist es die Kathedertheologie, die Gutzkow hier ins Visier nimmt, die (protestantische) Orthodoxie und die Komplizenschaft von Staat und einer Kirche, die sich mit der Restauration verbündet hat und sich „überall der politischen Emancipation in den Weg zu stellen" scheint (Gutzkow 1979, 122). Ethische und religiöse Fragen werden als soziale Fragen diskutiert, die nur im gesamtgesellschaftlichen Kontext einer Lösung zugeführt werden können. War dies in seinem Gestus allein schon provozierend genug, kam der Umstand, dass Gutzkow in einem dem Roman angehängten Aufsatz mit dem Titel „Wahrheit und Wirklichkeit" Christentum, Recht und Verfassung als nicht lebensnotwendige gesellschaftliche Einrichtungen beschreibt, geradezu einem Aufruf zum Umsturz der Verhältnisse gleich. (Der Aufsatz selbst dürfte dabei wohl lediglich zur Umgehung der Zensur Eingang in den Band gefunden haben, da ohne ihn der zur Vermeidung der Vorzensur erforderliche Umfang von mehr als 320 Seiten [20 Bogen] nicht erreicht worden wäre.)

Der Roman als Sprengsatz

Naturgemäß haben gerade diese Angriffe auf das Moralinstitut von Kirche und Recht die Sittenwächter auf den Plan gerufen, die bereits vor Menzels Denunziationen den literarischen Kampf gegen das Junge Deutschland mit den Vorwürfen der lediglich künstlerisch verbrämten Vorbereitung zum politischen Umsturz, der Zersetzung der Sitten, der Frivolität (ein Vorwurf, der beispielsweise auch gegen Heine geradezu stereotyp erhoben wurde) und der Gotteslästerlichkeit eröffnet hatten. Victor Aimé Huber (Mecklenburgische Blätter, Nr. 2–3, 1834, S. 1–32), Max. Jos. Stephani (d.i. Johann Heinrich Wilhelm Grabau sowie ein zweiter nicht eindeutig identifizierter Autor, vermutlich der von den Jungdeutschen als ihresgleichen angesehene

Spitzel Gustav Schlesier) („Heinrich Heine und ein Blick auf unsere Zeit", 1834) und Johann Lange („Ueber die Rehabilitation des Fleisches", Evangelische Kirchenzeitung, Nr. 63 u. 64, 1835, S. 497–512) liefern in dieser Hinsicht der Diskussion bereits die zentralen Stichworte.

Im Auftrag des preußischen Oberzensurkollegiums in Berlin verfasste u. a. der Historiker Friedrich Wilken ein Gutachten, das nur wenige Monate nach dem Erscheinen des Romans in einigen Bundesländern zu ersten Konfiskationen führte. Ein zweites Gutachten unterstrich die staatsgefährdende Dimension gleich der ganzen neuen Literatur und erreichte damit eine am 14. November durch das preußische Innenministerium erlassene Verbotsverfügung gegen die bereits erschienenen und alle zukünftigen Schriften Gutzkows, Wienbargs, Mundts und Laubes. In diesem Gutachten heißt es: „Die junge Literatur kämpft hiernach gegen jede geoffenbarte Religion und bildet sich vorzugsweise zur Sinnenlust ihren eigenen Cultus; sie greift das Christenthum und seine Lehren auf die frechste Weise an, setzt die heiligsten Verhältnisse, namentlich die Heiligkeit der Ehe herab, kämpft gegen Sitte, Zucht und Ehrbarkeit, und sucht eine Rehabilitation des Fleisches und seiner Lüste herbeizuführen. Mit der Lösung der Schranken, welche Religion und Sitte dem unzüchtigen Treiben gesetzt, lösen sich auch bei der überhand nehmenden Verworfenheit alle andern Bande, und diesen Zeitpunkt scheint die junge Literatur herbeiführen zu wollen, um demnächst auch in politischer Beziehung mit leichter Mühe die dem revolutionären Treiben entsprechenden Veränderungen herbeizuführen." (Houben 1911, 46) Bereits hier ist der Zusammenhang zwischen allgemeiner Sittenverderbnis (Frivolität) und der Revolution (politische Anarchie) nahegelegt, der in der öffentlichen Diskussion der Zeit immer wieder auftaucht und von Metternich zusätzlich noch mit dem Argument der jüdischen Herkunft zumindest eines Teils der unter Verdacht stehenden Kritiker und damit unter Ausspielung des anti-jüdischen Ressentiments (siehe dazu die Ausführungen in Kapitel IV,2) angeheizt wurde (Wolf/Schopf/Burkard/Lepper 1998, 74); auch Wolfgang Menzel hat sich dieses Ressentiments in seinem Kampf gegen das Junge Deutschland zu bedienen gewusst (Och 1999, 187).

Sowohl die preußische Ministerialverfügung vom 14. November 1835 als auch der Bundestagsbeschluss vom 10. Dezember 1835 folgen dieser Argumentation, haben allerdings für sich genommen nicht lange Bestand – Folge wohl auch des ungeheuren publizistischen Echos, das die Maßnahmen gegen das Junge Deutschland in den folgenden Wochen nach sich zog. Bereits im Februar 1836 ließ Preußen wieder neue Werke der inkrimierten Autoren zu (zumindest theoretisch, d. h. zu den Bedingungen der preußischen Zensur), andere Staaten wie Hannover bald auch wieder die alten. Laube kann bereits 1836 wieder als Redakteur einer einflussreichen Zeitung („Mitternachtszeitung") publizistisch tätig werden; Mundt startet im Juli 1836 seine „Dioskuren" und gibt von 1838–1844 die Zeitschrift „Der Freihafen" heraus, Gutzkow, im November festgenommen und bis zum 10. Februar des folgenden Jahres in Haft, 1837 den „Frankfurter Telegraph" und 1838–1843 den „Telegraph für Deutschland" (1841 in Preußen wieder verboten); Wienbarg zeichnet 1840 verantwortlich für das „Deut-

Lockerung des Verbots

sche Literaturblatt". Die politischen Restriktionen von 1835 allerdings hinterlassen ihre Spuren. In unterschiedlichen Graden zeichnen sich die Zeitschriften der Jungdeutschen in den folgenden Jahren so nun durch eine Tendenz zur Literarisierung und zur Zurückhaltung gegenüber konkreten Zeitfragen aus (Brandes 1991, 60f.), einige Autoren, z. B. Heinrich Laube, distanzieren sich gar von ihrer jungdeutschen Vergangenheit.

Junges Deutschland und Junghegelianer

Es entbehrt nicht der Ironie, dass ausgerechnet das vom Metternich'schen System noch als so gefährlich eingestufte und – auf der anderen Seite – von Heine als Exempel einer zeitgemäßen, vom wissenschaftlichen Fortschrittsglauben beflügelten Kunst gewürdigte („Die romantische Schule" DHA VIII/1, 474) jungdeutsche Literaturprojekt, den radikaldemokratischen Strömungen der vierziger Jahre selbst bald nur noch als nutzlose Kunstanstrengung erscheinen wollte – als Neoromantizismus. In Robert Prutz' und Theodor Echtermeyers Manifest „Der Protestantismus und die Romantik", erschienen zwischen Oktober 1839 und März 1840 in den „Hallischen Jahrbüchern für deutsche Wissenschaft und Kunst", zumindest verfällt mit der Romantik gleich auch noch das Junge Deutschland als *„neuste[r] Ansatz der Romantik seit 1830"* (Echtermeyer/Ruge 1972, 82a) dem allgemeinen Verdikt gegenüber allem „*Aparte[n]*", „*ganz Besondere[n]*", „*Exklusive[n]*" und Abseitigen (Echtermeyer/Ruge 1972, 69b). Politisch unreif sei das *Junge* Deutschland gewesen und habe darum aller gegenteiligen Rhetorik zum Trotz die ‚Zeit' nicht gehabt:

Die französirenden Romantiker, das junge Deutschland, ist der neuste Ansatz der Romantik seit 1830. Mit der Genialitätspointe und den Pointen der Schlegelschen Lucinde verbindet sich der französische Geist und der historische Zug des Liberalismus oder der Einbildung des Protestantismus ins praktische Leben. Sowohl gegen diese romantische Form des gegenwärtigen Geistes, als gegen die freie Fortbildung und Reinigung der Hegelschen Philosophie reagirt das praktische Epigonenthum vereinigt mit allem, was vom altromantischen Schlage noch waffenfähig ist, desgleichen der *Neu-Schellingianismus*, der nichts weiter ist als die Romantik in Form der Philosophie. Die Althegelianer oder die Hegeliter verhalten sich theoretisch-harmlos, zeigen sich aber durch ihre Zurechtmacherei Göthe's, Shakspeare's, der unfreien empirischen Zustände, so wie durch ihre absolute Orthodoxie an Hegel Autorität als die *Hegelianer mit dem romantischen Zopf*, und erleiden zum Theil, wie z. B. Göschel, ein förmliches Herausfallen aus dem Himmel der Philosophie in die confuseste Tradition romantischer Dogmen.

Die Abklärung dieser Gährung ist die Manifestation unseres Zeitgeistes, der Begriff und Ausdruck dieses Processes aber das Manifest des Protestantismus gegen die Romantik. (Echtermeyer/Ruge 1972, 82a–b)

Büchners Kritik am „Ideenkampf"

Diese Kritik war weder neu noch kam sie überraschend. Bereits Büchner, dessen Zuordnung auch zum erweiterten Kreis des Jungen Deutschland sich aufgrund seines aktiven politisch-revolutionären Engagements verbietet, hatte die Beschränkung des jungdeutschen Literaturprogramms auf den „Ideenkampf" einige Jahre zuvor unnachgiebig kritisiert. Im Juni 1836 schreibt er an Gutzkow:

Übrigens; um aufrichtig zu sein, Sie und Ihre Freunde scheinen mir nicht grade den klügsten Weg gegangen zu sein. Die Gesellschaft mittelst der *Idee*, von der *gebildeten* Klasse aus reformieren? Unmöglich! Unsere Zeit ist rein *materiell*, wären Sie je direkter politisch zu Werke gegangen, so wären Sie bald auf den Punkt gekommen, wo die Reform von selbst aufgehört hätte. Sie werden nie über den Riß zwischen der gebildeten und ungebildeten Gesellschaft hinauskommen. / Ich habe mich überzeugt, die gebildete und wohlhabende Minorität, so viel Concessionen sie auch von der Gewalt für sich begehrt, wird nie ihr spitzes Verhältnis zur großen Klasse aufgeben wollen. Und die große Klasse selbst? Für die gibt es nur zwei Hebel, materielles Elend und *religiöser Fanatismus*. Jede Partei, welche diese Hebel anzusetzen versteht, wird siegen. Unsre Zeit braucht Eisen und Brot – und dann ein *Kreuz* und sonst so was. Ich glaube, man muß in socialen Dingen von einem absoluten *Rechts*grundsatz ausgehen, die Bildung eines neuen geistigen Lebens im *Volk* suchen. Und die abgelebte moderne Gesellschaft zum Teufel gehen lassen. Zu was soll ein Ding, wie diese, zwischen Himmel und Erde herumlaufen? Das ganze Leben desselben besteht nur in Versuchen, sich die entsetzlichste Langeweile zu vertreiben. Sie mag aussterben, das ist das einzig Neue, was sie noch erleben kann." (Büchner II, 440)

Der auffallende Wechsel der Leitgattungen, der sich im literarischen Werk der meisten jungdeutschen Autoren in den vierziger Jahren beobachten lässt (in denen im Übrigen auch die jungdeutschen Zeitschriftenprojekte auslaufen), legt nahe, dass auch die Jungdeutschen selbst das Konzept der Prosa als Waffe im politischen Kampf als gescheitert, zumindest aber als nicht mehr vorrangig betrachtet haben, auch wenn Theodor Mundt in seiner 1837 veröffentlichten Studie „Die Kunst der deutschen Prosa" unverdrossen einer „Emancipation der Prosa" das Wort redet. Ludolf Wienbarg veröffentlicht 1839 einen (buchhändlerisch erfolglosen) Band „Dramatiker der Jetztzeit" und verfasst danach weitestgehend politische und historische Studien. Theodor Mundt tritt 1839 mit einer ebenfalls erfolglosen „Komödie der Neigungen" („Der Delphin", 2, Altona 1839) hervor; von dem, was er danach veröffentlicht, sind allein seine ästhetischen und literarhistorischen Schriften, darunter eine „Dramaturgie oder Theorie und Geschichte der dramatischen Kunst" (1847/48) erwähnenswert. Im Unterschied zu den ‚Theoretikern' Wienbarg und Mundt immerhin gelingt es Gutzkow und Laube mit ästhetisch eher traditionellen, nichtsdestoweniger beim Publikum erfolgreichen Stücken oder Inszenierungen (Laube) in mehr oder minder reduzierter Form den alten Anspruch, durch Literatur auf das Publikum einzuwirken, weiterzuführen (Hartmann 2001). Gutzkow hatte bereits 1834 („Nero") und 1838 („König Saul") zwei Lesedramen vorgelegt, als ihm 1839 mit „Richard Savage" der Durchbruch auch als Bühnenautor gelingt. Allein in den vierziger Jahren verfasst er rund zwanzig, in Form und Inhalt sehr unterschiedliche Dramen, zu deren erfolgreichsten die Lustspiele „Zopf und Schwert" (1843) und „Das Urbild des Tartuffe" (1844) zählen, letzteres eine Satire über Scheinheiligkeit und Zensur. Als sein bedeutendstes Stück allerdings gilt die in klassischer Form geschriebene Tragödie „Uriel Acosta" (1846), die um Fragen der Toleranz, des Dogmatismus und der Orthodoxie kreist (vgl. dazu Kap. V, 1). In den fünfziger Jahren tritt die Dramenproduktion in Gutzkows Werk dann wieder zurück hinter die umfangreichen Romanprojekte der „Ritter vom Geiste" (1849–1851) und des „Zauberers von Rom" (1858–1861). Heinrich Laube wiederum, der bereits als Kind mit dem Theater in Berührung gekommen war und früh angefangen hatte, Dramen zu schreiben, verfasst in den vierziger Jahren eine Reihe äußerst erfolgreicher Stücke („Monaldeschi", „Struensee", „Graf Essex"),

Gattungswechsel bei jungdeutschen Autoren

erwirbt sich Verdienste dann allerdings vor allem als Leiter des Wiener Burgtheaters (1849–1867), des Leipziger (1869/70) und schließlich des Wiener Stadttheaters (1872–1879).

4. Gegenläufiges: Grabbe und Büchner – zwei Wegbereiter des modernen Dramas

Mit Christian Dietrich Grabbe und Georg Büchner treten in den zwanziger und dreißiger Jahren zwei andere Autoren hervor, die das Bild der Vormärz-Periode in der Literaturgeschichtsschreibung auf ihre (und andere) Weise nicht minder geprägt haben als Börne und Heine oder die Autoren des Jungen Deutschland. Bei Licht betrachtet hatten sie zunächst einmal nur wenig miteinander gemein: der als Sohn eines Zuchthausverwalters aus niedrigsten Verhältnissen stammende plebejische Detmolder Advokat Grabbe und der früh verstorbene Darmstädter Bürgersohn Büchner; der sein Leben lang wütend gegen die philiströse bürgerliche Gesellschaft anrennende Zyniker und der sein Herz für die Ärmsten im besten Sinne ‚verschwendende' Mediziner und Naturwissenschaftler; der Nihilist, dem noch sein Sterben in der lippischen Provinz zum Skandal geriet, und der Revolutionär, den eine große Trauergemeinde im Züricher Exil zu Grabe trug; der Extremist des Theaters und der Avantgardist der Dramenkunst.

Lösung aus Gattungstraditionen

Von verschiedenen Seiten her haben Grabbe und Büchner das Drama aus den bindenden Traditionen der Klassik befreit: *dramaturgisch*, indem sie (das gilt vor allem für Grabbe) die Möglichkeiten des Theaters im Vormärz sprengten; *ästhetisch* (das wiederum gilt vor allem für Büchner) durch die Eroberung neuer Gegenstände der Darstellung („Woyzeck" ist die erste Tragödie des Proletariats); *ideengeschichtlich*, insofern sie (und das gilt sowohl für Grabbe als auch für Büchner) mitten in einer vom Glauben an den Fortschritt und die Planbarkeit der Verhältnisse getragenen Zeit den Abgesang auf die Illusionen des Idealismus mit seinem Glauben an die Geschichte, das historische Subjekt, die Vernunft und den Fortschritt anstimmten. Beide überforderten damit in gleichem Maße die Theaterverhältnisse im Vormärz, die stets auch als politische Verhältnisse zu begreifen sind. Bühnenwirksamkeit haben sowohl die Stücke Grabbes als auch diejenigen Büchners so auch erst lange nach ihrer Entstehung erlangt. Während Grabbe zu seinen Lebzeiten die Inszenierung immerhin noch eines seiner Stücke („Don Juan und Faust") erlebt hat (Detmold 1829, Koblenz 1829, Augsburg 1832), ist der Ruhm des bereits mit dreiundzwanzig Jahren verstorbenen Theaterautors Büchner ein ganz und gar posthumer. Lediglich „Dantons Tod" (1835) und seine Hugo-Übersetzungen „Lucretia Borgia" und „Maria Tudor" (1835) erreichten vor seinem Tod durch die Vermittlung Gutzkows als *gedruckte* Texte eine begrenzte Öffentlichkeit.

Grabbe und das „Ende der Kunstperiode"

Im Unterschied zu Büchner hatte der ältere Grabbe bis 1836 eine zweibändige Ausgabe seiner frühen Stücke sowie mehrere Einzeldrucke seiner Dramen veröffentlichen können und war auch als Beiträger verschiedener Journale präsent, ohne allerdings damit die – allen gegenteiligen Behauptungen zum Trotz – ersehnte Anerkennung der bürgerlichen Gesellschaft erlangt zu haben. Der Gestus rigoroser Verwerfung, mit dem er im frühen Vormärz das Ende der Kunstperiode behauptete, bestürzt bis heute. Die in der Forschung umlaufenden widersprüchlichen Grabbe-Bilder, angefangen beim anti-traditionalistischen Wegbereiter des modernen Dramas und Visionär des Medienzeitalters über den luziden Geschichtskritiker, den Nihilisten und asozialen (oder auch: anti-sozialen) poéte maudit, bis hin zum „Genealogen des Anti-Humanitarismus" (Wiemer 1997), sind Ausfluss des nach wie vor beträchtlichen Irritationspotentials eines Werkes, das in seiner Maßlosigkeit in jeder Hinsicht inkommensurabel bleibt. Sie verdanken sich in nicht unerheblichem Maße aber auch der antibürgerlichen Attitüde seines Verfassers, der auf den „Eclat" (Grabbe, HKA V, 169; Brief an den Verleger Georg Ferdinand Kettembeil vom 12. 7. 1827), das Nicht-Konforme, Regelwidrige, Anarchische, aber auch Genialische als Mittel zur Selbstpositionierung im sich entwickelnden Literaturmarkt setzte und einem konsternierten Publikum zugleich damit zur ‚edlen' Dichterbiographie des ‚Olympiers' Goethe mit einer (stilisierten) Biographie ‚von unten' den Gegenentwurf eines ‚plebejischen' Dichtertums vorgelebt hat – dies als Grundlage nun seinerseits der wahren „Poesie des Lebens": „Sir Goëthe konnte ja nicht zum Leben kommen, weil ihn das Leben auf den Händen trug." (Grabbe, HKA V, 377; Brief an den Verleger Georg Ferdinand Kettembeil, 9. 7. 1832) Zu der solcherart von Grabbe seit den zwanziger Jahren verfolgten Strategie der Positionierung im Literaturmarkt gehört auch die Serie der von ihm konzipierten Selbstrezensionen, kleinen Meisterwerken der Camouflage, die er über seinen Verleger lancieren ließ. In ihnen präsentiert Grabbe, der im Kleinstaat Lippe als Militärrichter immerhin die fürstliche Gerichtsbarkeit gegenüber den Soldaten zu vertreten hatte (was er bis 1834 auch tat), sich als auf schmalem Grat wandelndes ‚tolles' Genie und alles niederreißenden (Geistes-)Titan. Dass sich der bisweilen überspannte Militärrichter Grabbe im Laufe seines Lebens in diesen Selbststilisierungen und Selbstinszenierungen ausweglos verloren und sich solcherart zu guter Letzt in sein eigenes Produkt verwandelt hat, kennzeichnet die persönliche Lebenstragik des ‚Künstlers' Grabbe. Aus dem Geflecht immer wieder kolportierter Anekdoten und ‚Bizarrerien' des Detmolder Autors bildete sich auf der anderen Seite noch zu Lebzeiten Grabbes der Mythos des in seiner Zeit unbehausten Genies, dem Heine mit seiner Charakterisierung Grabbes als eines „betrunkenen Shakespear[s]" (DHA XV, 66f.) das vielleicht folgenreichste Stichwort geliefert hat.

Als dieses aus der Zeit gefallene und zugleich durch die Zeit aufgeriebene Genie wurde Grabbe für die Jungdeutschen und die ihnen nahestehenden Autoren zum Exempel einer zumal an den „kleinlichen Verhältnissen Deutschlands" (Marggraff, 1841, 137) gescheiterten Dichterexistenz, zum neuen dramatischen „Napoleon, der überall in Verbannung lebte und auf jeder Scholle sein Helena fand." (Marggraff 1836, 21) Gutzkow hat dieses – hier von Hermann Marggraff, einem den Jungdeutschen nahe stehenden Kritiker, entworfene – Bild des isolierten und zerriebenen Dichter-Ichs 1838 in seinen „Abstimmungen zur Beurtheilung der literarischen Epoche" („Götter, Helden, Don Quixote") ganz im Sinne der jungdeutschen Vorstellungen über die Literaturverhältnisse im Vormärz konkre-

Grabbe-Bilder

tisiert: der „unglückliche Dichter", so Gutzkow, habe „eine classische *Reaktion* gegen die Literatur der Restaurations-Periode" repräsentiert. „Ohne der Messias einer wahren, individuellen Poesie selbst zu seyn, ließ er ahnen und konnte in Zeiten einer allgemeinen Compositionsunfähigkeit und einer dafür Ersatz zu geben suchenden Phraseologie ahnen lassen, was, wenn nicht kommen wird, doch einst schon da gewesen ist. Grabbe konnte in der ästhetischen Agonie der Restaurations-Periode die Erinnerung an Shakespeare und Göthe wach erhalten." (Gutzkow, Schriften 1998, 1154 f.)

Analytiker der Leere — Zwar mangelt es ihm an der theoretischen Konstruktion, in der gedacht werden könnte, wie Literatur in einer nichtrevolutionären Zeit revolutionär zu wirken in der Lage wäre. Zwar hat Grabbe keine politische und keine ökonomische Theorie; unterhalb der Rhetorik der Zerstörung und der Verneinung aber, die seinem Drama in unverwechselbarer Weise den Stempel aufdrückt, reklamiert er auf irritierende Weise immer wieder aufs Neue die Modernisierung der Gesellschaft. Bereits mit seinem dramatischen Erstling „Herzog Theodor von Gothland", 1822 abgeschlossen aber erst 1827 im Rahmen der von seinem Leipziger Studienfreund Georg Ferdinand Kettembeil verlegten zweibändigen Ausgabe der „Dramatischen Dichtungen" veröffentlicht, erweist Grabbe sich so als einer der scharfsinnigsten Analytiker der Leere im politisch ruhig gestellten Deutschland der Restaurationsgesellschaft.

„Herzog Theodor von Gothland" — Dramaturgisch noch eng an das Schicksalsdrama angelehnt, beeinflusst zugleich von der Dramatik des frühen Shakespeare („The Most Lamentable Romaine Tragedie of Titus Andronicus") und des Sturm und Drang, ist Grabbes dramatischer Erstling ein künstlerischer Amoklauf gegen das idealistische Welt- und Menschenbild (Kutzmutz 1995, Vaßen 1996, Eke 2001) – und zugleich gegen die Konventionen des zeitgenössischen Theaters. Mitten in der politischen Windstille der zwanziger Jahre reißt der Student Grabbe mit dieser pseudohistorischen Tragödie nicht allein der Illusion einer Kultur der menschlichen Versöhnung die Maske des ‚schönen' Scheins vom Gesicht; zugleich damit verabschiedet er auch deren ästhetisches Äquivalent: die klassisch-idealistische Kunstdoktrin. Galt dieser die Einheit von Moral, Wahrheit und Kunstschönem als Kulminationspunkt der erstrebten ‚*Erziehung des Menschengeschlechts*' und damit als Weg zum ‚ewigen Frieden', so wendet Grabbes Drama den Blick wieder zurück von der ‚schönen' Vorstellung auf die nüchterne Wirklichkeit der biedermeierlichen „Syrupszeit" (Grabbe, HKA V, 318; Brief an den Kritiker Wolfgang Menzel vom 15. 1. 1831). Gemessen am Geschmack der bürgerlichen Gesellschaft, in dem Sittlichkeit und Moral symbolisch repräsentiert sind, präsentiert Grabbe mit „Herzog Theodor von Gothland" seinem (erhofften) Publikum ein erstaunlich geschmackloses und damit amoralisches Stück, das den Hass und das Böse zu einem Theater unendlicher Schrecken choreographiert.

Körper und Geschichte — Vermittelt durch den Schreckensmythos des ‚schwarzen' Mannes Berdoa, der mit dem Geschlecht der Gothlands die gehegte, d. h. durch Regeln (Recht und Gesetz) geordnete ‚schwedisch'-europäische Welt in einen Taumel der Vernichtung reißt, verweist Grabbe in seinem Drama so auf den ungeklärten Ort des Körperlich-Naturhaften (Gewalttätigen) und Kreatürlich-Animalischen (Geschlechtlichen) in der Geschichte. Dieser ursprünglich als Sklave aus „Äthiopien" verschleppte, nun als Heerführer und Oberpriester der ‚asiatischen' Finnen gegen das christlich-europäische Schweden Krieg führende „Neger" ist eine Figur der Alterität; erbarmungslos rächt er im Rahmen eines von Darstellungen exzessiver Grausamkeit fortgetragenen Fabelverlaufs seine Erniedrigung zum Sklaven (Nichtmenschen) an dem schwedischen Herzog Theodor von Gothland als dem „Größten/Der Europäer" (Grabbe, HKA I, 20) und als solchem idealtypischen Repräsentanten der weißen ‚Herren'-Rasse, die dem ‚schwarzen' Afrikaner das Menschsein (im emphatischen Sinne der Aufklärung) abgesprochen und ihn zur Natur-Bestie erklärt hat. Abseits des Schlachtfeldes führt Berdoa seinen Kampf im Untergrund der scheinbar aufgeklärten schwedischen Gesellschaft. Er schürt in Theodor den Verdacht, sein jüngerer Bruder, der Reichskanzler Friedrich, habe den gemeinsamen Mitbruder Manfred ermordet; und er bringt ihn dazu, Manfreds Tod selbst mit dem Schwert am eigenen Bruder zu rächen, als er mit seiner Klage am Hof kein Gehör findet.

Mit der brudermörderischen und zugleich anarchischen Blutrache des mächtigen Herzogs von Gothland gerät die schwedisch-europäische Kulturgesellschaft aus den Fugen. Der Krieg, bislang ein Krieg der Völker (Finnen gegen Schweden), wird zum Krieg aller gegen alle mit einem ständig wechselnden, unübersichtlichen Frontverlauf, in dessen Folge Theodor erst zum Feind überläuft, sich dann zum Heerführer der Finnen aufschwingt und sich schließlich den Thron Schwedens erobert, bis das Pendel der Gewalt wieder zurück- und nun seinerseits gegen den Herzog Theodor ausschlägt. Am Ende ist die Bühne übersät mit Leichen, unter ihnen der Titelheld selbst sowie sein böser Geist Berdoa, der als Motor des Schreckens seinerseits ein schreckliches Ende erleidet: Theodor schlachtet ihn mit bestialischer Grausamkeit ab, bevor auch er dem Schwert eines anderen Schlächters zum Opfer fällt – womit nur dem Schein nach die alte Ordnung rekonstituiert und solcherart, dem traditionellen dramaturgischen Modell von Störung und Entstörung folgend, poetische Gerechtigkeit hergestellt wird.

Der Konfliktrahmen, innerhalb dessen Berdoa als Bedeutungsträger einer ‚schwarzen Rache' agiert, ist gleich mehrfach codiert: *zivilisatorisch* (mit den ‚zivilisierten' Schweden kämpft der politischen Geographie des Stückes entsprechend die europäische Kultur gegen die ‚asiatische' Barbarei, Erste Welt gegen Dritte Welt) und *ethnisch* (als Afrikaner ist Berdoa rassisch markierter, stigmatisierter und ausgegrenzter Fremdkörper in der ‚weißen' Welt der Schweden – allerdings auch der Finnen); im weiteren Sinne auch *religiös* (christliche Schweden stehen heidnischen Finnen gegenüber). In signifikanter Weise erscheint diese Rahmung der handlungsbestimmenden Kollisionen zentriert im Vorstellungsbild einer Wiederkehr: in der Gestalt des „blutbefleckten Negers" (Grabbe, HKA I, 11) tritt der europäisch-abendländischen Kultur ihr abgedrängtes Anderes *als Natur* entgegen; zurück kehrt mit Berdoa der verdrängte, domestizierte und beherrscht geglaubte Körper, die sorgsam eingehegte ‚Tierheit' des Menschen. Keineswegs errichtet Berdoas Intrigenhandeln so *von außen* die Herrschaft des fremden und fernstehenden Bösen in der wohlgeordneten Welt, sondern

Kultur – Natur

vielmehr *von innen*; es bringt das unter der Oberfläche der Kultur sorgsam versteckt gehaltene destruktive Gewalt- und Vernichtungspotential der schwedisch-abendländischen Gesellschaft zur Implosion; es öffnet die verriegelte Tür zum ‚schwarzen' Kontinent, dem „wahre[n] innere[n] Afrika" (Jean Paul 1963, 1182) des Natur-Unbewussten. Ausgeschlossen aus dem Kulturzusammenhang und zum Un-Menschen erklärt, überblickt Berdoa mit einem ‚fremden', gleichsam ethnologischen Blick das gesellschaftliche Regelwerk aus Moral, Tugend, Liebe, Ehre, Familie etc. und überschreibt es mit den Zeichen einer Rache, die nicht noch einmal die alten Mythen der Erlösung (der Geschichte) zum Leben erweckt.

Kant hatte in seinen Vorlesungen „Über Pädagogik" (1803) die Disziplinierung der *animalitas* des Menschen, d. h. seiner *körperlichen* Wildheit, noch als unabdingbare Voraussetzung zur Verwirklichung seiner *humanitas* bezeichnet und damit die Beherrschung der Körper-Natur zur Prämisse der emanzipatorischen Selbstbefreiung des Menschen aus seiner selbstverschuldeten Unmündigkeit erklärt. Zwanzig Jahre später bricht Grabbe in entschiedener Weise mit dieser Denkfigur, behauptet statt dessen – und dies keineswegs allein im „Gothland"-Drama – die Bestialität/Wildheit zur anthropologischen Konstante, die lediglich zivilisatorisch aufgeschminkt ist zu einer schalen Menschlichkeit: „Die Erde ist von heilgem Blut gerötet / Und ein geschminkter Tiger ist der Mensch!" (Grabbe, HKA I, 33)

Grabbe als Dramatiker der Geschichte

„Herzog Theodor von Gothland" ist noch roh und ungeschlacht in der Inszenierung des Schreckens, die weder der Vorstellung einer möglichen Durchsetzung konkreter Humanität *in der Geschichte* noch dem Modell der revolutionären (antikolonialistischen) Erhebung im Namen von Freiheit, Gleichheit und Brüderlichkeit Raum lässt; das Stück gibt aber auch schon den Dramatiker der Geschichte zu erkennen, als der Grabbe mit Stücken wie „Marius und Sulla" (ED 1827), „Napoleon oder die hundert Tage" (ED 1831), „Hannibal" (ED 1835), und „Die Hermannsschlacht" (E: 1836, ED 1838) seinen Platz in der Literaturgeschichte behauptet. Indem Grabbe der bestialisierten Welt anstatt des Wunschbildes vom *Menschen* nur noch das Zerrbild des *Unmenschen* entgegenhält, erweist er sich bereits hier als einer der Vor-Denker jener ‚schwarzen' Moderne, die der fehlgeleiteten bürgerlichen Aufklärung eine kalte Negativität als Gegenprinzip offeriert: das Böse, den Hass, das Irrationale. Überhaupt gehen Politik/Macht und (bürgerliche) Moral in der Figurenkonzeption von Grabbes Geschichtsdramen keine ‚natürliche' Verbindung mehr ein. Selbstbestimmung, Autonomie und Freiheit realisieren sich in Grabbes Drama allein außerhalb der Grenzen der Moral; in den nach 1830 entstandenen Dramen nicht einmal mehr dort. Hatte das zurückliegende Jahrhundert der bürgerlichen Aufklärung Fortschritt noch *moralisch* begründet, Modernisierung als Moralisierung verstanden und Politik (als Vehikel eines von der Aufklärung des Verstandes geleiteten allgemeinen Humanisierungskonzeptes) damit zugleich unmittelbar an die Vorstellung sittlichen Handelns herangeführt, konstituieren Grabbes Helden historische ‚Größe' im verfügenden Zugriff auf die Körperwelt in einem von ethischen und moralischen ‚Zumutungen' freien Raum. Die Amoralität der Grabbe'schen Helden ist genuiner Bestandteil dieser Größenkonzeption: sie folgt dem Gestus der

Amoralische ‚Größen'-Figuren

Überschreitung (von Grenzen, Zwängen und Konventionen). Viele von Grabbes Figuren sind so überlebensgroß in ihrem Heroismus, in ihrer Amoralität, in ihrer Grausamkeit, in ihrer Bejahung des Todes. In der einen oder anderen Form aber erfüllen sie damit – gemessen an der von Grabbe beklagten Kleinheit der sozialen, politischen und kulturellen Verhältnisse der Restaurationszeit – die Funktion eines Gegenentwurfs, der das Abgemattete, Banale und Ereignislose der Jetztzeit zur Klärung bringen soll. Hier ordnen sich die zwei miteinander verbundenen, nicht immer sauber voneinander zu trennenden Bilder des Krieges (der Schlacht, des Zweikampfes) ein, die in Grabbes Dramen sowie seinen Briefen gleichermaßen begegnen: Krieg als Moment der Revitalisierung und Beschleunigung, der das leere Kontinuum der ereignislosen Jetztzeit sprengt, auf der einen Seite; Krieg als heroisches Gemeinschaftserlebnis und erfüllter Augenblick der Selbst-Erfahrung, des ganz-bei sich-Seins des fragmentierten Ich auf der anderen Seite. (Schneider 1973; Kopp 1982, Cortesi 1986)

Prototyp der amoralischen ‚Größen'-Figur im Werk des Detmolder Autors ist vor allem der bedenkenlos über Leichenberge hinweg seine politischen Ziele ansteuernde römische Feldherr Sulla aus dem Dramenfragment „Marius und Sulla", mit dem Grabbe dem Bonapartismus ein Denkmal gesetzt hat. Die ‚Reinigung' der „Zeit von ihren Auswüchsen" (Grabbe, HKA I, 393) vor Augen, ist Sulla Repräsentant einer autoritären, auf das Führerprinzip und die Verachtung der Massen zugeschnittenen Ordnungs-Utopie, zugleich aber auch eine Figur des Übergangs. Zwar hebt das Stück die für das Charakterprofil der Grabbe'schen Ausnahme-Helden konstitutive Amoralität tendenziell im geschichtlich Notwendigen auf; im zweckrationalen Handeln des herz- und mitleidlosen Machtpolitikers Sulla aber, der mit den Mitteln des Schreckens die Anarchie im Staate bekämpft, „um dann desto sicherer das Bessere wieder aufrichten zu können" (Grabbe, HKA I, 393), schärfen sich so bereits auch die Konturen der Trennung von Politik und Moral in ihrem modernen Zuschnitt. Sulla setzt sich über Recht und Gesetz hinweg, um Recht und Gesetz zur Geltung zu bringen; aber er tritt am (von Grabbe nur noch skizzierten) Ende auf dem Höhepunkt seiner Macht als „Herr der Welt" (Grabbe, HKA I, 108) auch freiwillig von der Bühne der Geschichte ab.

Mit Sullas souveräner Selbstabdankung deutet sich an, was in Grabbes späteren Werken explizit zum Gegenstand wird: die Erkenntnis zum einen der Zeitlichkeit (und eben nicht Zeitenthobenheit), zum anderen der Ir-Realität des Heroischen in der ‚bleiernen Zeit' der Metternich'schen Restauration; was danach kommt, sind nur noch Reminiszenzen im Bewusstsein der historischen Unmöglichkeit. Die nach der Juli-Revolution entstandenen Dramen aus Grabbes letzter Schaffensperiode führen das Konzept des ‚großen Ichs' so an sein Ende. Hannibal, der Held des gleichnamigen Dramas, scheitert mit seinen hochfliegenden Plänen am mangelnden politischen Weitblick und dem kleinlichen Egoismus, dem ‚Krämergeist', der karthagischen Führungsschicht, die dem (in Grabbes Darstellung) autoritären modernen Ordnungsstaat Rom nichts mehr entgegenzusetzen hat. Und der verbannte Napoleon, der von Elba aus noch einmal zur Eroberung von Macht und Glanz aufbricht, verkündet in „Napoleon oder die hundert

Tage" zwar noch einmal den Anspruch absoluter Selbstbestimmung („Ich bin Ich, das heißt Napoleon Bonaparte, der sich in zwei Jahren selbst schuf"; Grabbe, HKA II, 390). Als Spielfigur seines Geschichtsdramas aber ist der nacheinander als ‚Vollender der Revolution' begrüßte, zum Schrecken Europas mythisierte und zuletzt wieder als „jugendlicher Traum von Größe und schöpferischer Kraft" (Schmidt 1985, 63) vergötterte Kaiser lediglich noch das Objekt einer zwiespältigen Erinnerung an das alte Größenkonzept. Grabbe führt Napoleon nicht mehr als absolutes, autonom agierendes heroisches Subjekt der Geschichte in die Handlung ein, sondern vielmehr als Projektionsfläche imperialer Träume, mit der sich das Versprechen von Zukunft verbindet. Zwar stattet er den Rückkehrer noch mit Vorstellungsbildern einer unaufhaltsamen Naturnotwendigkeit aus – wie ein „ungeheurer Meerstern" (Grabbe, HKA II, 335) fällt er über Frankreich her, mit „Tigersprünge[n]" (Grabbe, HKA II, 364) fegt er das leere Hofzeremoniell der Bourbonen hinweg und zerstört das Gleichmaß der Zeit; Napoleon allerdings kann seine Herrschaft auf der anderen Seite – auch das zeigt das Drama – nur noch durch die erwachende Bourgeoisie entfalten, die den Mythos des Imperators in Gestalt seines alten und neuen Minister Fouché „als strategisches Kalkül veranschlagt" (Lindemann/Zons 1985, 75). Der ‚große' Kaiser bleibt abhängig von sozialen Faktoren, denen Grabbe in Gestalt des gewalttätigen Volkes der Vorstädte im 3. Akt einen kurzen, aber spektakulären Auftritt als Erinnerungszeichen des zwanzig Jahre von der Bildfläche verschwundenen Gespensts der sozialen Revolution gewährt, bevor der Rückkehrer Napoleon vorübergehend die autoritäre ‚Ordnung' wieder herstellt. Vor allem ist Napoleons Zeit von vornherein begrenzt („Napoleon oder die *hundert Tage*"), ist der herbeigeträumte Kaiser wie das Volk der Vorstädte lediglich ein Wiedergänger, Revenant der vergangenen Zeit, die im Scheitern des Helden noch einmal (er-)fassbar wird. Der Titel relativiert so die Zentralperspektive auf das historische *Subjekt*. Er zitiert den Mythos des allmächtigen Herrschers und spannt ihn auf sein Ende hin. Auftritt und Abgang, die Rückkehr des heroischen Ausnahme-Helden aus dem geschichtlichen Exil und seine endgültige Niederlage auf dem Schlachtfeld von Belle Alliance sind in diesem Titel zusammengedacht, mit dem Ende der historischen Ära zugleich der (neue) Anfang der Restaurationszeit.

Napoleons Rückkehr konfrontiert die Mittelmäßigkeit dieser Zeit noch einmal mit der Idee geschichtlicher Größe, die sich im erfüllten Augenblick der Schlacht beweist. Als Zitat einer historischen Signatur – des im Augenblick der Tat für sich Geschichte schreibenden historischen Subjekts – ist der Wiedergänger bereits angefressen von der Tristesse des Neuen. Grabbe hat ihm so auch einen nur ambivalenten Abgang von der Bühne (der Geschichte) gewährt. Während in der Entscheidungsschlacht bei Waterloo die so genannte Granitkolonne des Kaisers sterbend für sich das Schlachtfeld der heroischen Geschichte behauptet, verlässt Napoleon den kurz zuvor noch beschworenen ‚Ehrenplatz' „an der Spitze meiner Garden" (Grabbe, HKA II, 454) und flieht mit seiner Entourage aus der Schlacht. Die Szene löst die Symmetrie des Führer-Gefolgschaftsprinzips auf: der Führer geht seiner Gefolgschaft verloren; umgekehrt folgt das Kollektiv dem Führer

"Napoleon oder die hundert Tage"

Historische ‚Größe' versus Mittelmäßigkeit der Gegenwart

nicht mehr (in die Flucht), sondern behauptet um den Preis des Todes die von diesem aufgegebene Größe. Im Unterschied zu Napoleon, den mit seiner Flucht letztlich die Mittelmäßigkeit der Verhältnisse einholt, über die er sich erhaben glaubte, verkörpert das sich aufopfernde soldatische Kollektiv der Granitkolonne noch einmal das Heroentum, das auf den imperialen Führer projiziert worden war. Dass sie einen in jeder Hinsicht sinnlosen, weil keinem militärischen Zweck mehr untergeordneten Tod stirbt, sprengt diesen aus der Zeit. Der heroisch streitende und sterbende Kampf-Körper ist nichts als ein irrationales Konstrukt. Das Sterben der verlassenen Soldaten bringt jenseits der pathetischen Formeln, in denen Grabbe ihn inszeniert, vor allem eins zum Ausdruck: das Wissen um die Überholtheit all der Ideologismen, welche dieses Konstrukt enthält (einschließlich der Weigerung, diese Überholtheit anzuerkennen).

Mit Napoleons Abgang scheint auch der Traum geschichtsmächtiger Subjektwerdung (oder einfach nur: Selbstbehauptung) gegen die Natur ausgeträumt. Auf die vom Helden der Geschichte verlassene Bühne kehrt am Ende das Gespenst des Zufalls zurück. Das letzte Wort gibt das Drama so dem siegreichen Feldherrn Blücher für eine Schlussansprache, die – angelegt als zaghafte Apotheose einer Fortschrittshoffnung – doch das Skandalon des individuellen Leidens an, durch und für die Geschichte in keinem geschichtsphilosophischen Heilsversprechen mehr aufheben kann. Das Konzept des ‚großen', alles und jeden überragenden titanischen Ausnahmesubjekts verschwindet damit hinter der Vorstellung eines über die Individuen hinwegschreitenden Geschichtsprozesses. Pragmatismus/Realpolitik tritt an die Stelle der Utopie. „Wird die Zukunft eurer würdig – Heil dann! – Wird sie es nicht, dann tröstet euch damit, daß eure Aufopferung eine bessere verdiente!" (Grabbe, HKA II, 459)

Mit der epischen Überformung des klassischen fünfaktigen Dramenaufbaus, den ausgedehnten Massenszenen, insbesondere vor allem auch mit seinen ausgeklügelten Schlachtchoreographien, die im Grunde genommen bereits filmische Mittel vorwegnehmen, betritt Grabbe in seinem „Napoleon"-Drama dramaturgisches Neuland im Dienst des Realismus (und nicht etwa im Dienst der Kriegsdarstellung auf dem Theater). Schall und Rauch verwandeln das Theater zum akustischen und optischen Schlachtfeld, zum sinnlichen Erfahrungsraum der Polyphonie des Krieges, womit Grabbe das symbolische Wesen der Kunst suspendiert (Wiemer 1997, 98). Zugleich arbeitet Grabbe, der anfangs selbst große Hoffnungen auf die Juli-Revolution als Fanal zum Ausbruch aus der Stagnation der restaurativen Verhältnisse gesetzt hatte, sich mit seinem Stück nicht nur am Mythos einer revolutionären Sinnstiftung ab, wie sie sich für nicht wenige seiner Zeitgenossen mit der Person Napoleons verband. Er schreibt sich mit seinem Stück einmal mehr auch aus dem geschichtsphilosophischen Kontext des deutschen Idealismus heraus, verweigert die ästhetische Ausformung einer stringenten Geschichtskonzeption und stellt Geschichte unter das Vorzeichen eines naturhaften Prozesses, innerhalb dessen Augenblicke scheinbar sinnhaft erfüllten (heroischen) Handelns zwar die Kreisbewegung der Geschichte an-, diese aber nicht in eine lineare Bewegungsrichtung austreiben.

Revolutionierung der Dramaturgie

Der ‚barocke' Schluss von Grabbes letztem Stück, „Die Hermanns-

Geschichte und Zufall

schlacht", der vermittels des ‚theatrum mundi'-Topos der Vorstellung Ausdruck verleiht, dass das Subjekt lediglich seine ihm zugemessene Rolle im Rahmen *gesetzter* Möglichkeiten erfüllen kann, den Rahmen dieser Möglichkeiten aber selbst nicht *zu setzen* in der Lage ist, verwandelt Geschichte in dieser Hinsicht konsequent zurück zum Schauplatz des Zufalls. Auf ihm hat nicht nur die Idee der Geschichte, sondern auch die personale Geschichtskonzeption der frühen Dramen ausgespielt: wo die ganze Welt lediglich ein Theater ist, erledigt sich das heroische Aufbegehren; der Versuch des sich autonom setzenden Ichs, sich zum Subjekt der Geschichte aufzuschwingen, gerinnt zur Pose. Als gespielte Figur in einem (ohnedies) mittelmäßigen Schauspiel aber wird das vermeintliche Subjekt der Geschichte wieder ganz Natur: todverfallener Körper.

Grabbe lässt an diesem Ende den (wie sein Reich als Geschichtsmacht) hinfälligen Augustus im Ton des Einverständnisses die Komödienhaftigkeit der menschlichen Existenz zum Ausdruck bringen (und ihn auf die Nachricht von der Vernichtung seiner Legionen im fernen Germanien hin die Perspektive auf den bevorstehenden Zeitenwechsel öffnen; Grabbe, HKA III, 377). Fern in Germanien verschwindet der Sieger über die Römer, Hermann, mit einem halb erstaunten, halb resignierten Kleistschen „Ach" (Grabbe, HKA III, 377) von der Bühne der Geschichte, als er mit seiner Vision der ‚großen' (geeinten) Nation politisch an der Trägheit und dem mangelnden historischen Weitblick der Massen scheitert; hier in Rom präsentiert sich der unterlegene (und sterbende) Kaiser der staunenden Öffentlichkeit (seiner Familie) als Schauspieler, der seine Rolle ausgespielt hat und nun abtreten muss von der Bühne der Geschichte, auf der andere die (göttliche) Komödie fortsetzen werden:

LIVIA Gemahl, wie ist dir?
AUGUSTUS Der nahe Tod streift die Welt von mir ab, als wäre sie mir mit ihren Sonnen und Sternen nur eine bunte Schlangenhaut. – Tiberius, steh auf. Ich bedaure dich. Dir, meinem Thronerben, wird ein furchtbares Los. Ich hatte viel Glück in meinem Leben, und konnte milde tun, weil alles noch in Gärung war, und ich nur nach Belieben zu mischen hatte. Nach meinem Tode werden alle niedergedrückten Patrizier und Optimaten sich erheben, und dir, den sie für einen Neuling ansehn werden, das junge Kaisertum streitig machen, um in den Wogen einer Republik ihre Vorteile zu erfischen. Halte mit dem Volk und dem Pöbel, nicht mit den Vornehmen und Reichen. Pöbel und Volk sind so gut von ihnen belästigt als wir Kaiser und bilden unsre sicherste Hülfe.
TIBERIUS Ich danke dir für deine Lehre. Ich will den hohen Häuptern schon auf den Kopf schlagen.
AUGUSTUS Klatscht in die Hände! Hab ich meine Rolle in allen Verhältnissen nicht gut gespielt? Livia, sei ruhig. Es tritt nur ein Schauspieler ab. (Grabbe, HKA III, 378f.)

Volk und Volksszenen

Weder hier noch an anderer Stelle seines Werkes öffnet Grabbe den Blick für ein Volk, das als kollektives geschichtsmächtiges Subjekt an die Stelle des aus der Zeit gefallenen singulären Helden-Subjekts tritt. Der Blick Grabbes auf das einfache Volk ist imprägniert vielmehr mit Verachtung. Das Scheitern der ‚großen' Figur geht nicht Hand in Hand mit einer Emanzipation des Volkes zur geschichtsbildenden Kraft, auch wenn Grabbe bei der Gestaltung von Volksszenen ohne Frage eine wichtige Vorreiterrolle gespielt hat. Das Volk füllt nicht die Lücke, die sich mit der Abdankung des alles überragenden titanischen Subjekts auftut; es bleibt die manipulierbare Masse, die jederzeit bereit ist, einem Führer zu folgen. Triebkraft der Geschichte im Sinne eines geschichtlich vorwärtsweisenden Prinzips ist dieses Volk allenfalls in der Kanalisierung seiner destruktiven und anarchischen Potenz durch den ‚großen' Einzelnen, der (wie Napoleon) das destruktive Potential des Volks benutzt, um daraus für sich Macht-Effekte zu erzielen. Der demagogische Volksverführer und Tribun Saturninus, der die Menge verachtet, die er für seine Zwecke zu instrumentalisieren sucht, bringt dies in „Marius und Sulla" auf den zynischen Nenner: „ihr seid eine Menge, aber (mit Erlaubnis!) von Nullen. Es muß ein Zähler vor euch gesetzt werden, so seid ihr Millionen durch einen Zauberschlag! [...] Ihr müßt blind gehorchen, so könnt ihr blind siegen!" (Grabbe, HKA I, 376)

Mit diesem Volk ist allenthalben im Wortsinn kein Staat zu machen (auch nicht im Übrigen mit den Kleinbürgern und Liberalen, in deren Fall sich das Destruktionspotential der Massen in Zweckrationalität verwandelt hat) – nicht hier und auch nicht im „Napoleon"-Drama, in dem ihm mit dem ‚Kopfabhacker' von Paris und Avignon, Jouve, seinerseits ein genialischer Einzelner vorangeht, der als Doppelgänger des Revolutionsbändigers Napoleon angelegt ist. Zwar wird das Volk in diesem Drama erstmals im Kontext einer Möglichkeit von Geschichte gedacht; eine wirklich revolutionäre Bedeutung erlangt es aber nicht (und verschwindet darum auch nach seinem erwähnten spektakulären Auftritt wieder sang- und klanglos in der Versenkung).

Die Verachtung der Masse, der Grabbe als solcher jedes kognitive Vermögen (und damit auch die Souveränität der volonté générale) abspricht, entzieht sein Werk ebenso der politischen Vereinnahmung wie sein immer wieder artikulierter Ekel vor dem Bourgeois, dem „Krämer" als der Inkarnation der bürgerlichen Moderne bei gleichzeitiger Parteinahme für die Funktion und Stellung des Fürsten. Grabbes Kritik an der Leere der Restaurationszeit artikuliert sich gerade in dieser widersprüchlichen Gleichzeitigkeit der Standpunkte: als Einspruch wider das Allgemeine. Mit Grabbe betritt so der „Ausgestoßene als Reaktionär" (und eben noch nicht als *Revolutionär*) die Bühne. Carl Wiemer hat darin den tieferen Sinn des von Grabbe gepflegten Prinzips „Einer gegen alle" gesehen: „Grabbe ist gegenüber gesellschaftlichen Fragen oder Problemen gleichgültig, weil er der Feind der ganzen Gesellschaft, nicht dieser oder jener ihrer Gruppen ist." (Wiemer 1997, 157)

Im Unterschied zu Grabbe, dem Verächter der Massen, begegnet in Gestalt Georg Büchners der Prototyp des intellektuellen Revolutionärs: einer der wusste, dass sich die soziale Frage wohl nicht ohne Gewalt würde lösen lassen und schon gar nicht durch eine Literaturrevolution. Aus Straßburg, wo er seit 1831 dem Wunsch des Vaters folgend Medizin studiert, schreibt er im April 1833 an die Familie in Darmstadt (Anlass sind die ihm übermittelten Berichte vom Scheitern des Frankfurter Wachensturms):

Büchner, der intellektuelle Revolutionär

Wenn in unserer Zeit etwas helfen soll, so ist es *Gewalt*. Wir wissen, was wir von unseren Fürsten zu erwarten haben. Alles, was sie bewilligten, wurde ihnen durch die Notwendigkeit abgezwungen. Und selbst das Bewilligte wurde uns hingeworfen, wie eine erbettelte Gnade und ein elendes Kinderspielzeug, um dem ewigen Maulaffen *Volk* seine zu eng geschnürte Wickelschnur vergessen zu machen. Es ist eine blecherne Flinte und ein hölzerner Säbel, womit nur ein Deutscher die Abgeschmacktheit begehen konnte, Soldatchens zu spielen. Unsere Landstände sind eine Satyre auf die gesunde Vernunft, wir können noch ein Säculum damit herumziehen, und wenn wir die Resultate dann zusammennehmen, so hat das Volk die schönen Reden seiner Vertreter noch immer teurer bezahlt als der römische Kaiser, der seinem Hofpoeten für zwei gebrochene Verse 20,000 Gulden geben ließ. Man wirft den jungen Leuten den Gebrauch der Gewalt vor. Sind wir denn aber nicht in einem ewigen Gewaltzustand? Weil wir im Kerker geboren und großgezogen sind, merken wir nicht mehr, daß wir im Loch stecken mit angeschmiedeten Händen und Füßen und einem Knebel im Munde. Was nennt ihr denn *gesetzlichen Zustand?* Ein Gesetz, das die große Masse der Staatsbürger zum fronenden Vieh macht, um die unnatürlichen Bedürfnisse einer unbedeutenden und verdorbenen Minderzahl zu befriedigen? Und dies Gesetz, unterstützt durch eine rohe Militärgewalt und durch die dumme Pfiffigkeit seiner Agenten, dies Gesetz ist eine *ewige, rohe Gewalt*, angetan dem *Recht* und der *gesunden Vernunft*, und ich werde mit *Mund* und *Hand* dagegen kämpfen, wo ich kann. Wenn ich an dem, was geschehen, keinen Teil genommen und an dem, was vielleicht geschieht, *keinen Teil* nehmen werde, so geschieht es weder aus Mißbilligung noch aus Furcht, sondern nur weil ich im gegenwärtigen Zeitpunkt jede revolutionäre Bewegung als eine vergebliche Unternehmung betrachte und nicht die Verblendung Derer teile, welche in den Deutschen ein zum Kampf für sein Recht bereites Volk sehen. Diese tolle Meinung führte die Frankfurter Vorfälle herbei, und der Irrtum büßte sich schwer. Irren ist übrigens keine Sünde, und die deutsche Indifferenz ist wirklich von der Art, daß sie alle Berechnung zu Schanden macht. (Büchner II, 366f., Brief vom 5. April 1833)

Die Deutlichkeit, mit der Büchner hier das Widerstandsrecht gegen despotische Staatsgewalt im Sinne des Notwehrrechts auslegt und sich zum politischen Kampf „mit Mund *und Hand*" bekennt, überrascht. Weniger überraschend (weil realistisch) dagegen ist seine Einschätzung über den Entwicklungsstand der politischen Kultur in Deutschland. Insbesondere den Versuch des Jungen Deutschland, die gesellschaftlichen Verhältnisse von der Seite einer „literarischen Revolution" her ausheblen zu wollen, hat er in dieser Hinsicht so auch als illusorisch bezeichnet („Nur ein völliges Mißkennen unserer gesellschaftlichen Verhältnisse konnte die Leute glauben machen, daß durch die Tagesliteratur eine völlige Umgestaltung unserer religiösen und gesellschaftlichen Ideen möglich sei." – Büchner II, 423, an die Eltern, 1. Januar 1836) An Karl Gutzkow, den er gleichwohl um Vermittlung bei der Veröffentlichung seines ersten Theaterstücks „Dantons Tod" gebeten hatte, schreibt er 1835: „das Verhältnis zwischen Armen und Reichen ist das einzige revolutionäre Element in der Welt, der Hunger allein kann die Freiheitsgöttin und nur ein Moses, der uns die sieben ägyptischen Plagen auf den Hals schickte, könnte ein Messias werden. Mästen Sie die Bauern, und die Revolution bekommt die Apoplexie. Ein *Huhn* im Topf jedes Bauern macht den gallischen *Hahn* verenden." (Büchner II, 400, nach dem 19. März 1835)

Sozialrevolutionäre Agitation

In der Konsequenz dieser Einsicht steht der Übertritt Büchners von der politischen Reflexion zur sozialrevolutionären Agitation, den er 1834 nach seiner Rückkehr ins Großherzogtum Hessen mit der Gründung einer Sektion der „Gesellschaft der Menschenrechte" einmal an seinem neuen Studienort Gießen (Mitte März) und noch einmal in Darmstadt (Mitte April) auch nach außen hin vollzieht. Büchner orientiert sich dabei an dem Vorbild der Straßburger „Société des Droits de l'Homme et du Citoyen", die das Ziel einer Verbindung von politischer *und* sozialer Revolution verfolgte. Bereits der knapp zweijährige Studienaufenthalt in Straßburg hatte Büchners Blick für die Zustände in seiner deutschen Heimat geschärft. Straßburg war in den dreißiger Jahren ein Zentrum politischer Aktivitäten, ein Umschlagplatz politischer Ideen, beliebter Zufluchtsort zudem deutscher Emigranten, Ausgangspunkt zugleich einer regen Publizistik. Hier war der Student Büchner in Kontakt gekommen mit den unterschiedlichen Strömungen und Gruppierungen der republikanischen Bewegung. Zurückgekehrt nach Hessen, um dort, den Landesgesetzen folgend, sein Studium an einer Heimatuniversität abzuschließen, vertieft Büchner sich zunächst in philosophische Studien, beschäftigt sich eingehend mit der Französischen Revolution und der Frage des Fortschritts in der Geschichte. An die in Straßburg zurückgelassene Braut Wilhelmine Jaeglé schreibt er zwischen dem 10. und 20. Januar 1834 (Datierung nach Hauschild 1989):

> Ich studierte die Geschichte der Revolution. Ich fühlte mich wie zernichtet unter dem gräßlichen Fatalismus der Geschichte. Ich finde in der Menschennatur eine entsetzliche Gleichheit, in den menschlichen Verhältnissen eine unabwendbare Gewalt, Allen und Keinem verliehen. Der Einzelne nur Schaum auf der Welle, die Größe ein bloßer Zufall, die Herrschaft des Genies ein Puppenspiel, ein lächerliches Ringen gegen ein ehernes Gesetz, es zu erkennen das Höchste, es zu beherrschen unmöglich. Es fällt mir nicht mehr ein, vor den Paradegäulen und Eckstehern der Geschichte mich zu bücken. Ich gewöhnte mein Auge ans Blut. Aber ich bin kein Guillotinenmesser. (Büchner II, 377, zwischen dem 10. und 20. Januar 1834)

Um die Jahreswende 1833/34 lernt Büchner den Butzbacher Rektor Friedrich Ludwig Weidig, einen der führenden Männer der oberhessischen Oppositionsbewegung, kennen, mit dem er die Abfassung einer Flugschrift („Der hessische Landbote") vereinbart, zu der Weidig Büchner das statistische Quellenmaterial liefert. „Der Hessische Landbote", zu dem Büchner Ende März 1834 eine von Weidig dann erheblich umgearbeitete (und publizierte) Entwurfsfassung vorgelegt hat, dokumentiert, ausgehend von dem öffentlich zugänglichen Material zum hessischen Staatshaushalt, die fiskalische Ausbeutung der hessischen Bevölkerung und artikuliert von hier aus die Notwendigkeit einer umfassenden sozialen Revolution.

„Der hessische Landbote"

Ganz offenkundig bestand hinsichtlich der agitatorischen Verwendung des statistischen Materials als solcher Einigkeit zwischen Büchner und Weidig. Nicht jedoch über die aus der solcherart belegten sozialen Problematik zu ziehenden Schlussfolgerungen. Weidig hat Büchners Entwurf durch seine Überarbeitung so nicht allein viel von seiner Eindeutigkeit genommen; er hat wohl auch ganze Passagen gestrichen und ergänzt, einzelne Äußerungen und Sätze modifiziert sowie einen Vorbericht und den Schluss hinzugefügt. Insbesondere hat er, da er den Widerstand auf eine möglichst breite politische Basis stellen wollte, Büchners Attacken gegen die liberale Partei abgeändert und den im Antagonismus ‚Reich versus Arm' konkretisierten materiellen Klassengegensatz, mit anderen Worten: die

„klassendifferenzierende Stoßrichtung" (Knapp 2000, 71) von Büchners Entwurf durch die Auswechslung der Begriffe ,Reiche' durch ,Vornehme' (was nun einen sozial-ständischen Klassengegensatz suggeriert) in seiner sozialrevolutionären Tragweite wieder entschärft.

Der Gegensatz zwischen den Besitzenden und Besitzlosen bildet immerhin noch innerhalb der ersten Hälfte der Flugschrift den Hebel für die Propagierung des sozialen Umsturzes, den Weidigs Textredaktion wiederum von der Bibel aus legitimiert, indem sie die Ungleichheit von der Schöpfungsgeschichte her erläutert. Die Flugschrift konfrontiert so die privilegierte Minderheit der ,Vornehmen' unmittelbar mit der entrechteten und ausgebeuteten Majorität, deren zahlenmäßige Überlegenheit und Stärke durch den statistischen Vergleich unmittelbar evoziert wird. Während sich Büchners Volksbegriff aber auf den vierten Stand bezogen hatte, dürfte Weidig – so das Ergebnis der hier im Einzelnen nicht zu beschreibenden textkritischen Untersuchungen zu Büchners und Weidigs Flugschrift – wohl den dritten Stand im Auge gehabt haben. Hauschilds Einschätzung zufolge beabsichtigte Weidig so lediglich durch das Landvolk politische Effekte zur Durchsetzung einer republikanischen Verfassung zu erzielen, während Büchner mit seiner Agitation das Ziel einer umfassenden politisch-sozialen Revolution vor Augen hatte. (Hauschild 1993, 312) Das deckt sich mit der Ansicht Thomas Michael Mayers, wonach Weidig, aller Bereitschaft zur Gewalt im Hinblick auf die Herbeiführung einer gerechten gesellschaftlichen Ordnung zum Trotz, nie über seine bereits 1819 entwickelten „kleinbürgerlich-antikapitalistische[n] Vorstellungen einer ausgleichenden Ständeharmonie" hinausgelangt sei, während Büchners Argumentation die egalitäre Güterverteilung anvisierte. (Mayer 1987, 176f.)

Verschiedenartige Volksbegriffe

Als sich die auf die Verteilung des Flugblattes gesetzen Hoffnungen zur Politisierung der hessischen Landbevölkerung zerschlagen (das Unternehmen wird denunziert, Teile der Druckauflage des „Landboten" gelangen in die Hände der Behörden, deren Zugriff sich Büchner, anders als die meisten seiner Mitstreiter, nur durch sein beherztes Auftreten gegenüber dem Universitätsrichter zumindest vorübergehend entziehen kann), wechselt Büchner die Ebenen seines politischen Engagements: von der konspirativen Publizistik zur Literatur. Die Krise, in die sich der *Politiker* Büchner durch die Aufdeckung der „Landboten"-Aktion gestürzt sieht, wird zur Geburtsstunde des *Dramatikers* Büchner.

Wechsel des Aktionsfeldes

„Dantons Tod" (UA 1902, Berlin), fertiggestellt in nur wenigen Wochen im Spätjahr 1834 in Darmstadt (Büchner II, 447), ist das erste Ergebnis dieser Krise, ein literarischer Paukenschlag, geschrieben unter dem Damoklesschwert der drohenden Verhaftung. Anders als der „Hessische Landbote" ist dieses Drama kein Stück Agitationsliteratur zur Mobilisierung, Bestärkung oder Ermutigung einer sozialen Bewegung, sondern die in künstlerische Formen übersetzte Selbstverständigung eines Intellektuellen, mit der Büchner die Lehren aus einer enttäuschenden Geschichte zu ziehen bemüht ist. „Dantons Tod" ist ein Stück vor allem, das in der wechselseitigen Verspiegelung der Ereignisse des Jahres 1794 in Frankreich und der Situation des Jahres 1834 in Deutschland rigoros mit allen revolutionären Illusionen bricht, wofür gerade auch spricht, dass Büchner die Perspektive

„Dantons Tod"

allein auf die Auseinandersetzung innerhalb des Lagers der Revolutionsbefürworter konzentriert, während Revolutionsgegner so gut wie keine Rolle spielen: Es geht um interne Probleme, es geht um eine Fehleranalyse, um eine Kritik am Weg und den Mitteln der Revolution, für die der historische Konflikt zwischen Robespierre und Danton den Rahmen und das Anschauungsmaterial liefert. Zugleich damit ist „Dantons Tod" Exempel auch einer von Büchner erprobten neuen „Ästhetik des Widerspruchs" (Knapp 2000, 25), die begründet ist in einer Antithetik zu den Quellen und Vorlagen, zu dem Wirklichkeitsmaterial mithin, aus denen Büchner sein dramatisches Werk schöpft und mit eigenen Erfindungen zu einem neuen Typus des Geschichtsdramas collagiert, das zwar nach außen die traditionelle Aktstruktur beibehält, unterhalb dieser Oberfläche in entscheidender Weise aber das Struktur- und Entwicklungsmodell des klassischen Dramas durch die Orientierung des Geschehens allein am Verlauf des historischen Geschehens suspendiert. Dass sich in Büchners Drama zwei ästhetische Wahrnehmungsmuster (die Weltgeschichte als Tragödie und als Narrenspiel) überschneiden, gehört ebenso zu dieser „Ästhetik des Widerspruchs" wie das Nebeneinander von Komischem und Tragischem oder – auf anderer Ebene – das unaufgelöste Nebeneinander zweier Geschichtskonzeptionen: Geschichte als naturwüchsiger Prozess auf der einen und Geschichte als interaktiver Entscheidungs- und Handlungsprozess (Müller 1988, 81) auf der anderen Seite.

„Ästhetik des Widerspruchs"

Vor allem Adolphe Thiers zehnbändige „Histoire de la Révolution française" (1823–1827) und die sechsunddreißigbändige Kompilation „Unsere Zeit, oder geschichtliche Uebersicht der merkwürdigsten Ereignisse von 1789–1830" (1826–1830) haben Büchner als Quellen für sein Stück über das Sterben der Revolutionäre (der Revolution) gedient, das die Auseinandersetzung zwischen den beiden Revolutionsführern Danton und Robespierre in der Phase des Niedergangs der Jakobinerherrschaft auf die wenigen Tage zwischen der Liquidierung der ultraradikalen Hébertisten am 24. März 1794 und der Hinrichtung Dantons am folgenden 5. April zusammendrängt. Geschichte, in Büchners Drama stets konnotiert mit Gewalt, derem Diktat alle handelnden Personen gleichermaßen unterworfen sind, erscheint in „Dantons Tod" als begrifflich nicht auflösbare Verklammerung von subjektiven Möglichkeiten und ihrer Verweigerung. Unversöhnlich stoßen in „Dantons Tod" die Positionen innerhalb des Lagers der bürgerlichen Revolution(äre) aufeinander: zum einen der Libertinismus (oder besser: Hedonismus) des ‚Aussteigers' Danton, dessen Energie sich erschöpft hat, der sich müde gekämpft hat in den Blutbädern der Revolution und der die Politik nicht mehr ertragen kann, die ihn in Gestalt ihrer Opfer (die auch *seine* Opfer sind) in seinen Alpträumen heimsucht; zum anderen der schwärmerische Totalitarismus eines Robespierre, der über seinen asketischen Tugendrigorismus das Ziel der Revolution an die Mittel zu seiner Durchsetzung verliert.

Der erste Blick freilich täuscht; eine Gegensatzbildung entlang des asketisch verbrämten und mit dem Gemeinwohl legitimierten Brutalismus der Partei Robespierres auf der einen und der vom Ekel über den Blutzoll der Revolution getragenen Selbstdispensierung der Dantonisten aus der Ge-

Die unvollendete Revolution

schichte auf der anderen Seite geht an der Wirklichkeit der Konfliktmodellierung vorbei, die mehr bietet als eine auf das tödliche Ende der Titelfigur hin gespannte Engführung zweier gegensätzlicher Prinzipien. Mehr vor allem auch als eine einseitige Parteinahme für die Position Dantons, der in der älteren Büchnerforschung gelegentlich zum Sprachrohr seines Autors erklärt wurde. Zu präzise skizziert Büchner den Subjektivismus des Melancholikers Danton als elegischen Hedonismus, der um seine eigene Unvollkommenheit weiß, als dass sich von hier aus ein praktizierbares Gegenmodell zu dem Robespierre'schen Tugendkonzept böte, das die Dialektik von Freiheit und Notwendigkeit im Blut erstickt.

Auf der anderen Seite verhilft die Figur Danton genauso wenig allein einem geschichtsabgewandten Hedonismus zur Bühnenpräsenz wie Robespierre dem Rigorismus eines kalten, leibfeindlichen geschichtlichen Opferhandelns. So wie Danton mit dem Programm der individuellen Selbstentfaltung in den Grenzen des allgemeinen Sittengesetzes den angestammten Rechten des Körpers (Glück, Genuss) zur Sprache verhilft (und durch deren Vereinseitigung die soziale Revolution verrät), so verhärtet sich Robespierres – immerhin vom Ziel der Durchsetzung allgemeiner Menschenrechte her begründeter – Tugendrigorismus zu Selbstgerechtigkeit und Menschenverachtung (womit er seinerseits die humanen Ziele der Revolution verrät). Im Übrigen erkennen weder Danton und seine Anhänger noch Robespierre und sein Lager, von ganz wenigen Ausnahmen (Lacroix) abgesehen, ihre jeweils eigenen Beschränktheiten, ändert doch weder das Handeln der einen noch der anderen etwas am Hunger als dem drängendsten Problem der Zeit. Während die Dantonisten in letzter Konsequenz über das materielle Elend hinwegsehen, speisen die Robespierristen das hungernde Volk buchstäblich mit Ideologie ab. Wo die einen, Danton und seine Anhänger, die Idee dem Leben (oder dem, was sie dafür halten) zum Opfer bringen, opfern die anderen, Robespierre und seine Anhänger, der Idee das Leben (in erster Linie einmal dasjenige der anderen). Gemeinsam allerdings bilden die verfeindeten ,Brüder' Danton und Robespierre eine dialektische Einheit, in der sich die Extreme gegenseitig aufzuheben in der Lage wären. Durch die Trennung der verabsolutierten Standpunkte verbildlicht Büchner die Aporien der Revolution, den fortdauernden Krieg (und eben nicht, wovon Heine träumte, den Frieden) „zwischen Leib und Seele" (vgl. Kap. IV, 2).

Diese Konzeption verabschiedet nun nicht etwa nihilistisch das Projekt der Revolution als solches, sondern kritisiert vielmehr mit der Beschreibung der stecken gebliebenen bürgerlichen Revolution die in den dreißiger Jahren des 19. Jahrhunderts wieder verstärkte Projektion säkularisierter Heilserwartungen auf die Französische Revolution und damit zugleich das aufklärerische Fortschrittskonzept des Bürgertums (vgl. Eke 1997). Gegensatzbild der bürgerlichen Revolutionsprojektion, die Gleichheit nur im negativen Rahmen einer juristisch verbrämten Gewalt (Gleichheit vor der Guillotine) geschaffen hat, bleibt für Büchner so die allgemeine und soziale Revolution, für deren Durchsetzung die historischen Bedingungen noch nicht hinreichend entwickelt waren. So taugt auch bei ihm das Volk in dieser Hinsicht nicht zur Projektionsfläche eines revolutionär codierten

Erlösungsdenkens. Die Erkenntnis der eigenen Misere führt in seinem Falle nicht über eine anarchische Gegengewalt hinaus zur politischen Praxis im eigentlichen Sinne.

Das Manuskript des Dramas hat Büchner noch am 21. Februar an den Verleger J. D. Sauerländer und an Karl Gutzkow schicken können, bevor er sich durch die Flucht nach Straßburg vor der bevorstehenden Verhaftung in Sicherheit zu bringen gezwungen sah. Es stellt insofern eine Ausnahme dar im Werk Büchners, das weitestgehend auf ungesicherten Textgrundlagen beruht. Für eine Redigierung des Manuskripts, die Gutzkow aus zensurtaktischen Gründen für unerlässlich halten musste, stand allerdings auch der von nun an wegen des Verdachts der „Theilnahme an staatsverräterischen Handlungen" steckbrieflich gesuchte Büchner nicht mehr zur Verfügung. Die gereinigte Fassung von „Dantons Tod", die als Fortsetzungsdruck im „Phönix" vom 26. März bis 7. April 1836 erschien, und die im Herbst des gleichen Jahres dann erscheinende Buchausgabe – sie trug zur Verwirrung der Zensur den ein Historiendrama signalisierenden Untertitel „Dramatische Bilder aus Frankreichs Schreckensherrschaft" – hat Gutzkow allerdings selbst nur noch als „Ruine einer Verwüstung" verstanden. Bündig urteilt er im Rückblick (auch über seine eigene Arbeit): „Der *ächte Danton* von Büchner ist *nicht* erschienen." (Gutzkow, Schriften 1998, 1142)

Textgeschichte

Büchner blieb nach diesem nüchternen Blick in den Maschinenraum der Geschichte nicht mehr viel Zeit bis zu seinem frühen Tod in Zürich am 5. November 1837. Die in Straßburg und Zürich entstandene literarische Ausbeute seiner letzten Monate ist schmal, und doch entsteht in dieser kurzen Zeit, in der Büchner einen Großteil seiner Energien daran setzen musste, seine berufliche Existenz zu sichern, begleitend zum Abschluss des Studiums, der Promotion und der Vorbereitung seiner Probevorlesung für die erhoffte Universitätskarriere in Zürich eines der bedeutendsten Werke des 19. Jahrhunderts: die Novelle „Lenz" (ED 1839), die, was die Überschreitung der Grenzen von der Ästhetik zur Pathologie und vom Idealismus zum Realismus angeht, wegweisende „Fallstudie eines künstlerischen, psychischen und damit auch sozialen Grenzgängers" (Hauschild 1993, 499); das anlässlich einer Preis-Ausschreibung der Cotta'schen Buchhandlung entstandene, allerdings verspätet eingesendete Lustspiel „Leonce und Lena" (UA 1895, München), vordergründig nicht mehr als eine Satire auf das verkrustete Hofleben in den deutschen Kleinstaaten, darüber hinaus aber eine subversive Generalabrechnung mit den Verhältnissen der Zeit; außerdem noch das (Fragment gebliebene) Drama „Woyzeck" (UA 1913, München), die vermutlich erste proletarische Tragödie (zumindest die erste Tragödie mit einer proletarischen Hauptfigur), die mit dem nüchternen Realismus ihrer Darstellung des Volkslebens und der Auflösung der Literatursprachlichkeit der Dramenfigur dramatisches Neuland betritt. „Woyzeck" (der Titel des lediglich in verschiedenen Entwurfsstufen überlieferten Dramas geht auf den Büchner-Editor Karl Emil Franzos zurück, nicht auf Büchner selbst) ist die Probe aufs Exempel eines in der Novelle „Lenz" der Titelfigur in den Mund gelegten ästhetischen Programms. (Hauschild 1993, S. 547) „Man versuche es einmal", so Büchners Dichterfigur, „und senke sich in das Leben des Geringsten und gebe es wieder, in den Zuckungen,

Literarische Ausbeute der letzten Lebensmonate

den Andeutungen, dem ganzen feinen, kaum bemerkten Mienenspiel [...] Man muß die Menschheit lieben, um in das eigentümliche Wesen jedes einzudringen, es darf einem keiner zu gering, keiner zu häßlich sein, erst dann kann man sie verstehen" (Büchner II, S. 234 f.).

„Woyzeck"

Thema des Dramas ist die ‚Not der Welt', die er in einem Neujahrsbrief an die Eltern 1836 in bitteren Worten beschwört: „Ich komme vom Christkindelsmarkt, überall Haufen zerlumpter, frierender Kinder, die mit aufgerissenen Augen und traurigen Gesichtern vor den Herrlichkeiten aus Wasser und Mehl, Dreck und Goldpapier standen. Der Gedanke, daß für die meisten Menschen auch die armseligsten Genüsse und Freuden unerreichbare Kostbarkeiten sind, machte mich sehr bitter." (Büchner II, 423; Brief vom 1. Januar 1836) Wiederum greift Büchner in „Woyzeck" auf einen authentischen Fall zurück: auf die Bluttat des 1824 öffentlich hingerichteten arbeitslosen Perückenmachers und ehemaligen Soldaten Johann Christian Woyzeck an seiner Geliebten Johanna Christiana Woost und die ihr folgende kriminalistisch medizinische Falldiskussion (Büchner II, 714 ff.). Büchners Hauptfigur, der Infanteriesoldat Franz Woyzeck, ist einer der „Geringsten", deren Schicksal im Drama bis dahin weitgehend hinter dem Geschick der ‚Großen' verborgen geblieben war. Drückende Armut und körperliche Ausbeutung sind die Existenzbedingungen Woyzecks. Woyzeck ruiniert sich (das Leben), um sich das Leben zu erhalten. Neben seinen militärischen Pflichten und Nebenbeschäftigungen, unter anderem als Bursche seines Hauptmanns, verdingt der von Halluzinationen und Fieberphantasien gehetzte ‚gemeine' Soldat sich zu medizinischen Forschungszwecken, nur um seine Geliebte Marie und das gemeinsame Kind zu ernähren; zu einer Heirat reicht es nicht, da er das für eine Eheschließung notwendige Vermögen nicht aufbringen kann. Was den in das System einer militärischen ‚Leibeigenschaft' eingepressten, von der lauernden Jovialität seines Hauptmanns gedemütigten und dem menschenverachtenden Zynismus des ihn als Versuchskaninchen missbrauchenden Doktors physisch zugrunde gerichteten Woyzeck schließlich endgültig zerstört, ist die Untreue Maries, die den Verführungskünsten eines eitlen Tambourmajors erliegt. Woyzeck verliert das Bewusstsein, sprich die Kontrolle, und ersticht die Geliebte.

Kriminalität und soziale Not

Durch die Figuren des Hauptmanns und des Doktors zeigt Büchner die Wurzeln des Kriminalfalls in einem sozialen Verbrechen. Beide fungieren innerhalb des Fragments als Repräsentanten der staatstragenden Institutionen und als Agenten einer auf Gewalt aufgebauten Gesellschaft: hier das Militär, das den einfachen Soldaten abrichtet wie ein Tier; dort die Wissenschaft, die den Armen nur als Objekt wissenschaftlicher Erkenntnis betrachtet und ihn so gleichermaßen in seinem Menschsein negiert. Nüchtern seziert Büchner in den Figurenkonstellationen Hauptmann – Woyzeck bzw. Doktor – Woyzeck, sowie in der Dreieckskonstellation Woyzeck – Marie – Tambourmajor von hier aus das System sozialer Abhängigkeits- und Gewaltverhältnisse ebenso wie die psychosozialen Voraussetzungen der Tat; zugleich diskutiert er am Beispielfall des systematisch von den verschiedenen gesellschaftlichen Instanzen zugrunde gerichteten Paupers Woyzeck den Grundkonflikt zwischen Freiheit und

Notwendigkeit bzw. individuellem Freiheitsanspruch und gesellschaftlichen Determinationen.

Büchners „Woyzeck"-Entwürfe (von einem ‚Stück' im eigentlichen Sinne zu sprechen, verbietet sich aufgrund des schlechten Zustands der Manuskripte) sind, gemessen an der Realität der Theaterverhältnisse im Vormärz, ‚unerhört' – nicht allein, was ihren Inhalt, die Geschichte eines am Rand der Gesellschaft vegetierenden Mörders, und den kalten Blick auf eine mitleidlose Welt ohne Ausblick auf Versöhnung betrifft. „Woyzek" bedeutet für das 19. Jahrhundert eine Geschmacksverletzung vor allem auch was seine Form betrifft: hinsichtlich der Abfolge kurzer, abgerissen und gedrängt wirkender Szenen, hinsichtlich der Übersteigerung der Realität ins Sur-Reale grotesker Überbietungen, hinsichtlich der Typisierung von Figuren des ‚höheren' Standes, nicht zuletzt hinsichtlich der Verknappungen der aus dem Alltag geschöpften, ungeschminkt realistischen Sprache bzw. des sprachlichen Ausdrucks. Dass diese folgenreichen Innovationen in der Grundentscheidung für die Mittelpunktsfigur des ‚Geringen' begründet liegen, hat die Büchner-Forschung ohne Abstriche anerkannt: „Woyzeck steht von Anfang an tief unten, ein an sich undramatischer ‚Held' ohne die mindeste statusgegebene ‚tragische Fallhöhe', derer die Katharsis auslösende Wirkung bedarf. Für ihn, den ‚underdog', mußte die Tragödie, das Drama überhaupt, erst neu erfunden werden." (Poschmann; Büchner II, 740)

Ästhetische Geschmacksverletzungen

5. Gleichzeitigkeiten, Ab- und Aufbrüche: Literatur zwischen Ästhetizität und Operativität. Die Literatur der vierziger Jahre

Der sich in der Begeisterung der bürgerlichen Intellektuellen für die Julirevolution von 1830 ankündigende neue Politisierungsschub schlägt in den vierziger Jahren mit Macht auf die Literatur durch, die sich im Überblick betrachtet als Spiegelbild einer sich verbreiternden Ausdifferenzierung der oppositionellen Strömungen präsentiert. Gemäßigte Liberale, Junghegelianer, Radikaldemokraten, ‚wahre' Sozialisten und Kommunisten kämpfen – zum Teil aus der Illegalität heraus – nicht allein in politischen, theoretischen Schriften, Pamphleten und Flugblättern, deren Stunde insbesondere in der Phase der Revolution schlagen wird, um die Meinungsführerschaft. Das im Zuge der Rheinkrise von 1840 wieder aufflammende Nationalbewusstsein und die mit der fortschreitenden Industrialisierung sich verschärfenden sozialen Widersprüche (Pauperisierung, Herausbildung einer organisierten Arbeiterbewegung) werden zu mächtigen Triebfedern zumal auch der neuen politisch-agitatorischen Lyrik des späten Vormärz (u. a. August Heinrich Hoffmann von Fallersleben, Georg Herwegh, Ferdinand Freiligrath, Franz Dingelstedt, Friedrich von Sallet), die soziales Engagement, revolutionäres Pathos und Kampfbereitschaft mit eingängigen Formen verbindet und damit ein zuletzt in den Freiheitskriegen bewährtes Medium der politischen Meinungsbildung zum Mittel einer in dieser Schärfe bis dahin nicht gekannten Systemkritik nach ‚innen' weiterentwickelt.

Politisierung der Literatur

Partei zu ergreifen, Identifikationsmöglichkeiten zu schaffen und mittels der Literatur bestimmte politische Einsichten, Effekte und Verhaltensweisen unmittelbar hervorzurufen, wurde zur Grundforderung an die Literatur angesichts einer zunehmenden Verschärfung der politischen und sozialen Widersprüche, zu der Friedrich Wilhelm IV. (seit 1840 König von Preußen) mit seiner, gemessen an den in ihn gesetzten Erwartungen enttäuschenden, Politik in nicht unerheblichem Maße beitrug. Nichts anderes besagt der Begriff der ‚Tendenz', der in den vierziger Jahren schnell zum Schlagwort avancierte, als dass die Literatur „der Politik unter die Arme greifen" müsse, wie Herwegh 1839 in der „Deutschen Volkshalle" schreibt: „Hat die Politik die Aufgabe, den Bürger zu emanzipieren, so übernimmt die Literatur das vielleicht nicht minder schöne Amt, den *Menschen* in uns frei zu machen." (Herwegh 1977, 292)

Parteilichkeit oder Überparteilichkeit?

Unter dieser Prämisse gewinnt der Widerspruch zwischen Politischem und Ästhetischem, also zwischen der Indienstnahme der Literatur für außer ihr liegende Zwecke und der Freiheit der Kunst, der in den frühen dreißiger Jahren das Zerwürfnis zwischen Börne und Heine begründet (vgl. dazu Kapitel IV,2), an Schärfe. Die grundsätzlichen Positionen in diesem Streit lassen sich an den Auseinandersetzungen um Ferdinand Freiligraths Gedicht „Aus Spanien" (Erstdruck: Morgenblatt für gebildete Stände, Nr. 286/November 1841) ablesen. Gleichsam als Nachtrag zur zurückliegenden Kunstperiode hatte Ferdinand Freiligrath in diesem Gedicht mit den programmatischen Versen „Der Dichter steht auf einer höhern Warte,/Als auf den Zinnen der Partei" (Freiligrath 1844, 9) noch einmal die Überparteilichkeit und Freiheit des Dichters reklamiert und damit eine Rechtfertigung dafür geliefert, dass er in seinem Gedicht den Tod ausgerechnet eines Parteigängers der Reaktion verklärt, nämlich des Putschisten Diego Leon, der in den bürgerkriegsähnlichen Auseinandersetzungen in Spanien nach Napoleons Rückzug den Kampf gegen ein liberales Reformkabinett angeführt hatte und deswegen hingerichtet worden war. Dass in Freiligraths Gedicht politische Zusammenhänge hinter der Darstellung eines ‚schönen' Todes zurücktreten (Diego Leon hatte das Todesurteil aufrecht über sich ergehen lassen) und Freiligrath diese durch den leitmotivisch wiederholten Vergil-Vers „Exoriare aliquis nostris ex ossibus ultor" (Erheb dich, Rächer, wer immer du bist, aus unserer Asche) noch unterstrichene politisch fragwürdige Betrachtungsweise mit dem höheren Standpunkt der Dichtung legitimierte, löste einen wahren Sturm der Entrüstung aus, zumal Freiligrath alles andere als ein Freund der Restauration war und in der literarischen Öffentlichkeit auch nicht als solcher wahrgenommen wurde. Bereits im Februar 1842, wenige Wochen also nach der Veröffentlichung von Freiligraths Gedicht, publiziert Georg Herwegh zunächst in den „Sächsischen Vaterlandsblättern" (1. 2. 1842), dann in den „Deutschen Jahrbüchern" (26. 2.) und der „Rheinischen Zeitung" (27. 2.) das Gedicht „Die Partei", das mit einem Zitat der programmatischen Selbsterklärung Freiligraths beginnt. Entschieden wendet Herwegh sich in diesem Gedicht gegen Freiligraths Postulat der Überparteilichkeit und fordert statt der subjektiven Selbstverwirklichung des Einzelnen, und sei es die des einzelnen Autors, Parteinahme und einen klaren Standpunkt als einzig mögliche Haltungen des Dichters in den Zeiten des Parteienkampfes. Zahlreiche andere Autoren, wie Robert Blum, der 1843 im „Vorwärts" seine Verachtung gegenüber jenen „altklugen, anmaßenden Knabengreise[n]" zum Ausdruck brachte, die über den Parteien stehen wollten, oder Gottfried Keller, der bündig reimte „Wer über den Partei'n sich wähnt mit stolzen Mienen, / Der steht beträchtlich unter ihnen" (Hermand 1967, 366), folgten der von Herwegh vorgezeichneten Bahn der Kritik, die im Übrigen noch dem vormodernen Partei-Begriff verpflichtet ist, unter ‚Partei' also nicht etwa eine organisatorische politische Einheit mit fester Programmatik, sondern eine Gesinnungsgefolgschaft versteht. Herweghs Gedicht selbst lautet vollständig:

Die Partei
An Ferdinand Freiligrath.

Die ihr gehört – frei hab ich sie verkündigt:
Ob jedem recht: – schiert ein Poet sich drum?
Seit Priams Tagen, weiß er, wird gesündigt
In Ilium und außer Ilium.
Er beugt sein Knie dem Helden Bonaparte,
Und hört mit Zürnen d'Enghiens Todesschrei:
Der Dichter steht auf einer höhern Warte
Als auf den Zinnen der Partei.
(*Ferdinand Freiligrath*)
(Siehe dessen Gedicht auf den Tod von Diego Leon,
„Morgenblatt", Nr. 286, Jahrgang 1841)

Du drückst den Kranz auf eines Mannes Stirne,
Der wie ein Schächer jüngst sein Blut vergoß,
Indessen hier die königliche Dirne
Die Sündenhefe ihrer Lust genoß;
Ich will ihm den Zypressenkranz gewähren,
Düngt auch sein Blut die Saat der Tyrannei –
Für *ihn* den milden Regen deiner Zähren!
Doch gegen *sie* die Blitze der Partei!

Partei! Partei! Wer sollte sie nicht nehmen,
Die noch die Mutter aller Siege war!
Wie mag ein Dichter solch ein Wort verfemen,
Ein Wort, das alles Herrliche gebar?
Nur offen wie ein Mann: Für oder wider?
Und die Parole: Sklave oder frei?
Selbst Götter stiegen vom Olymp hernieder
Und kämpften auf der Zinne der Partei!

Sieh hin! Dein Volk will neue Bahnen wandeln!
Nur des Signales harrt ein stattlich Heer;
Die Fürsten träumen, laßt die Dichter handeln!
Spielt Saul die Harfe, werfen wir den Speer!
Den Panzer um – geöffnet sind die Schranken,
Brecht immer euer Saitenspiel entzwei
Und führt ein Fähnlein ewiger Gedanken
Zur starken, stolzen Fahne der *Partei*!

Das Gestern ist wie ein welke Blume –
Man legt sie wohl als Zeichen in ein Buch –

> Begrabt's mit seiner Schmach und seinem Ruhme
> Und webt nicht länger an dem Leichentuch!
> Dem Leben gilt's ein Lebehoch zu singen,
> Und nicht ein Lied im Dienst der Schmeichelei;
> Der Menschheit gilt's ein Opfer darzubringen,
> Der Menschheit, auf dem Altar der *Partei*!
>
> O stellt sie ein die ungerechte Klage,
> Wenn ihr die Angst so mancher Seele schaut;
> Es ist das Bangen vor dem Hochzeitstage,
> Das hoffnungsvolle Bangen einer Braut.
> Schon drängen allerorten sich die Erben
> Ans Krankenlager unsrer Zeit herbei;
> Laßt, Dichter, laßt auch ihr den Kranken sterben,
> Für eures Volkes Zukunft nehmt *Partei*!
>
> Ihr müßt das Herz an *eine* Karte wagen,
> Die Ruhe über Wolken ziemt euch nicht;
> Ihr müßt euch mit in diesem Kampfe schlagen,
> Ein Schwert in eurer Hand ist das Gedicht.
> O wählt ein Banner, und ich bin zufrieden,
> Ob's auch ein andres, denn das meine sei;
> Ich hab' gewählt, *ich* habe mich entschieden,
> Und *meinen* Lorbeer flechte die *Partei*!
> (Herwegh 1977, 113–115)

Sehr schnell hat Freiligrath unter dem Druck der öffentlichen Meinung seine Position revidiert und sich im weiteren Verlauf der vierziger Jahre zu einem „Trompeter der Revolution" gewandelt. Im Vorwort seiner 1844 mit dem programmatischen Titel „Ein Glaubensbekenntniß" veröffentlichten ‚Zeitgedichte', die er sehr selbstbewusst mit dem umstrittenen Gedicht „Aus Spanien" eröffnete, nur um damit gleichsam den Gegenpol zu dem nun erreichten und durch die neuen Gedichte dokumentierten Standpunkt strikter Parteilichkeit zu markieren, erläutert er selbst diesen Neuansatz im Sinne der Weiterentwicklung, nicht des Bruchs:

Und so leg' ich denn diese Sammlung, Aelteres und Neuestes, vertrauensvoll an das Herz des deutschen Volkes! Die Besonnenen und ruhig Prüfenden, hoff' ich, werden die zahlreichen Fäden leicht entdecken, welche aus der ersten Abtheilung des Buches in die zweite herüberführen. Sie werden es erkennen, hoff' ich, daß hier nur von einem Fortschreiten und einer Entwicklung die Rede sein kann, nicht aber von einem Uebertritt, nicht von einem buhlerischen Fahnentausch, nicht von einem leichtfertigen Haschen nach etwas so Heiligem, wie die Liebe und die Achtung eines Volkes es sind. Sie werden es vielleicht um so eher, wenn sie gleichzeitig erwägen, daß die ganze Schule, die ich so eben als Individuum vor den Augen der Nation durchgemacht habe, doch am Ende nur die nämliche ist, welche die Nation, in ihrem Ringen nach politischem Bewußtsein und nach politischer Durchbildung, als Gesammtheit selbst durchlaufen mußte und zum Theil noch durchläuft; – und das Aergste, was sie mir vorzuwerfen haben, wird sich zuletzt vielleicht auf das Eine beschränken: daß ich nun doch von jener „höheren Warte" auf die „Zinnen der Partei" herabgestiegen bin. Und darin muß ich ihnen allerdings Recht geben! Fest und unerschütterlich trete ich auf die Seite Derer, die mit Stirn und Brust der Reaction sich entgegenstemmen! Kein Leben mehr für mich ohne Freiheit! Wie die Loose dieses Büchleins und meine eigenen auch fallen mögen: – so lange der Druck währt, unter dem ich mein Vaterland seufzen sehe, wird mein Herz bluten und sich empören, sollen mein Mund und mein Arm nicht müde werden, zur Erringung besserer Tage nach Kräften das Ihrige mitzuwirken! Dazu helfe mir, nächst Gott, das Vertrauen meines Volkes! Mein Gesicht ist der Zukunft zugewandt! (Freiligrath 1844, IXf.)

Der Streit um Parteilichkeit und Überparteilichkeit markiert den „Beginn der aktiven Phase der politischen Dichtung des Vormärz" (Farese 1980, 234f.), die – in Weiterführung literarischer Traditionen deutschsprachiger politischer Lyrik – das Agitatorische, den Effekt und eine (sogenannte) Philosophie der Tat dem Poetischen vorzieht, und das heißt auch ganz konkret: der subjektiven Impression, dem Feuilleton, dem Reisebericht etc., die als ästhetische Ausdrucksformen die dreißiger Jahre dominiert hatten. Im Übrigen, auch das darf nicht aus den Augen verloren werden, stellt die appellative politische Dichtung lediglich einen, wenn auch vorübergehend tonangebenden, Bereich lyrischer Ausdrucksformen neben u. a. Balladen, geistlichen Dichtungen, Natur- und Zeitgedichten etc. innerhalb der vierziger Jahre dar (vgl. Bayerdörfer 1978, 32). Der riesige Erfolg der 1840 erschienenen „Unpolitische[n] Lieder" August Heinrich Hoffmann von Fallerslebens, der „Gedichte eines Lebendigen" Georg Herweghs (1841) und der „Lieder eines kosmopolitischen Nachtwächters" Franz Dingelstedts (1841/42) aber ist ein deutlicher Indikator dafür, in welchem Maße die *engagierte* Lyrik in den vierziger Jahren vorübergehend zur neuen Leitgattung der Zeit aufstieg (mit der Niederlage der Revolution allerdings ihrerseits dann erst einmal wieder zum Erliegen kam). Lagen die Verkaufs- und Auflagenzahlen von Gedichtbänden noch wenige Jahre zuvor deutlich im einstelligen Tausenderbereich – selbst von den überaus erfolgreichen „Gedichten" Nikolaus Lenaus konnten zwischen 1832 und 1843, verteilt auf sechs Auflagen, lediglich rund 6000 Exemplare abgesetzt werden – wurden allein Hoffmann von Fallerslebens „Unpolitische Lieder" über 12 000 Mal verkauft; Georg Herweghs „Gedichte eines Lebendigen" erreichten bis 1848 gar eine Auflage von über 50 000 Exemplaren.

Die Gründe für diese Konjunktur der politischen Lyrik sind vielfältiger Natur. Die Hochschätzung der Lyrik als Medium einer ‚schönen' Öffentlichkeit im frühen 19. Jahrhundert, ihre Bedeutung im Rahmen einer bürgerlichen Liebhaberkultur und ihre gesellige Funktion spielen hier ebenso hinein wie die Beweglichkeit der Gattung und ihre Fähigkeit zur Emotionalisierung und Gemeinschaftsbildung (Wild 1999, Eke 1991). Beides hat Konsequenzen für die formale Gestaltung der politischen Lyrik der vierziger Jahre, die sich im Interesse der Wirkung weitgehend an tradierten Mustern und vertrauten formalen Charakteristika orientiert, d. h. für die avancierten politischen Ziele keine entsprechenden ästhetischen Positionen entwickelt. Politische Lyrik der Zeit ist wesentlich appellative Gebrauchslyrik, berechnet auf unmittelbare politische Wirkung, angelehnt zudem an rhetorische Traditionen. Volksliedhafte Strukturen, allegorische Rede, Hyperbolik und insbesondere satirisches Sprechen bilden wichtige formale Gestaltungselemente dieser Lyrik, die aus der Erfahrung einer Diskrepanz zwischen politischer Erwartung und empirischer Realität heraus mit Nachdruck den zentralen Forderungen der Zeit (Freiheit, Menschenrechte, Nationalstaatlichkeit, Verfassung, Rechtstaatlichkeit, Meinungsfrei-

Marginalien: Philosophie der Tat; Engagierte Literatur als Leitgattung; Gebrauchslyrik heit) Ausdruck verleiht und so breiten Bevölkerungsschichten Orientierung zu geben erhoffte. Damit wird die engagierte Lyrik wegweisend auch für andere Genres und Publikationsformen, insbesondere für die karikaturistischen politischen Witzblätter wie dem von Adolf Glaßbrenner herausgegebenen „Volkskalender" (1846 ff.), die sich der sprachlichen Pointierungsmöglichkeiten des Verses und der Satire im Dienste der Systemkritik bedienen.

Umstrittener Stellenwert des politischen Lieds

Zwar entwickelte sich die engagierte Dichtung sehr schnell zu einem (auch ökonomisch) bedeutenden Faktor der Publizistik der vierziger Jahre; dessen ungeachtet stand sie lange Zeit danach – auch in der Literaturwissenschaft – allerdings in keinem allzu guten Ruf. Das war im Übrigen schon in den vierziger Jahren selbst nicht anders, wie sich an den Auseinandersetzungen der Zeit um den Stellenwert des politischen Liedes im Allgemeinen und der Tendenz-Poesie im Besonderen ablesen lässt, die eine Überprüfung ästhetischer Kategorien anzeigt: dort nämlich, wo – wie bei Herwegh – das Politische verabsolutiert wird. Die bereits in den vierziger Jahren laut werdende Kritik an der Diskrepanz zwischen dem politischen Anspruch auf Meinungsbildung, auf Teilhabe *am* und Mobilisierung *für* den politischen Prozess, und der künstlerischen Gestaltung berührt ein Grundproblem politischer Dichtung, die unmittelbar Einfluss zu nehmen bemüht ist auf die öffentliche Meinungsbildung und damit notwendigerweise Partei ergreift (das ‚Wofür' ergibt sich dabei aus der fraktionellen Gebundenheit und dem jeweiligen Adressatenkreis).

Apologie des politischen Lieds

Uneingeschränkt begrüßte Franz Dingelstedt 1841 noch Herweghs „Gedichte eines Lebendigen": „Und doch: kräftigere und feurigere Worte haben wir seit 10 Jahren nicht gehört, als diese Freiheitshymnen, die Elegien des Sklaventums, diese zürnenden, schäumenden, sprudelnden Gelegenheitsgedichte. Mit welcher Kunst sind hier alle Pointen der neuesten Bildung poetisch gebraucht, wie donnern die Schlag- und Bannwörter der letzten Epoche in der Musik seiner Verse! Und von wie ergreifender Wirkung sind erst die Stellen, in denen die Blitze des Dichterauges in milden Tränen erlöschen und das Gewitter über einer ungeliebten und doch lieben Heimatserde in segnenden Wolken der Wehmut und des Schmerzes austräufelt!" (zitiert nach Vahl/Fellrath 1992, 29) Robert Prutz, selbst Verfasser von Zeitgedichten und Bühnenstücken („Die politische Wochenstube", 1845), aber eröffnet bereits 1843 seine Abhandlung „Die politische Poesie, ihre Berechtigung und Zukunft" mit folgender Überlegung: „Es ist eine bekannte Tatsache, daß bei uns Deutschen Poesie und Politik als entschiedene und durchaus unversöhnbare Gegensätze betrachtet werden – oder doch wenigstens bis vor kurzem so betrachtet wurden: und daß demgemäß politische Poesie bei der Mehrzahl von uns für ein Ding gilt, welches entweder, als unmöglich, nicht existiert, oder als unberechtigt, doch nicht existieren sollte." (Prutz 1975, 157) Zwar stellt auch Prutz den problematischen Charakter der politischen Lyrik nicht in Abrede, will sie auf der anderen Seite aber in ihrer Leistung anerkannt sehen – als notwendiger und folgerichtiger Ausdruck einer sich erst entwickelnden politische Öffentlichkeit nämlich. In ihrer jetzigen, zugestandermaßen unzureichenden Form, in ihrem „Mangel an Plastik und lebendiger Gestaltung" (Prutz

1975, 174), mit ihren „Flecke[n] und Mäler[n], […] Sprünge[n] und Brüchen[n]" (ebd.), ist sie für ihn einerseits ein Spiegel der geschichtlichen Situation und damit Ausdruck der (noch) unreifen politischen Verhältnisse; auf der anderen Seite antizipiert sie für ihn bei aller Mangelhaftigkeit die demokratische Kunst der Zukunft. Entsprechend kommt er zu folgendem Schluss: „wo in einer Nation politisches Bewußtsein ist, da wird dieses Bewußtsein auch seinen poetischen Ausdruck finden, da wird es eine politische Poesie geben. Und ferner: wo wirklich eine politische Poesie ist, da muß die Politik bereits der Inhalt des schönen Individuums geworden sein. Das eine deutet auf das andere; die Politik ist zur Poesie berechtigt und die Poesie zur Politik." (Prutz 1975, 173) Und weiter:

Mit einem Worte: wenn unsre Dichter hohl, bombastisch, großsprecherisch waren, lag dies nicht daran, daß die Nation gleichfalls hohl, bombastisch, großsprecherisch war?!/Allein sie ist nicht auf diesem anfänglichen Standpunkte geblieben; sie hat das Stadium der bloßen theoretischen Beteiligung, das Stadium der allgemeinen großen Worte, das Stadium der liberalen Phrasen und Redensarten überschritten. Unsre politische Entwicklung ist geräuschloser, aber energischer, enger, aber kräftiger, kleiner, aber wahrer geworden; wir geben nichts mehr auf Prophezeiungen, Versprechungen, Gelübde, gleichviel von welcher Seite sie kommen […]. Einem solchen vorgeschrittenen, gereiften Zustande kann die politische Dichtung in ihrer bisherigen Gestalt unmöglich mehr gefallen. Die Kälte daher, mit der das Publikum sich neuerdings von derselben zurückzuziehen anfängt, beweist nur, daß dieses selbst in ein anderes und höheres Stadium getreten; die Poesie der bloßen Empfindung ist nicht mehr ausreichend für die Politik der Taten, die Innerlichkeit der Lyrik hat keinen Raum für die neue Welt der Ereignisse und der praktischen Interessen, die sich uns eröffnet. / Ist damit nun die Rolle der politischen Poesie zu Ende gespielt? Wir glauben umgekehrt, sie fängt erst recht an. […] *die gegenwärtige partikuläre politische Poesie wird sich erweitern zu einer allgemeinen volkstümlichen historischen!* (Prutz 1975, 175)

Heine mochte sich zu einem derart abgewogenen Urteil über die neu einsetzende politische Tendenzdichtung nicht durchringen. Nicht nur schreibt er 1842 an seinen (und Hoffmanns!) Verleger Campe über Hoffmann von Fallerslebens „Unpolitische Lieder", diese seien „spottschlecht" und „vom ästhetischen Standpunkte aus" habe „die preußische Regierung ganz recht" getan, „darüber ungehalten zu sein, schlechte Späßchen, um Philister zu amüsieren bei Bier und Tabak." (Säkularausgabe 22, 102) In den Vorstufen seines satirischen Versepos „Atta Troll" findet sich auch eine direkte (in der Druckfassung dann allerdings unterdrückte) Parteinahme für Freiligraths Position: „Andre Zeiten, andre Vögel! / Andre Vögel, andre Lieder! / Wie sie schnattern! Jene Gänse, / Die gemästet mit Tendenzen. // Auf der Zinne der Parthey / Flattern sie mit lahmen Schwingen, / Heis'ren Kehlen, platten Füßen – / Viel Geschrey und wenig Wolle" (DHA IV, 215). Und an Herweghs Gedichten kritisierte er mit den folgenden Versen stellvertretend den – aus seiner Sicht – realitätsfernen Charakter der Tendenzpoesie: „Herwegh, du eiserne Lerche, / Weil du so himmelhoch dich schwingst, / Hast du die Erde aus dem Gesichte / Verloren – nur in deinem Gedichte / Blüht jener Lenz, den du besingst." (DHA II, 365) Bereits in den dreißiger Jahren hatte Heine gegen die „beschränkte Zeitauffassung" (d. h. den unzulänglichen politischen Weitblick, die Abstraktheit und die Allge-

Kritik: Heine und die Tendenzdichtung

meinheit) und die ästhetische Kümmerlichkeit (Preisgabe der Kunst an die politische Zwecksetzung) der politischen Dichtung polemisiert: „Blase, schmettre, donnre täglich, / Bis der letzte Dränger flieht – / Singe nur in dieser Richtung, / Aber halte deine Dichtung / Nur so allgemein wie möglich" lautet sein ironischer Rat an den Tendenzdichter in dem Gedicht „Die Tendenz" (DHA II, 119f.). Im 55. Bericht der „Lutezia" vom 20. März 1843 setzte er diese Polemik gegen die Tendenzdichter fort, von denen es hier heißt, bei Licht betrachtet seien sie meist nur „bornirte Naturen", „Philister, deren Zopf unter der rothen [Jakobiner-]Mütze" ‚hervorlausche': „Die wahrhaft großen Dichter haben immer die großen Interessen ihrer Zeit anders aufgefaßt als in gereimten Zeitungsartikeln, und sie haben sich wenig darum bekümmert, wenn die knechtische Menge, deren Rohheit sie anwidert, ihnen den Vorwurf des Aristokratismus machte." (DHA XIV/1, 48)

Noch einmal wirft er 1846 in der – gedruckten – Vorrede seines satirischen Versepos „Atta Troll" im Rückblick auf die Entstehungszeit der Dichtung (1841) einen kritischen Blick auf die hinter ihm liegende Epoche der Literatur: „Damals blühte die sogenannte politische Dichtkunst. Die Opposizion, wie Ruge sagt, verkaufte ihr Leder und ward Poesie. Die Musen bekamen die strenge Weisung, sich hinführo nicht mehr müßig und leichtfertig umherzutreiben, sondern in vaterländischen Dienst zu treten, etwa als Marketenderinnen der Freyheit oder als Wäscherinnen der christlich germanischen Nazionalität. Es erhub sich im deutschen Bardenhain ganz besonders jener vague, unfruchtbare Pathos, jener nutzlose Enthusiasmusdunst, der sich mit Todesverachtung in einen Ocean von Allgemeinheiten stürzte" (DHA IV, 10). Ungeachtet allerdings seiner hier wie in der gesamten Dichtung vom deutschen Bären Atta Troll zum Ausdruck gebrachten Abneigung gegen die politische Tendenzdichtung hat auch Heine in den vierziger Jahren (zum Teil auf Drängen seines Verlegers Campe, dem die hohen Auflagen der Gedichte Hoffmann von Fallerslebens, Georg Herweghs und Franz Dingelstedts vor Augen standen) nicht nur mit seinem satirischen Versepos „Deutschland ein Wintermärchen" eines der bedeutendsten Werke der politischen Dichtung seiner Zeit vorgelegt; er hat auch seinerseits eine ganze Reihe politisch-tendenziöser Zeitgedichte verfasst. Im Übrigen gilt es festzuhalten, dass Heine im „Atta Troll" nicht die politische Lyrik als solche mit seinem beißenden Spott überzieht, sondern lediglich die künstlerisch beschränkte Tendenzliteratur, die er in der allegorischen Figur des vom bramarbasierenden Revolutionär zum Bettvorleger sich wandelnden Bären der Lächerlichkeit preisgibt. Die Ideen der politischen Freiheit, der allgemeinen Menschenrechte und der Gleichheit vor dem Gesetz stehen weder in dieser Dichtung noch an anderer Stelle seines Werkes, das auf höchstem künstlerischen Niveau Kritik übt an den politischen und sozialen Verhältnissen, zur Diskussion.

Hegelrezeption In eben dem Maße, in dem diese politischen und sozialen Verhältnisse sich in den vierziger Jahren zuspitzten, wurde die dialektische Geschichtsphilosophie Hegels zum Ausgangspunkt der politischen Reflexion – auf der Seite der konservativen ‚Rechten' unter den Schülern des Philosophen, die das Recht des Gewordenen auf politischem und religiösem Gebiet verteidigten (Friedrich Karl von Savigny, Leopold von Ranke), zumal aber auf

Seiten seiner Schüler zur ‚Linken', die sich in dem gemeinsamen Bemühen trafen, das Hegel'sche Gedankengebäude auf die konkrete Situation des Hier und Jetzt zu beziehen.

Die Vorstellung einer schrittweisen Selbstentfaltung des absoluten Geistes (Geist als die Fülle des Seins: des Allgemeinen, des Absoluten, der Idee, des Logos, der Liebe – nicht zuletzt auch Gottes) bildet den zentralen Kerngedanken von Hegels Philosophie. Die Rolle der Vernunft in der Geschichte, von Hegel auch „Plan der Vorsehung" genannt, ist in diesem Prozess genau bestimmt: als der „vernünftige nothwendige Gang des Weltgeistes"; Endzweck der Geschichte ist das Wissens des Geistes von seiner Freiheit. (Hegel 1995, 142) Aus einem anfänglichen Zustand des ‚An-sich-Seins' (Zustand des göttlichen Seins vor der Schöpfung) entäußert sich der absolute Geist in die Natur – Hegel nennt dieses Stadium des Weltprozesses das ‚Außer-sich-Sein' des absoluten Geistes –, um in einem dritten Schritt, den Hegel als das ‚Zu-sich-selbst-Kommen' des absoluten Geistes zu seinem ‚An-und-für-sich-Sein' bezeichnet, ‚in den Grund' zurückzukehren. In diesem rückläufigen Prozess der Verinnerlichung des in die Natur entäußerten Logos zur Wahrheit des Ganzen erfüllt sich nach Hegels Vorstellung die Geschichte, wobei in der „absoluten Identität" des Geistes sich letztlich auch der subjektive Geist des Individuums in seiner einzelnen, endlichen Existenz aufgehoben findet. Das ist einerseits gut theologisch, andererseits aber auch eminent politisch gedacht, insofern nach Hegels Verständnis „der Geist als Geist der Freiheit in Gott seine weltliche Verwirklichung im menschlichen Gemeinschaftsleben, und zwar in der Form des Staates, finden muß" (Pannenberg 2001, 321).

Arnold Ruge, David Friedrich Strauß, Bruno Bauer, Edgar Bauer, Max Stirner, Ludwig Feuerbach, Moses Hess und andere zählen zu der Gruppe der seit den späten dreißiger Jahren mit großer Selbstgewissheit auftretenden Linkshegelianer, die, geeint in dem Bemühen diese Theorie vom Kopf auf die Füße zu stellen, d.h. auf die Tat hin auszurichten, der grassierenden sozialen Verelendung als der Kehrseite der Industrialisierung mehr entgegensetzen wollten als eine nur vom christlichen Mitleid getragene Armutspoetik: nämlich ein System, einen konkreten Materialismus, der den Menschen wieder zu seiner wahren Bestimmung zurückführen sollte (was allerdings auch nicht ohne einen gewissen Zweckutopismus ausging). Marx hat diesen idealistischen Junghegelianismus in der zweiten Hälfte der vierziger Jahren dann zu einer konkreten Klassenkampftheorie weiterentwickelt, derzufolge sich der Kommunismus nur auf revolutionäre Weise verwirklichen lasse. Erst er stellt im Grunde genommen konsequent das System, den Kapitalismus, und nicht mehr einzelne seiner Vertreter auf den Prüfstand. Das im Winter 1847/48 entstandene „Kommunistische Manifest" (vgl. Kap. V, 6), das in der Konsequenz auf die Aufhebung der bestehenden Eigentumsverhältnisse als Voraussetzung zur Erledigung des Problems der sozialen Gleichheit hinausläuft, ist die erste Summe dieser neuen Haltung der Wirklichkeit gegenüber, vor deren Radikalität die theoretischen Konzepte der dreißiger Jahre zur bloß unverbindlichen Spielerei verblassen. Kategorisch erklärt zumindest Friedrich Engels 1842: „Das junge Deutschland ist vorübergegangen, die junghegelsche Schule ist gekommen, Strauß,

Feuerbach, Bauer, die [Hallischen] *Jahrbücher* haben die allgemeine Aufmerksamkeit auf sich gelenkt, der Kampf der Prinzipien ist in der schönsten Blüte, es handelt sich um Leben und Tod."

Wichtiges Publikationsforum der Linkshegelianer waren die von Theodor Echtermeyer und Arnold Ruge herausgegebenen „Hallischen Jahrbücher für deutsche Wissenschaft und Kunst" (1838–1841; danach weitergeführt als „Deutsche Jahrbücher" und im Januar 1843 verboten). Mit ihren Literaturkritiken haben die Jahrbücher der politischen Dichtung der vierziger Jahre in entscheidender Weise den Weg gebahnt. Mit ihr bricht sich in den vierziger Jahren gleichzeitig ein neuer Realismus Bahn, der über die Literatur und die ästhetischen Zirkel hinauswill. Die in den Handwerker-Bildungs-Vereinen zumeist noch von bürgerlichen Dichtern verfassten Handwerksburschenlieder (z. B. Georg Fein, „Lied der vereinigten Handwerker"; Harro Paul Harring, „Die zehn Gebote der Freiheit") bilden erste Versuche, den politischen Kampf von der sozialen Frage her neu zu justieren, der gegenüber sich die Lyrik seit den zwanziger Jahren (Adalbert von Chamisso: „Der Bettler und sein Hund") vorsichtig zu öffnen begonnen hatte. Statt des Passepartoutbegriffs der *Freiheit* rückt nun, ausgehend von den sozialrevolutionären Ansätzen Saint-Simons, Fouriers, Lamennais und Owens, der politisch viel schärfer konturierte Begriff der *Gleichheit* ins Zentrum der politischen Debatte. Das Motto der 1838 erschienenen Programmschrift Wilhelm Weitlings „Die Menschheit, wie sie ist und wie sie sein sollte" zeigt diese Perspektivverschiebung in mehr als exemplarischer Weise an:

Neubestimmung der Literatur von der sozialen Frage her

> Die Namen Republik und Konstitution,
> So schön sie sind, genügen nicht allein;
> Das arme Volk hat nichts im Magen,
> Nichts auf dem Leib und muß sich immer plagen;
> Drum muß die nächste Revolution,
> Soll sie verbessern, eine soziale sein.
> (Weitling 1838)

Mit der Engführung von politischer und sozialer Revolution erinnert dieses Motto nachdrücklich an die Abspaltung des bürgerlichen Freiheitsbegriffs von der Gleichheitsproblematik als der ungeklärten Hinterlassenschaft der Französischen Revolution (vgl. auch Weitlings Gedichte „Kriegslied der Gleichen" und „Der Aufbruch zum Kampf").

Verbunden ist dieser neue Realismus mit einer Zuwendung zu den Arbeits- und Lebensformen der arbeitenden Bevölkerung in den ländlich-agrarischen Bereichen und in den schnell wachsenden industriellen Sektoren: Land- und Fabrikarbeiterelend, Straßen- und Eisenbahnbau, Pauperismus, Hungerrevolten, Streiks, Kriminalität und Prostitution. Mit der Dorfgeschichte (Baur 1976; Kim 1991), einem Genre, zu dessen Popularisierung im deutschen Vormärz die „Schwarzwälder Dorfgeschichten" Berthold Auerbachs (ab 1843) wesentlich beigetragen haben, und dem sozialen Roman (Kirchner-Klemperer 1962; Edler 1977, Adler, 1980, 1990), schafft sich dieser neue Realismus neben der Lyrik auch in der Prosa wichtige Ausdrucksformen. Während in den Dorfgeschichten, von Ausnahmen abgesehen (Auerbach selbst in einigen seiner Erzählungen, Carl Arnold Schloenbach, Ernst Willkomm, später u. a. Fritz Reuter, Gottfried Keller, Ro-

Dorfgeschichte

Sozialer Roman

bert Schweichel), ein folkloristisch-idyllischer oft auch sentimentaler Ton die Darstellung zeitgenössischer Missstände überdeckt, bringt der soziale Roman (u. a. Franz Dingelstedt: „Unter der Erde. Ein Denkmal für die Lebendigen", 1840; Ernst Willkomm: „Eisen, Gold und Geist", 1843; „Weisse Sclaven oder die Leiden des Volkes", 1845; Louise Otto: „Schloß und Fabrik", 1846 in zensierter Fassung, vollständig 1996 [!]; Theodor Oelckers: „Fürst und Proletarier", 1846; Louise Aston: „Aus dem Leben einer Frau", 1847; Robert Prutz: „Das Engelchen", 1845–1851) diese radikal und schonungslos zur Sprache, ohne damit schon – das gilt zumindest für Weerth (vgl. dazu insbes. auch dessen Gedicht „Die Industrie") – über der Schilderung des sozialen Elends den Glauben an die Zukunftsfähigkeit der Industrialisierung preiszugeben, was einen Unterschied beispielsweise zu der noch länger nachklingenden Weberlyrik markiert (vgl. dazu Kroneberg/Schloesser 1979; Wehner 1980). In Bettine von Arnims Schilderungen des Handwerkerelends („Dies Buch gehört dem König", 1843) findet diese neue Perspektive ebenso Ausdruck wie in Georg Herweghs Gedicht „Die kranke Lise", das den (auf einer Zeitungsnachricht beruhenden) Bericht über die Niederkunft einer hochschwangeren Arbeiterfrau mitten auf dem Bastille-Platz in nüchterner Lakonik schließt:

> „[…] Wer wird so ungestüm sich melden?
> Mein kleines Herz, was suchst du hie?
> Nur noch zum Grabe jener Helden!
> Allons, enfant de la patrie!
> Dort seh ich in des Frührots Helle
> Die Julisäule aufgestellt –"
> Und niedersank sie auf der Schwelle; –
> *So kommt das Volk zur Welt!*
> (Herwegh 1977, 134)

Die den sozialen Romanen der vierziger Jahre zugrunde liegende ästhetische Programmatik unterscheidet sich im übrigen kaum von derjenigen der Lyrik. Auch im Bereich des sozialen Romans der Zeit spielen angesichts der sozialen Problematik ästhetische Kriterien – bei unbestritten großen Differenzen in der literarischen Praxis im einzelnen – eine lediglich nachgeordnete Bedeutung. Ernst Dronke hat diese Auffassung im Vorwort zu seiner Novellensammlung „Aus dem Volk" auf eine eingängige Formel gebracht: „Es kömmt nur auf wahre, ungeschminkte Auffassung der heutigen Gegensätze des Lebens an; die ‚Kunstform' nach Regeln der Aesthetik mag man bei Werken zum Maßstab nehmen, bei denen diese der Zweck ist: hier war sie das Mittel." (Dronke 1981, 10) Dennoch hat Hans Adler zurecht vor einer vorschnellen Minderwertung des sozialen Roman aus ästhetischer Perspektive, aber auch vor seiner Ausblendung aus der literaturgeschichtlichen Analyse gewarnt. Wie im Falle der engagierten Lyrik gilt es auch im Falle des sozialen Romans die Spannung zwischen Konzeptualität und Referentialität fruchtbar zu machen, kurz: die „spezifischen semiotischen ‚Verzeichnungsverfahren' des sozialen Romans zu erfassen, deren traditional bedingtes Konnotationspotential mitzubedenken und die Relation zwischen Programm, Resultat und Wirkung zu berücksichtigen." (Adler 1990b, 304)

Ästhetische Programmatik des sozialen Romans

Georg Weerth

Zu den bedeutendsten Dichtern der sozialen Frage im Vormärz gehört der wie Freiligrath und Grabbe aus der lippischen Provinz stammende Kaufmann Georg Weerth, zu dessen bekanntesten Dichtungen „Das Hungerlied" aus dem Zyklus „Not" (1845/46) zählt. In der Form eines Rollengedichts, das formal an die Volksliedstrophe und die sogenannten Wochenlieder anknüpft, verhilft es den Armen und Hungernden selbst zur Sprache:

Das Hungerlied

Verehrter Herr und König,
Weißt du die schlimme Geschicht?
Am Montag aßen wir wenig,
Und am Dienstag aßen wir nicht.

Und am Mittwoch mußten wir darben,
Und am Donnerstag litten wir Not;
Und ach, am Freitag starben
Wir fast den Hungertod!

Drum laß am Samstag backen
Das Brot, fein säuberlich;
Sonst werden wir sonntags packen
Und fressen, o König, dich!
(Weerth, VT I, 262 f.)

Mit dem aktionistischen Impetus der anti-autoritären Schlusspointe unterscheidet sich dieses Gedicht erheblich von der sozialen Mitleidspoesie anderer zeitgenössischer Autoren und Autorinnen. Überhaupt steht Weerths literarisches Wirken als solches, angefangen bei seinen frühen romantisierenden Rhein- und Weingedichten (1843) über die „Lieder aus Lancashire" (1845/46) und die „Skizzen aus dem sozialen und politischen Leben der Briten" (1843/48) bis hin zu dem satirischen Feuilletonroman „Leben und Taten des berühmten Ritters Schnapphanski" (1848/49) und seinem hinterlassenen „Romanfragment" ganz im Zeichen der politisch-sozialen Entwicklung der letzten vorrevolutionären und der revolutionären Phase, die er unter anderem als Redakteur und Feuilletonleiter der von Karl Marx redigierten „Neuen Rheinischen Zeitung" (1. 6. 1848–15. 5. 1849) aktiv begleitete.

6. Literarischer Paradigmenwechsel: die „Wiedergeburt der deutschen Poesie"

Abgesänge

Die Märzereignisse und das anschließende Ringen um eine neue Ordnung führen vorübergehend noch einmal zu einer Nachblüte der engagierten Zeit-Kunst der Vormärzperiode, die weniger durch ihren künstlerischen Anspruch als vielmehr durch ihren Enthusiasmus besticht. So spielen politisch aufgeladene Formen in Prosa und Lyrik, Flugblatt etc. in der Revolutionsphase neben der politischen Publizistik, an der sich in auffallender Weise nun viele Frauen beteiligen (Freund 1999), noch einmal eine herausgehobene Rolle. Was dem Scheitern der Revolution folgt, sind dann kaum mehr als Abgesänge auf die Geschichte, auf die (scheinbar) Bankrott gegangenen

Utopien und die geplatzten „Morgenträume des achtzehnten Jahrhunderts" (Heine, Säkularausgabe 23, 181) – Abgesänge, die formal und stilistisch noch einmal an das Paradigma der politischen Vormärzlyrik anknüpfen, bevor dieses endgültig verschwindet. Hoffmann von Fallerslebens Lied „So mußten wir es denn erleben" bietet dafür ein Beispiel:

> *So mußten wir es denn erleben*
>
> So mussten wir es denn erleben,
> Wie eine Welt in Trümmer fällt.
> Ach, unser Wünschen, unser Streben
> Und unser Hoffen liegt zerschellt.
>
> Der Freude Lieder sind verklungen,
> Es schweigt und trauert manches Herz,
> Keins sucht sich in Erinnerungen
> Noch Trost für seinen herben Schmerz.
>
> Der ganzen Zukunft düstrer Schauer
> Zieht schon am hellen Tag einher.
> O Land des Jammers und der Trauer,
> O wenn's für dich ganz Nacht doch wär'!
> (Hoffmann von Fallersleben 1973, 140f.)

Georg Weerth hat die Resignation Heines und Hoffmanns zu der bitteren Einsicht über die Überflüssigkeit der Dichtung verallgemeinert und damit das Verstummen vieler Autoren nach dem ‚tollen Jahr' (wie die Märzphase bald nur noch genannt wurde) auf eine eingängige Formel gebracht: „Wenn die Weltgeschichte den Leuten die Hälse bricht, da ist die Feder überflüssig" (Heine, Säkularausgabe 26, 293). Bereits 1849 hatte der Kritiker Willibald Alexis in einer Besprechung der im selben Jahr erschienenen Gedichte Rudolf Gottschalls konstatiert, mit der Ernüchterung der Revolutionsbegeisterung sei auch die sie begleitende Poesie untergegangen. Die politische Lyrik habe „festen Boden" unter den „Füßen" der Revolution gewonnen, „denn die Geschichte gab ihr concrete Bilder und Gestalten, die in dem Bewußtsein des Volks lebten." All das sei nun vorbei, die „Geschichte liegt hinter uns, eine Geschichte die ihre sie begleitende Poesie so verzehrte, daß davon Nichts übrig geblieben" sei. Die Hinterlassenschaft der alten Begeisterung aber seien „Ekel" und „Grimm", beide dem Gedicht nicht zugänglich: „Der Ekel und der Grimm singen nicht." ([Willibald Alexis:] Gedichte von Rudolf Gottschall […]. In: Blätter für literarische Unterhaltung, Nr. 217/1849, S. 867f.; Zitate S. 867)

Ende der politischen Literatur

Dass die Zeit der revolutionär engagierten Zeit-Kunst abgelaufen, damit *eine* Linie der Literatur gekappt war, haben – unabhängig von Alexis und weitaus nüchterner als dieser – von der Warte ihres jeweiligen Literatur- und Geschichtsverständnisses aus sowohl Julian Schmidt als auch Robert Prutz herausgestellt. Prutz hat im Einleitungskapitel seines 1859 erschienenen literaturgeschichtlichen Rückblicks „Die deutsche Literatur der Gegenwart. 1848 bis 1858" die politische Krisenerfahrung des Revolutionsjahres dabei unmittelbar auf die Literatur projiziert, die ideologische Zäsur der gescheiterten Revolution so als zugleich ästhetische definiert. „So viel Hoffnungen damals auch gescheitert und so viel Träume sich als nichtig er-

Politische Zäsur als ästhetische Zäsur

wiesen", so Prutz, „gründlicher, als die Niederlage, welche die Hoffnungen der Literatur damals erlitten, dürfte doch kein zweiter von den zahlreichen Schiffbrüchen gewesen sein, welche die Jahre Acht- und Neunundvierzig bezeichnen." (Prutz 1859, 14) Auf der Fluchtlinie dieses umfassenden politisch-künstlerischen Scheiterns konstatiert Prutz nicht allein den Anbruch einer „neue[n] Epoche unseres nationalen Lebens und also auch unserer Literatur" (ebd., 28); er verbindet diese Epochenzäsur vielmehr auch mit einem einschneidenden *Funktionswandel der Literatur*: Sie hätte ihre frühere Bedeutung als „kläglicher Nothbehelf für das mangelnde politische Interesse" (ebd., 63) und damit auch als politische Ersatzöffentlichkeit nach der gescheiterten Revolution nicht weiterführen können; hier findet auch die augenfällige Mäßigung der Kritik in den fünfziger Jahren seiner Ansicht nach ihre Begründung.

Funktionswandel der Literatur

Peter Uwe Hohendahl hat am Beispiel der Literaturtheorie und -kritik nachgezeichnet, wie sich in den fünfziger Jahren dieser Funktionswandel der Literatur niedergeschlagen hat in einer Veränderung des Politikbegriffs, der nun in entscheidender Weise an den realistischen Machtverhältnissen ausgerichtet wurde (Hohendahl 1985, 1993). Jetzt, so etwa Robert Giseke 1853, um nur ein Beispiel für diese Entwicklung zu zitieren, sei „die Zeit der Vermittlung, des Kompromisses, das sich ein Verhältniß suchen zu den Thatsachen." (Giseke 1853, Bd. 1, 82) Prutz immerhin hat in seiner Literaturgeschichte mit der Forderung, die Kunst müsse zur Mittlerin werden zwischen den alten (klassischen, aufklärerischen, politischen) Idealen und den veränderten Bedingungen, der *neuen* Literatur der *neuen* ‚Epoche' einen programmatischen Rahmen gesetzt. Er hat damit explizit auf vor dem März entwickelte Vorstellungen zurückgegriffen und diese, den gewandelten gesellschaftlichen Bedingungen gemäß, in die neue Zeit ‚übersetzt'. Unmöglich könne es sich jetzt darum handeln, die „erhabenen Ideen" des mit der Revolution gescheiterten idealistischen Erbes „gleich unnützem Ballast über Bord zu werfen"; worauf es nun ankomme, sei vielmehr „das Eine zu thun, ohne das Andere zu lassen; wir wollen das Eine beibehalten und das Andere dazu erwerben; zum Humanismus soll sich das Nationalgefühl, zum Kosmopolitismus der Patriotismus gesellen; wir wollen Menschen bleiben, aber zugleich Bürger werden." (Prutz 1859, 20)

„Wiedergeburt der deutschen Poesie"

Was die Ablehnung der politischen Kunst angeht, ist Prutz sich im Grunde genommen einig mit Julian Schmidt, der bereits 1850 in den „Grenzboten" das Ende der alten Zeit in der Literatur dekretiert, die zumal von einer den Dilettantismus beförderenden Vermischung von Politischem und Ästhetischem gekennzeichnet gewesen sei: „Der Schwung der Märzrevolution zerriß in der ersten heftigen Bewegung das Gewebe nicht nur der Restaurationspoesie, welches schon von der jungen Dichtergeneration als unhaltbar bezeichnet und verspottet war, sondern der Poesie überhaupt. In Zeiten politischer Aufregung ist es nirgend anders gewesen. Die deutsche Revolution hatte aber das Eigenthümliche, daß sie an lyrischem Pathos, träumerischem Wesen, trüber und unklarer Sehnsucht mit den Gedichten ihrer Propheten wetteifern konnte. Sie ist jetzt vorüber". (Schmidt 1850, 78) Was es nun nach der für ihn inhalts- und prinzipienlosen bzw. forciert emphatischen Literatur der Restaurationszeit und der Revolutionsjahre zu befördern gelte, sei die „Wiedergeburt der deutschen Poesie" (ebd., 80), damit die Rückkehr der Kunst ins Leben. Hier hat auch die Revolution ihren historischen Platz:

Die Revolution hat das Recht, das Staatswesen und selbst das Privatleben aus den verschlossenen Aktenstuben wieder auf den Markt geführt; Gesetz, Verfassung, Moralität erschöpft sich nicht mehr in allgemeinen Formeln, die man nach dem sogenannten gesunden Menschenverstand in seinen Mußestunden ex aequo et bono sich zurechtlegt, sondern es explicirt sich in bestimmten, concreten Vorstellungen, es wächst in das unmittelbar gegenwärtige Leben hinein, und man fühlt lebendig, was man sonst mit unreifem Räsonnement sich ausgeklügelt hat. Diese Ausbreitung und Vertiefung der sittlichen Ideen in das Detail des wirklichen Lebens ist die nothwendige, die einzige Grundlage einer echten und großen Poesie. (Ebd., 81 f.)

In den programmatischen Äußerungen Prutz' und Schmidts spiegelt sich der Siegeszug eines weitgehend unpolitischen Fortschrittsoptimismus, der in den fünfziger Jahren bei nicht wenigen Intellektuellen das politisch revolutionäre Engagement ersetzt. Aus seiner Perspektive fällt der Kunst eine neue Bedeutung zu: „nämlich als Unterstützung derjenigen Tendenzen, von der das Bürgertum den Fortschritt erwartet." (Hohendahl 1985, 191) Mit dem zentralen Vorstellungsmoment der ‚Verklärung' arbeitet die neue Bestimmung des Realismus durch Programmatiker und Ästhetiker wie Julian Schmidt, Theodor Fontane, Julius Hermann von Kirchmann, Friedrich Theodor Vischer und Moritz Carrière dem entgegen. Zugrunde liegt diesem in Form von Kritiken, Rezensionen und Polemiken in Zeitschriften wie „Die Grenzboten" (Herausgeber: Julian Schmidt), „Deutsches Museum" (Herausgeber: Robert Prutz), den „Blättern für literarische Unterhaltung" (Herausgeber: Hermann Marggraff und Rudolf Gottschall) und den „Unterhaltungen am häuslichen Herd" (Herausgeber: Karl Gutzkow) zum Teil von den Protagonisten der alten Vormärzliteratur formulierten, verbreiteten, diskutierten, auch bekämpften neuen Realismus-Verständnis die Überlegung, dass die Wirklichkeit viele ‚schöne' Aspekte bereithalte, wenn auch in ‚unverklärtem', ‚ungeläutertem' Zustand. Aufgabe der Kunst sei es, das wesenhaft Schöne der realen Welt von allem Nichtzugehörenden zu befreien, es also zu verklären oder zu läutern. Sie zeige damit das in der Wirklichkeit nur in vermischtem Zustand vorkommende Schöne in notwendigem und in sich schlüssigem Zusammenhang.

Realismus und „Verklärung"

Die Darstellung eines von hungernden Kindern umgebenen sterbenden Proletariers ist einer vielzitierten Äußerung Fontanes aus dem Aufsatz „Unsere lyrische und epische Poesie seit 1848" zufolge Elendsschilderei, „Misere", nicht aber Realismus: „Diese Richtung verhält sich zum echten Realismus wie das rohe Erz zum Metall: die Läuterung fehlt. [...] Das Leben ist doch immer nur der Marmorsteinbruch, der den Stoff zu unendlichen Bildwerken in sich trägt; sie schlummern darin, aber nur dem Auge des Geweihten sichtbar und nur durch seine Hand zu erwecken." (Fontane 1969, 241) Wo die (gerade erst aufgekommene) Photographie die Oberflächenwirklichkeit abbildet, befreit der in die Tiefe gehende Blick des „Geweihten" (Künstlers) das jenseits der Oberfläche verborgene wesenhaft Schöne der Wirklichkeit. Dem, was in idealer Gestalt dargestellt werden kann, gelten die literarischen Anstrengungen des in den fünfziger Jahren nun tonangebenden programmatischen Realismus, der sich hier weniger als Zeitgenosse des sozialkritischen und psychologischen Realismus eines Dickens, Thackeray oder Dostojewski erweist, sondern vielmehr – und dies allen Abgrenzungsanstrengungen zum Trotz – als Erbe der idealistischen Ästhetik, die das Kunstwerk als idealisierte Repräsentation von Welt verstanden wissen wollte. Der „Vormärz" wird vor diesem Hintergrund endgültig zu einem Kapitel der Geschichte.

V. Einzelanalysen repräsentativer Werke

1. Freiheit versus Orthodoxie: Karl Gutzkow: „Der Sadduzäer von Amsterdam" (Novelle 1834) – „Uriel Acosta. Trauerspiel in fünf Aufzügen" (Drama 1846)

1834, ein Jahr vor der Veröffentlichung des skandalerregenden Romans „Wally, die Zweiflerin", der den Anlass gab zum Verbotsbeschluss des Bundestags gegen die Autoren des Jungen Deutschland (vgl. Kap. IV, 3), veröffentlicht Karl Gutzkow (1811–1878) im Rahmen seiner zweibändigen „Novellen"-Sammlung die Geschichte eines anderen Zweiflers, der mit seinem Anspruch auf Freiheit des Denkens und Handelns zugrundegeht: „Der Sadduzäer von Amsterdam". Im Spiegel eines zeitlich und kulturell fremden Milieus (die Geschichte spielt im 17. Jahrhundert in der jüdischen Gemeinde Amsterdams) bezieht Gutzkow in dieser Novelle einerseits Stellung im Rahmen der vormärzlichen Auseinandersetzungen um Religion und Christentum, die als solche nicht losgelöst betrachtet werden können von den allgemeinen geistigen und politischen Debatten der Zeit. Mit der historischen Figur des jüdischen Philosophen Uriel Acosta (Gabriel da Costa, um 1585–1640), der sich in einen Kampf mit der jüdischen Orthodoxie verstrickt sieht, schildert er mit Blick auf seine Gegenwart andererseits und zugleich die Geschichte eines signifikanten Scheiterns an geistig, letztlich damit auch: politisch, beengenden Verhältnissen. Der Fall Acosta (und Acostas) ist ein exemplarischer: er zeigt die Situation der intellektuellen Opposition der Vormärzzeit, die sich gegen politische, geistige und religiöse Bevormundung zur Wehr setzt – und antizipiert ihr Scheitern.

Religion und Christentum

Wie in dem Roman „Wally, die Zweiflerin", dessen Grundkonstellation Gutzkow in „Der Sadduzäer von Amsterdam" mit Modifikationen im einzelnen vorwegnimmt, steht auch im Mittelpunkt der Novelle eine Figur des Zweifels; und wie in dem späteren Roman wird das Scheitern des mit dieser Figur verbundenen Versuchs einer geistig-religiösen Emanzipation im Scheitern einer erotischen Beziehung verspiegelt. In beiden Fällen – das ist in der Forschung nicht unbemerkt geblieben – entwirft Gutzkow „einen elitären männlichen Protagonisten, der in Opposition zu einem vorgefundenen, im einen Falle jüdischen, im anderen Falle christlichen, Religionssystem steht; eine junge weibliche Protagonistin, zu der der männliche Protagonist eine erwiderte affektiv-erotische Beziehung unterhält und die ihrerseits die religiösen Abweichungen dieses Partners für sich nicht nachvollziehen und akzeptieren kann." (Wünsch 2001, 191) Während Gutzkow in „Der Sadduzäer von Amsterdam" aber noch den Einzelnen, den titelgebenden „Sadduzäer" Uriel Acosta, im Konflikt mit den ‚Ideen' eines geschlossenen sozialen, religiösen und geistigen Systems zeigt, hat der männliche Protagonist des Romans „Wally, die Zweiflerin" die Auseinandersetzung mit dem Religionssystem bereits hinter sich. Cäsar muss auch keine Sanktionen mehr fürchten; überdies geht in „Wally, die Zweiflerin" gerade nicht er, sondern die weibliche Titelfigur zugrunde.

Geistig-religiöse Emanzipation

Acosta als Repräsentant des Skeptizismus

Der Untergang des Philosophen Acosta selbst wurzelt in einem Akt religiöser Restauration. Aufgewachsen als Sohn getaufter portugiesischer Juden, ist er als erwachsener Mann nach einem gründlichen Studium der christlichen Glaubenslehre im Zuge eines bewusst vollzogenen Aktes der Entscheidung für die Tradition gemeinsam mit seiner Familie wieder zum Judentum, „zum Gesetz" (GuW 4, 27), zurückgekehrt. Um den Nachstellungen der Inquisition zu entgehen, ist die Familie in das freie Amsterdam emigriert, das vielen spanischen und portugiesischen Juden im 17. Jahrhundert zur neuen Heimat wurde. Der Zweifel allerdings, d. h. der skeptische Rationalismus, der ihn „zuvörderst das historische Gewand von der Christuslehre" hat reißen lassen (GuW 4, 28) – David Friedrich Strauß' „Das Leben Jesu" ist zum Zeitpunkt der Niederschrift der Novelle noch nicht erschienen! –, frisst auch die Glaubensgrundsätze des Judentums an und bringt den zum Anwalt des jüdischen Gesetzes ausersehenen Gelehrten mit seinem ihm „angeborenen Hang zur Erforschung religiöser Wahrheiten" (GuW 4, 27) in Konflikt mit der Orthodoxie: „Hatte ich mich nicht von einem Symbol an das andere verkauft, von einer Zeremonie an die andere, von einem Zwange an den andern?" – so schildert Acosta seinem Vetter und Vertrauten Ben Jochai gegenüber seine Entwicklung, die ihn vom Zweifel zum „Haß gegen das Göttliche" und letztlich wieder zum Rückzug aus der geistigen Tradition des orthodoxen Judentums geführt hat (GuW 4, 28 f.). (Dass Ben Jochai, dem Judith, die von Acosta geliebte Tochter des Kaufmanns Manasse Vanderstraten, bereits von Kind an versprochen ist, mit ihm ein falsches Spiel treibt, weiss er zu diesem Zeitpunkt noch nicht.) Den gegen ihn als Häretiker und Apostat verhängten Ausschluss aus der Gemeinde kann er zunächst noch durch einen Widerruf vor der Synagogenleitung rückgängig machen, den er einzig aus Liebe zu Judith gegen seine innere Überzeugung erklärt. Die Möglichkeit dazu eröffnet ihm im Nachhinein seiner Verbannung aus im Erzählzusammenhang nicht ersichtlichen Gründen ausgerechnet der Gelehrte Judas de Silva, der im Auftrag der Synagoge entwendete private Aufzeichnungen Uriel Acostas auf ihre Vereinbarkeit mit den Glaubensgrundsätzen des Judentums überprüft hatte. Nachdem er zuvor mit seinem Gutachten noch maßgeblich zum Ausschluss Acostas aus der Gemeinde beigetragen hatte, argumentiert er gegenüber dem Rabbinat, die ‚Lehre' des Verbannten zielte keineswegs, wie unterstellt, darauf ab, „das Christentum zu empfehlen"; Acosta stehe vielmehr mit seinen Aussagen in der Tradition der „ausgestorbenen Sekte der Sadduzäer" (GuW 4, 42). Damit bestätigt De Silva zwar einerseits die Unvereinbarkeit der von Acosta vertretenen Ansichten mit den Glaubensgrundsätzen der jüdischen Orthodoxie; er spricht ihn andererseits aber vom Vorwurf des Abfalls vom Judentum sowie der geheimen Proselytenmacherei frei und nimmt Acostas Glaubensansichten zurück gleichsam in den jüdischen Glauben. Die historischen Sadduzäer nämlich wichen zwar in zentralen Glaubenssätzen (etwa mit ihrer Ablehnung des Auferstehungsglaubens oder der Vorstellung vom Eingreifen Gottes in die Geschichte) von der pharisäischen Orthodoxie ab, waren mit dieser jedoch einig in der Gegnerschaft gegenüber den Lehren Jesu; überdies genossen sie die volle „Freiheit […], im Tempel zu lehren" (GuW 4, 42).

Auf der Handlungsebene ergreift Uriel Acosta, der sich merkwürdigerweise der in einer überwiegend christlichen Umwelt bedeutungslosen „Illusion" des gegen ihn ausgesprochenen „Fluches" (GuW 4, 37) hingibt, die ihm sich durch De Silvas (und Ben Jochais) Vermittlung eröffnete Möglichkeit der Rückkehr in die Gemeinde. Er opfert nach außen „seine eigene Meinung den bestehenen Verhältnissen" auf (GuW 4, 43) und widerruft vor dem versammelten Rat, betrachtet dies letztlich aber als kaum mehr als eine Konzession an den Buchstabenglauben. Diese – vorübergehende – Lösung des Konflikts zwischen dem Einzelnen und der Gemeinde allerdings ist vordergründig und hat auch auf der Handlungsebene keinen Bestand. Durch die Frontstellung des Einen (Uriel Acosta) gegen die Vielen (die Gemeinde) spitzt Gutzkow zum einen unterhalb der Handlungsebene den theologischen Konflikt verschiedener Lager oder Parteien innerhalb einer fest umrissenen historischen Situation, der biblischen Zeit Jesu, ins Grundsätzliche eines Konflikts zwischen Autonomieanspruch und seiner Einschränkung, zwischen Gedankenfreiheit und Orthodoxie zu. Damit löst Gutzkow, wie Bettina Plett gezeigt hat, „die Grundkonstellation des Konflikts mit ihren inhaltlichen Implikationen aus dem allein individuell-biographischen Zusammenhang" heraus und verweist „auf grundsätzliche Muster und Motive der hier dargestellten Kontroverse" (Plett 1994, 275 f.). Die Apostrophierung Acostas als Sadduzäer, so Plett, ermögliche „mit der implizierten vergleichenden Assoziation den rückwärtsgewandten Blick auf die biblische Zeit", während die Darstellungsweise des Erzählers und das Gerüst der internen Handlungsmotivierungen die historische Anlage aufbreche, „so dass die Konfrontation als eine nicht nur theologische Streitfrage auf drei zeitlichen bzw. historischen Ebenen gespiegelt und reflektiert wird: – Biblische Zeit: Sadduzäer vs. Pharisäer im Neuen Testament / – Erzählte Zeit 1639/40: Acosta vs. orthodoxe jüdische Gemeinde / – Erzählergegenwart: politische und religiöse Opposition des ‚Jungen Deutschland' gegen Restauration und staatliche wie religiöse Orthodoxie" (Plett 1994, 276).

Innerhalb der Novellenhandlung lässt Gutzkow zum anderen den Versuch einer Rückkehr in einen überwundenen Zustand – aus der Freiheit des Selberdenkens in den Zustand der Unfreiheit der Tradition – aus subjektiven Gründen scheitern. Acosta kann den Verzicht auf die Unabhängigkeit und Freiheit des Denkens nicht im Ansatz durchhalten. Sieht er sich anfangs noch den Angriffen der Orthodoxie ausgesetzt, ohne selbst gegen dieses in der Öffentlichkeit Stellung bezogen gehabt zu haben (die Begründung für seine Bannung erfolgt auf der Basis geraubter privater Aufzeichnungen), macht der erzwungene Akt der Unterwerfung den Zweifler nun zum Empörer. In paradoxer Weise gibt ihm der Zwang zur ‚Rechtgläubigkeit' und damit der Bevormundung des Denkens durch die ‚Lehre' anderer „seine ganze Unabhängigkeit wieder zurück" (GuW 4, 44). Damit aber wird er zum „dritten Male Apostat" (GuW 4, 48). Er „warf die Gelehrsamkeit des Rechts und Unrechts beiseite, suchte die alten Weisen wieder hervor, die über den Zusammenhang menschlicher und göttlicher Dinge in alten und neuen Zungen geschrieben haben, suchte den Umgang freidenkender Männer unter Juden und Christen und begann auch, die Resultate seiner Forschungen wieder niederzuschreiben." (GuW 4, 48)

Freiheit versus Orthodoxie

Abweisung des religiösen Systems

V. Einzelanalysen repräsentativer Werke

Scheitern der erotischen Beziehung

Damit scheint sich zunächst der Einzelne in seinem Konflikt mit den ihn entmündigenden Verhältnissen durchgesetzt zu haben. Das Scheitern der über den Glaubenskonflikt geschichteten erotischen Beziehung zu Judith aber zeigt, dass das religiöse System nicht einfach verworfen werden kann. Zwar unterstützt Judith Acosta in seinem Drang zur freien Forschung (hier der Erforschung der Glaubenslehren); zwar versucht sie lange, dem Geliebten eine geistig ebenbürtige Partnerin zu sein. Letztlich aber kann sie ihm nicht in die äußerste Konsequenz seines Denkens folgen. Acostas Ansicht nach lassen sich die für das Christentum und das pharisäische Judentum gleichermaßen gültigen Theoreme der Unsterblichkeit der Seele und der Existenz eines Gut und Böse scheidenden Jenseits nicht aus dem Alten Testament bzw. der Thora ableiten und haben als solche keine Gültigkeit vor der Instanz des prüfenden Verstandes. Wie im Roman „Wally, die Zweiflerin" – die Parallelen zum Verhältnis Wallys und Cäsars liegen auf der Hand (vgl. S. 76 ff.) – erreicht auch in der Novelle aber allein der Mann das „Maximum an Religionsferne [...], während der Frau eine höhere Bindung an tradierte Religion zugeschrieben wird." (Wunsch 2001, 195) Für Judith ist mit Acostas Ablehnung der Offenbarungsreligion so nicht nur dem ihr Halt gebenden Gefühl religiöser Geborgenheit, sondern auch der Liebe zwischen Frau und Mann, zwischen ihr und Acosta, als innerweltlichem Pendant der Gottesliebe die Grundlage entzogen („Dann glaubst du also auch nicht, [...], dass unsere Seelen nach dem Tode wieder vereinigt werden?", GuW 4, 51). Wie Wally verliert auch sie in den kalten Höhen des abgeklärten Rationalismus „alle Fäden [...], die noch ihren Glauben und ihre Hoffnung zusammenhielten" (GuW 4, 52). Zutiefst verunsichert, vertraut sie sich Ben Jochai an, der nun die Masken fallen lässt und ihr rät, sich von Acosta zu trennen. Für den wiederum kommt die in der Tat daraufhin erfolgende Abwendung Judiths von ihm völlig überraschend. Der Bruch mit Judith wiederum spiegelt auf der privaten Ebene den erneuten Bruch mit der Synagoge, die ein zweites Mal den Bann über den Freigeist verhängt und seine Niederschriften dem Feuer übergibt.

Untergang des Freigeistes

Noch einmal versucht Acosta – auf Anraten seines (falschen) Ratgebers Ben Jochai – durch eine reumütige Rückkehr in den Schoß der Gemeinde, Judith für sich zurückzugewinnen. Er verliest diesmal öffentlich eine Widerrufserklärung, wird vor der versammelten Gemeinde ausgepeitscht und an die Schwelle der Synagoge gebunden, um von den Gemeindemitgliedern für seine Irrlehren buchstäblich ‚in den Staub getreten' zu werden. Judith freilich gewinnt er so nicht zurück. Sie heiratet Ben Jochai.

Acosta zerbricht an dem dreifachen Verlust: seiner Würde, seiner Selbstachtung und seiner Liebe. Nachdem er zuvor noch seinen Neffen Baruch de Spinoza, den der Text in Analogie zum Verhältnis von Johannes und Jesus als (größeren) Nachfolger Acostas einführt („Uriels Auge glänzte vor Begeisterung, er schloß den Neffen in seine Arme und rief in lateinischen Worten: , Veniet alter, qui me major erit!", GuW 4, 37), zu seinem geistigen Rächer erklärt hat, erschießt er Judith auf ihrer eigenen Hochzeitsfeier (die Kugel gilt eigentlich dem Verräter Ben Jochai, verfehlt aber ihr Ziel) und tötet anschliessend sich selbst.

„Uriel Acosta"

Gutzkow hat den Stoff 1846 noch einmal aufgegriffen und zu einer fünfaktigen Verstragödie umgearbeitet („Uriel Acosta. Trauerspiel in fünf Aufzügen", Uraufführung 13. 12. 1846, Hoftheater Dresden), welche die gesellschaftlich-politische Zeit-Dimension des Konflikts zwischen Geistes-Freiheit und Orthodoxie/Restauration schärfer akzentuiert. Sie gleicht damit unübersehbare Schwächen der Novelle aus, die den Konflikt zum großen Teil aus der Persönlichkeit des Gelehrten Acosta und seiner individuellen Entwicklung heraus entfaltet und die Handlungsmotivation anderer Personen, insbesondere Ben Jochais und Judas de Silvas, nur unzureichend entwickelt. Bereits die Exposition des Trauerspiels schärft mit einem Lobpreis De Silvas auf das freie Amsterdam den Zentralkonflikt: ausgerechnet im niederländischen Klima der Liberalität und der Toleranz wird Uriel Acosta zum Märtyrer einer Tragödie der Intoleranz und der Beschränkung des freien Denkens:

> SILVA. Wohl, wohl! Wenn hier die freie Republik
> Von Holland unser Volk nicht haßt, nicht grausam
> Wie andern Orts, in Spanien, Portugal,
> Am Rhein und an der Donau uns verfolgt,
> So ist es, denk' ich, erstens, weil ein Volk,
> Das so wie hier zu Land die Bibel ehrt
> Und aus dem Urquell seinen Glauben schöpft,
> Auch uns, die wir in finstrer Heidenzeit
> Die Offenbarung eines Einen Gottes
> Wie eine ew'ge Lampe pflegten, ehrt,
> In uns die Hüter der Verheißung ehrt,
> Die Söhne Davids ehrt, aus deren Stamm
> Sein Heiland, der ein Jude war, entsprossen.
> Und andernteils spricht immer noch für uns
> In diesem Dünenland das Blut, aus dem
> Die junge Freiheit der Provinzen sproßte.
> Denn jedes Volk, das selbst erfahren hat,
> Wie weh die Knechtschaft tut, wird Brüder nicht
> Aus einem blinden Vorurteil verfolgen.
> Der Niederländer schuf aus seinen Ketten Schwerter –
> Und aus den sieggekrönten Schwertern wieder
> Für andre Dulder Sklavenketten schmieden,
> Das wahrlich tut kein edeldenkend Volk.
> (GuW 3, 12)

Während der „Sadduzäer" allein wegen seines eigensinnigen *Denkens* verfolgt wird, hat sich der Uriel Acosta des Trauerspiels mit einer *Schrift* an die Öffentlichkeit gewandt, in der er sich unter anderem auch mit Thesen seines Lehrers De Silva kritisch auseinandersetzt. Diese Einführung De Silvas als Lehrer Acostas verstärkt noch den antiautoritären Charakter der Revolte des Skeptikers, der deutlicher noch als in der früheren Novelle als Held einer Übergangszeit agiert, die ihre Protagonisten scheitern lässt. Ausgerechnet De Silva nämlich, der Lobredner der niederländischen Toleranz, erwartet im Widerspruch zu seinen eigenen Lehren von seinem Schüler absolute Gefolgschaft in Glaubensfragen. Insofern verstärkt Gutzkow hier noch den geistigen Verrat des Denkers De Silva, der in der Novelle mit Hilfe des Vornamen ‚Judas' angedeutet war: De Silva ist ein *Judas* des freien Geistes; zwar bewundert er den Stil Acostas, dessen Abkehr von der Tradition aber lehnt er

Acosta als Held einer Übergangszeit

ab und trägt letztlich mit seinem Gutachten über die Unvereinbarkeit von Acostas Schrift mit Thora und Talmud zu dessen Verurteilung bei. Sein späterer Versuch, Acosta zu retten entspringt der Scham über diesen Verrat.

> SILVA. [...]
> Die Synagoge hat mit ihren Dogmen
> Ein heilig Recht auf liebende Verehrung;
> Denn grade jetzt, wo wir entronnen sind
> Dem Feuertod fanatischer Verfolgung,
> Jetzt endlich, wo zum ersten Male wieder
> Das Lob des Höchsten wie ein Opferrauch
> In Lüfte, die uns nicht verraten, steigt,
> Jetzt soll die junge Freiheit dazu dienen,
> Daß wir zerstörten, was so lang' gehalten,
> Was felsenfest im Elend unsers Volks
> Der Anker seiner Hoffnung bleiben durfte?
> Nein, nimmermehr!
> (GuW 3, 17f.)

Kampf des Geistes – Kampf des Herzens

Die Lösung des Konflikts zwischen Orthodoxie und Geistesfreiheit, die sich De Silva im Drama aufdrängt, ist dem in der Novelle eröffneten Ausweg diametral entgegengesetzt: „Der Autor ist kein Jude" (GuW 3, 27) – will heißen: er ist *Christ* – lässt De Silva nun verlauten. Acosta freilich ist nicht bereit, über die ihm von De Silva errichtete Brücke zu gehen und sich als Christ zu erklären, womit er der Gerichtsbarkeit der Synagoge entzogen wäre, freilich auch auf Judith verzichten müsste (auch hier weichen Novelle und Drama voneinander ab). Er lehnt diesen Ausweg als „Hintertür des falschen Mitleids" (GuW 3, 30) ab und nimmt im Unterschied zum „Sadduzäer" den Kampf des Geistes mit der jüdischen Orthodoxie auf, den die Tragödie in Zuspitzung der in der Novelle nur schwach motivierten Intrige von Anfang an einschreibt in einen ‚Kampf des Herzens', in dem Acosta in Gestalt des Kaufmanns Ben Jochai ein mächtiger Gegner entgegentritt.

Während sich alle anderen Amsterdamer Juden nach Acostas Bannung durch das Rabbinat von ihm abwenden, steht allein Judith in unverbrüchlicher Treue zu ihrem Lehrer. Mit einem Bekenntnis zur „freie[n] Tat" (GuW 3, 24) verweigert sie die ihr durch Familientraditionen abverlangte Ehe mit Ben Jochai und bekennt sich zu ihrer Liebe zu Acosta, von dem sie sich auch nicht durch den Hinweis auf familiäre Verpflichtungen („Ihr wißt, bei unserm Volk herrscht die Familie,/Der Vater will, das Kind gehorcht", GuW 3, 24) abbringen lässt.

> Nein, Uriel, Ihr habt einmal gebaut
> Vor meinen Augen eine Himmelsleiter,
> Und nun ich oben schwebe in dem Äther,
> Im Reich der seligsten Verklärung, zieht Ihr
> Die Staffel fort? Nie kann ich rückwärts finden,
> Nie mehr mit dem Gemeinen mich verbinden!
> (GuW 3, 25)

Im Haus Manasses findet Uriel Zuflucht, während De Silva zwischen der Synagoge und dem Verstossenen zu vermitteln sucht und schließlich die Rücknahme des Bannfluchs unter der Bedingung erreicht, dass Acosta zum

Widerruf bereit ist. Mit einer Reminiszens an das Freiheitspathos des Sturm und Drang („Mir selber bin ich eine ganze Welt.", GuW 3, 55) weigert Acosta dies zunächst, gibt angesichts des Drucks, den Ben Jochai mit seiner wirtschaftlichen Macht sowohl auf den alten Vanderstraten als auch auf Acostas Familie ausübt, schließlich aber nach und unterzieht sich wie in der Novelle einem demütigenden öffentlichen Exerzitium, das ihm die Rückkehr in die Gemeinde eröffnen soll.

Gutzkow gestaltet diese Entscheidung für die Unterwerfung Acostas als tragischen Irrtum des Philosophen, der seinen Platz in der Welt sucht. Denn nachdem er widerrufen hat, muss er erfahren, dass er sowohl seine blinde Mutter verloren hat (sie stirbt) als auch Judith, die in eine Ehe mit Ben Jochai einwilligt, um ihren Vater vor dem wirtschaftlichen Ruin zu retten; darüber hat sie mit Ben Jochai einen regelrechten Vertrag abgeschlossen. Judith selbst tötet sich an ihrem Hochzeitstag, noch bevor die Ehe vollzogen werden kann, mit Gift; Acosta folgt ihr in den Tod. Das letzte Wort bleibt De Silva, um das abschließende Urteil des Rabbiners Santos zurechtzurücken und von dem unbefriedigenden Zwischenzustand der Gegenwart aus eine Brücke in die Zukunft zu schlagen:

Irrtum des Philosophen

> SANTOS *(hervortretend nach der Seite, wo Uriel ging).*
> Der Glaube siegt, zwei Opfer sind gefallen.
>
> SILVA *(hält ihn zurück, blickt abwechselnd nach außen und auf Judith, die von Manasse gehalten bleibt).*
> O stört die Schauer dieser Stunde nicht!
> Zwei Zeugen eines Glaubens, der die Welt
> Verachtet! Richtet nicht, denn wie wir hier
> Erstarrt vor Schrecken steh'n, die wahren Mörder
> Des stummen Paars sind *wir*! O geht hinaus
> Und predigt: Schonung, Duldung, Liebe!
> Und was der wahre Gaube? Ach! Der Glanz,
> Der alten Heiligtümer, seh' ich, schwindet.
> Glaubt, was Ihr glaubt! Nur überzeugungsrein!
> Nicht *was* wir meinen siegt, de Santos! Nein!
> *(Er schlägt ans Herz.)*
> *Wie* wir es meinen, das nur überwindet.
> (GuW 3, 69)

Gutzkow selbst hat den Helden seines trotz zahlreicher, die Brisanz der Toleranzthematik unterstreichender Aufführungsverbote häufig gespielten Dramas in einem späteren Vorwort als „Helden der Konsequenz" bezeichnet und so gegen den Vorwurf der Charakterlosigkeit in Schutz genommen:

Acosta als ‚Held der Konsequenz'

Uriel Acosta ist *kein* schwankender und charakterloser Held, wie gewöhnlich behauptet wird, sondern das absolute Gegenteil. Denn würde sich Acosta das Leben nehmen, wenn er nicht, trotz scheinbarer Irritation der Konsequenz, die Konsequenz selbst wäre? Ein sich überwindendes, starres Gemüt will sich hier gleich anfangs aus den Armen der Liebe reißen und bleibt auf dem Schauplatz der vorauszusehenden Konflikte nur deshalb zurück, weil ihm seine Gemeinde den Prozeß macht. Jude nennt sich Acosta, während ihm freistünde, sich als Christ den Verfolgungen seiner Glaubensgenossen zu entziehen. Nur die tiefste, die sittlich *berechtigte* Mitleidenschaft des Gemüts für die gemeinsame Sache der Ahasverussöhne irritiert seine Konsequenz, und dieser *Gegendruck* seiner Überzeugungen wiegt denn doch, dächten wir, in seiner geschichtlichen Bedeutung zentnerschwer, zentnerschwer in einem Gemüt, dessen Organisation noch *keinem Juden unverständlich geblieben ist*, soweit sich ihm das Wort erprobte: „Das Wesen unseres Volkes ist die *Familie!*" Es ist Verleumdung und nur ein Verfolgen des Scheins, wenn man die Motive zu Acostas Widerruf in seiner „Charakterschwäche" findet. Keine unedle ist die Schuld, die Acosta auf sich ladet. Die Wehklagen eines geknechteten Volks binden seine Kraft; die blinden Augen seiner Mutter, der geschäftliche Ruin seiner Brüder, Hingebung, der Schmerz einer Liebe wie Judiths, die edle Duldung des ihn schützenden Manasse – wahrlich, alles das sind nicht vereinzelte Motive der Zufälligkeit, sondern es steht im Zusammenhang mit einem Ganzen, das den Helden – erstens durch seinen Widerruf auf die Höhe einer objektiven, historisch bindenden Sittlichkeit und – zweitens auf die Höhe jener allgemeinen menschlichen Gesetze hebt, die in der Geschichte aller Meinungskämpfe und Überzeugungen die Kundgebungen titanisch ansetzenden Mutes oft genug, leider bemitleidenswert und die Teilnahme herausfordernd, irritierten. […] Daß zuletzt die angespannte Kette, nachdem sich die Verhältnisse ändern, die Mutter tot ist und Judith, nach demselben Gesetz der Unterordnung auch *ihres* Willens unter ein gemeinsames großes Volksgesetz und Volksschicksal, das sie gegen Uriel geltend gemacht hatte, ebenso auch ihrerseits ihrem Vater zu gefallen verfährt, in stürmischer Eile *abrollt* und Uriel seinen Widerruf wieder zurücknimmt und zuletzt über den Bruch mit sich selbst sich tötet, macht ihn gerade zum *Helden* der Konsequenz. Sein Tod kann und soll nur *diese* Wirkung hinterlassen: Das Märtyrertum einer idealen Anschauung des Lebens enthält mehr Leiden und Prüfungen, als derjenige ahnt, der auf seinem Sofa von Konsequenz spricht! Wollt doch nur einmal etwas Großes in der Welt! Ihr werdet bald finden, daß Überzeugungstreue im großen Stil Phasen hat, die nicht die Phasen einer Stadtverordneten-Konsequenz sind. Die tragische Versöhnung über den Märtyrer des Judentums, über den Blutzeugen für das Prinzip der Familie, über den Blutzeugen für die Urberechtigung des Herzens und der *Liebe* auch in den Fragen des Geistes oder – des Hasses wird in dem Schlußgedanken de Silvas ausgesprochen: Das große Gesetz Gottes in der Geschichte scheine nicht zu sein, *was* wir an Wahrheit auffänden, sondern *wie* wir es auffänden. In diesem *Wie* seines Überzeugtseins hat Acosta trotz seines Unterliegens gesiegt. (GuW 3, 8f.)

2. Auf dem Weg zur Nation: August Heinrich Hoffmann von Fallersleben: „Das Lied der Deutschen" (1841)

Während eines Aufenthalts auf der Insel Helgoland, die zu dieser Zeit noch zum britischen Empire gehört, außerhalb der deutschen Länder also, schreibt der Lyriker und Germanist August Heinrich Hoffman von Fallersleben (1798–1874) am 26. August 1841 zur Melodie von Joseph Haydns Kaiserhymne „Gott erhalte Franz den Kaiser" (1797) „Das Lied der Deutschen".

Das Lied der Deutschen.

Deutschland, Deutschland über alles,
Über alles in der Welt,
Wenn es stets zu Schutz und Trutze
Brüderlich zusammenhält
Von der Maas bis an die Memel,
Von der Etsch bis an den Belt –

Deutschland, Deutschland über alles,
Über alles in der Welt.

Deutsche Frauen, deutsche Treue,
Deutscher Wein und deutscher Sang
Sollen in der Welt behalten
Ihren alten schönen Klang,
Uns zu edler Tat begeistern
Unser ganzes Leben lang –
Deutsche Frauen, deutsche Treue,
Deutscher Wein und deutscher Sang!

Einigkeit und Recht und Freiheit
Für das deutsche Vaterland!
Danach laßt uns alle streben
Brüderlich mit Herz und Hand!
Einigkeit und Recht und Freiheit
Sind des Glückes Unterpfand –
Blüh im Glanze dieses Glückes,
Blühe, deutsches Vaterland!

Vor allem im Ausland geht Hoffmann von Fallerslebens „Lied der Deutschen" der Ruf voraus, die Vorrangstellung des Deutschen zum Programm zu erheben und damit deutschem Nationalchauvinismus und deutschem Hegemonialdenken Ausdruck zu verleihen. Für Ruth Klüger ist es noch heute „ein Palimpsest, wo die Phasen eines erst anschwellenden, dann aus allen Fugen geratenen und wieder abflauenden Nationalismus übereinander auf dasselbe Blatt geschrieben sind, ein poetisches Vexierspiel für Kenner deutscher Geschichte." (Klüger 1999, 78) {Nationalchauvinismus und Hegemonialdenken}

Die spätere ideologische Vernutzung des Lieds und seine Indienstnahme für ein hybrides, letztlich mörderisches Nationalgefühl, die unübersehbar den Hintergrund dieser Aussage bildet, hat den ursprünglich demokratischen Charakter von Hoffmanns Dichtung vergessen lassen. 1841 und damit in einer Zeit nationaler Zersplitterung geschrieben, fasst das „Lied der Deutschen" so die politischen Programmpunkte des radikaldemokratischen Liberalismus der 1840er Jahre bündig zusammen: (verfassungsmäßige) *Einheit* Deutschlands (dafür steht das gemeinsame deutsche „Vaterland" und das Schlagwort der Einigkeit), *Volksherrschaft* (= Brüderlichkeit/Fraternité), *bürgerliche Freiheitsrechte* und *Freiheit in allen menschlichen Verhältnissen* (= Recht und Freiheit) – dies, wenn man so will, als Nachklang jener anderen (revolutionären) Trias von „Liberté, Fraternité, Egalité", die ein halbes Jahrhundert zuvor in Frankreich das Volk auf die Barrikaden geführt hatte: „Einigkeit und Recht und Freiheit / Für das deutsche Vaterland!" {Demokratischer Charakter des Lieds}

In einer Bewegung von außen nach innen, von der topographischen Stellung Deutschlands in der Welt (Strophe 1) über eine Inventarisierung der deutschen Kultur (Strophe 2) zum Appell, d. h. der – wie es der Dichterkollege Peter Rühmkorf nennt – „Anmahnung genossenschaftlichen Zusammenhaltens" (Rühmkorf 2001, 5) (Strophe 3), begleitet zugleich von einem Perspektivwechsel vom Objekt (es) zum Subjekt (uns), formuliert das „Lied der Deutschen" im unmittelbaren Rückbezug auf die 1815 (und darüber hinaus) enttäuschten Hoffnungen zur Schaffung eines deutschen Na- {Einigkeit als politischer Wert} tionalstaates die Hoffnungen auf politische Änderung. Das *einige* Deutschland ist Ziel und Fluchtpunkt des Gedichts: vierzehn Mal allein verwendet Hoffmann von Fallersleben ‚Deutschland' so in verschiedener grammatikalischer Gestalt in seinem Text, was den Signalcharakter des Wortes augenfällig macht. Die Vorrangstellung Deutschlands im Sinne des einigen ‚deutschen Vaterlands' formuliert 1841 dabei keinen hegemonialen Anspruch sondern vielmehr einen politischen Wert an sich; Hoffmann schreibt damit eine politische Idee in den fortschreitenden Gegenwartshorizont seiner Zeit ein: die Einheit Deutschlands als oberste Handlungsmaxime in einer Zeit, in der eben diese nationale Einheit noch nicht erreicht war.

Konzeptionen des Nationalstaats

Hoffmann denkt diese Einheit in der Fluchtlinie der alten Reichsidee, wie sie in Walthers von der Vogelweide oft als ‚Nationalhymne' des Mittelalters missverstandenem Lied „Ir sult sprechen willekomen" Ausdruck gefunden hat:

> Von der Elbe unz an den Rîn
> und her wider unz an Ungerlant
> mugen wol die besten sîn,
> die ich in der werlte hân erkant.

In den Versen „Von der Maas bis an die Memel, / Von der Etsch bis an den Belt" ist diese Vorstellung im Hinblick auf die 1841 aktuellen Grenzen des Deutschen Bundes modifiziert. Maas, Memel, Etsch und Belt markieren die Grenzen der deutschen Bundesstaaten unter Einschluss Österreichs (die Memel lag zwar außerhalb der Bundesgrenzen, gehörte aber noch zum preußischen Herrschaftsgebiet; auch der niederländische Teil von Limburg beiderseits der Maas gehörte seit 1839 zum Deutschen Bund). Damit formuliert Hoffmann von Fallersleben in seinem „Lied der Deutschen" verbindendes Ideengut jenes oppositionellen Mainstreams aus alten Patrioten der ‚Befreiungskriege', politischen Romantikern, Burschenschaftern und Nationalliberalen, der sich in den vierziger Jahren in immer radikalere Spielarten ausdifferenzieren sollte. Lediglich Linkshegelianer wie Ruge, Marx und Engels verwarfen diese nationale Perspektive der liberalen Opposition aus prinzipiellen Gründen (vgl. dazu Kap. V, 6).

Bereits in seinen „Unpolitischen Liedern" hatte Hoffmann von Fallersleben Ernst Moritz Arndts Frage „Was ist des Deutschen Vaterland" im Sinne der ganzen, geeinten Nation beantwortet:

> Kein Österreich, kein Preußen mehr,
> Ein einzig Deutschland hoch und hehr,
> Ein freies Deutschland Gott bescher'!
> Wie seine Berge fest zu Trutz und Wehr.

Einigkeit (als politischer Wert und Voraussetzung politisch zielgerichteten Handelns) verbindet sich hier wie im „Lied der Deutschen" mit der Vorstellung von Deutschland als einem dem Grundsatz nach defensiven Schutz- und Trutzbündnis, das mit dem Expansionismus des wilhelminischen Reiches oder gar der imperialen Gier des nationalsozialistischen Deutschland in eins zu setzen historisch verfehlt wäre.

Inventarisierung der deutschen Kultur

Dass Hoffmann den weiblichen Teil der Bevölkerung in der zweiten Strophe aus dem Prozess der intendierten Nationenbildung aus- und in die zu bewahrende Tradition einschließt (in ihrer Wertigkeit Treue, Wein und

Gesang gleichgestellt), wirkt heute auf den ersten Blick mehr als befremdlich (Ruth Klüger spricht davon, Hoffmann behandle hier die halbe Bevölkerung „als Exportware von gutem Ruf wie Wein" – Klüger 1999, 77). Auf der anderen Seite sollte allerdings auch nicht übersehen werden, dass Hoffmanns Verwendung rhetorischer Formeln einer vermeintlich altdeutschen Gemütlichkeit hier im Rückgriff erfolgt auf die nationalen Bildungskonzepte der späteren Romantik, wie sie unter anderem in den Sammlungen und Bearbeitungen volkstümlicher Literatur durch Arnim und Brentano (*Des Knaben Wunderhorn*, 1806–1808), Görres (*Die teutschen Volksbücher*, 1807) und den Grimms (*Kinder- und Hausmärchen*, 1812–1822; *Deutsche Sagen*, 1816–1818) einen Niederschlag gefunden haben. Sie wiederum wurden getragen von der Idee der Herausbildung eines ‚Volksgeistes' und führten damit zum einen Herders Konzept der Volkspoesie weiter; sie sind als Versuche der Wieder-Holung einer utopischen Ursprünglichkeit zum anderen ihrerseits aber auch historisch zu verstehen als Antwort auf die nationale Zersplitterung und die sich abzeichnenden Entfremdungserfahrungen der modernen Zivilisation.

Bereits formal, durch einen Wechsel des Reimschemas (Strophe 1 und 2 jeweils abc bdb ab; Strophe 3: abc bab db) und der syntaktischen Struktur, ist die dritte Strophe von den beiden vorangegangen abgehoben (Lermen 1994, 91 f.). Die Abfolge dreier kurzer syntaktischer Einheiten skandiert einen durch den Gedankenstrich des drittletzten Verses nach vorn geöffneten Denkprozess, der mit den beiden letzten Verszeilen den Blick freigibt auf ein im Glanz seines Glückes blühendes deutsches Vaterland als Ergebnis des ‚gemeinschaftlichen' Zusammenhaltens und ‚brüderlichen' Strebens. Dreimal zum Satzschluss gesetzte Ausrufezeichen unterstreichen die appellative Dimension dieser Schlussstrophe, deren suggestiver Charakter noch durch die Wendung zum ‚wir' und die Steigerung der rhetorischen Struktur durch prägnante Alliterationen (Herz – Hand; Glanz – Glück), Wiederholungen und anaphorische Wendungen verstärkt wird. Mit dem zweimal wiederholten Polysyndeton „Einigkeit und Recht und Freiheit", das als solches keine abstufende Wertigkeit zwischen den Zentralforderungen erlaubt, formuliert das Gedicht das ‚Grundgesetz' des ‚neuen' Deutschland als „lebendige[r] Gemeinschaft freier und durch das Recht gleichermaßen geschützter Menschen" (Lermen 1994, 92). Von hier aus beantwortet sich durch die – im übrigen bereits von Seume („Einigkeit, Recht und Freiheit") und Ernst Moritz Arndt („Freiheit, Vaterland und Recht") rund dreißig Jahre zuvor in leicht abgewandelter Form verwendete (Hermand 1977, 77) – Trias von „Einigkeit und Recht und Freiheit" noch einmal und genauer Ernst Moritz Arndts Frage „Was ist des Deutschen Vaterland": es ist die Herzensgemeinschaft freier Bürger.

Nation als Herzensgemeinschaft

Wie keine andere Dichtung der Vormärz-Zeit hat Hoffmann von Fallerslebens „Lied der Deutschen" bis heute weitergewirkt. Die eingängige Struktur des von Hoffmann mit seinem vierhebigen trochäischen Rhythmus und seiner übersichtlichen Reimgestaltung unter Aufbietung von Stab-, End- und Binnenreimen, Assonanzen und Wiederholungen bewusst in die Volksliedtradition gestellten Gedichts hat diese Wirkung unterstützt. Bereits Hoffmanns Verleger Campe hatte sich von dem Lied einen ähnlich großen

Wirkungsgeschichte

Verkaufserfolg wie von Nikolaus Beckers „Rheinlied" versprochen und es am 28. August 1841 während eines Besuchs bei Hoffmann auf Helgoland für vier Louisdors – eine für die Zeit nicht unerhebliche Summe – erworben. Am 1. September brachte er es zusammen mit den Noten Haydns als Einzeldruck für einen Preis von zwei Groschen auf den Markt. Bereits wenige Wochen später, am 5. Oktober, wird das Lied erstmals öffentlich in Anwesenheit Hoffmanns von der „Hamburger Liedertafel von 1823" zu Ehren des badischen Liberalen Carl Theodor von Welcker gesungen, der sich zu dieser Zeit in Hamburg aufhielt. Nachdrucke des Lieds erfolgten 1842 in Hoffmanns „Deutschen Liedern aus der Schweiz", 1843 in dem Kommersbuch „Deutsche Lieder" und 1844 in Ludwig Bechsteins „Deutschem Liederbuch" sowie im „Allgemeinen deutschen Lieder-Lexikon". Hoffmann selbst zählt kurz vor seinem Tod mehr als fünfzig Vertonungen des Gedichts.

Nichtsdestotrotz scheinen die Verkaufszahlen offensichtlich weit hinter Campes Erwartungen zurückgeblieben zu sein. Zumindest beklagt der Verleger sich am 18. Februar 1842 in einem Brief an Hoffmann darüber, das Lied habe „kein Glück" gebracht und er bekomme die Kosten „nicht heraus". Nur kurz zuvor waren obendrein Hoffmanns „Unpolitische Lieder" per Ministerialerlass konfisziert worden; Campe selbst hatte zunächst im Königreich Hannover, dann auch in den Preußischen Staaten seine Lizenz verloren. Hoffmann seinerseits wurde noch 1842 ohne Pension aus seiner Anstellung als preußischer Universitätsprofessor entlassen und aus Preußen ausgewiesen, womit für ihn Jahre einer unsteten Wanderung von Ort zu Ort begannen, die erst 1860 mit seiner Anstellung als Bibliothekar in Corvey ein Ende finden sollten.

Nationalhymne

Ungeachtet dessen erfreute sich das „Lied der Deutschen" in den Jahren vor der Revolution einer beachtlichen Popularität, die allerdings wie im Falle anderer Dichtungen der vorrevolutionären Phase die Niederlage der Revolution nicht überdauern sollte. Nachdem sich die europäische Staatenwelt 1849 wieder auf die alten gesellschaftlichen Zustände zurückgeworfen sah, gegen die sich im Vormärz der Liberalismus und die radikale Demokratie als Opposition formiert hatten, war auch die Zeit der politischen Lyrik fürs erste abgelaufen. Das Scheitern der bürgerlichen Revolution von 1848 zog eine signifikante Veränderung des Politikbegriffs nach sich, der nun in entscheidender Weise an den realistischen Machtverhältnissen ausgerichtet wurde (was seinen Niederschlag wiederum in einem Funktionswandel der Literatur findet). (Vgl. Kap. IV,6.) In diesem Klima war zunächst kein Platz für den revolutionären, demokratischen Impetus des Deutschland-Lieds. Erst im wilhelminischen Kaiserreich kam Hoffmanns Hymne, nachdem sie fast in Vergessenheit geraten war, wieder zu Ehren, auch wenn zunächst weiterhin dem auf die englische Königshymne geschriebenen alten Preislied auf den König von Preußen „Heil dir im Siegerkranz" die Aufgabe zukam, die deutsche Nation zu repräsentieren. Immerhin wurde das „Lied der Deutschen" 1890 bei der Übertretung Helgolands an das Deutsche Reich (das britische Empire hatte die Insel gegen Sansibar eingetauscht) zum ersten Mal bei einem offiziellen Staatsakt angestimmt sowie 1901 bei der Enthüllung des Berliner Bismarck-Denkmals in Anwesenheit des Kaisers gesungen, der selbst seine Rede zur Immatrikulation des Kronprinzen kurz vorher mit „Deutschland, Deutschland über alles" beendet hatte (Knopp/Kuhn 1988, 55).

Der demokratische Gedanke des Gedichtes hatte sich zu dieser Zeit nicht nur bereits verflüchtigt; das Kaiserreich schickte sich, nachdem die deutsche Einheit erreicht war, vielmehr auch an, den Lobpreis auf das ‚deutsche Vaterland' („Deutschland, Deutschland über alles") jetzt politisch im Sinne einer nationalistischen Selbstüberhebung des Deutschtums auszudeuten – dass nämlich „Deutschland befähigt und berufen sei, über alles in der Welt zu herrschen." (Knopp/Kuhn 1988, 56) Im Ersten Weltkrieg stürmten dann laut Heeresbericht vom 11. November 1914 deutsche Soldaten mit Hoffmanns Lied auf den Lippen in der Schlacht von Langemarck die feindlichen Linien.

Seinen Aufstieg zur deutschen Nationalhymne im Jahre 1922 wiederum verdankt Hoffmanns Lied einer taktischen Überlegung des sozialdemokratischen Reichspräsidenten Friedrich Ebert. Ebert hatte in der politisch instabilen Situation der jungen Weimarer Republik auf diesem Wege die konservativen und revanchistischen Kräfte mit der Idee der Republik aussöhnen zu können gehofft. Ironischerweise bestätigten die Nationalsozialisten nach ihrer Machtübernahme diese Entscheidung Eberts für „Das Lied der Deutschen" als deutscher Nationalhymne, kombinierten allerdings seine erste Strophe mit dem Horst-Wessel-Lied („Die Fahne hoch"); die beiden folgenden Strophen wurden bei offiziellen Anlässen weggelassen. In der damaligen Sowjetisch besetzten Zone wurde das Deutschlandlied darum sofort nach dem Krieg verboten und bei der Gründung der DDR 1949 durch eine neue Hymne ersetzt („Auferstanden aus Ruinen", Text: Johannes R. Becher; Musik: Hanns Eisler), was den beanspruchten Bruch mit der unheilvollen deutschen Tradition auch auf der Ebene der staatlichen Symbolik deutlich zum Ausdruck bringen sollte. Im Unterschied dazu kam in der jungen Bundesrepublik Hoffmanns „Lied der Deutschen" 1952 nach einer dreijährigen hymnenlosen Zeit, reduziert auf seine dritte Strophe, wieder zu Ehren. Die Beschränkung auf die dritte Strophe entsprach einem zwischen dem damaligen Bundeskanzler Konrad Adenauer und dem Bundespräsidenten Theodor Heuss ausgehandelten Kompromiss. Adenauer bestand einerseits auf der alten Hymne als Ausdruck der politischen Leitprogrammatik der einen, unteilbaren Nation; andererseits schien auch ihm die erste Strophe politisch nicht mehr opportun, die zweite mit ihrem Lobpreis von ‚Wein – Weib – Gesang und Treue' kaum mehr zeitgemäß zu sein (vgl. dazu den Briefwechsel zwischen Adenauer und Heuss in Seiffert 1964, 16 ff.). In der Formel „Einigkeit und Recht und Freiheit" aber konnte sich die junge Bundesrepublik über alle Widersprüche hinweg finden.

Guido Knopp und Ekkehard Kuhn betrachten den nach wie vor verkrampften Umgang der Deutschen mit ihrer Hymne – im erweiterten Sinn gilt dies für nationale Symbolik als solche – als Folge des nach wie vor (und historisch begründeten) gestörten Verhältnisses der Deutschen zur Nation: „Unser Umgang mit der Hymne ist [...] ungelenk, verklemmt, versehrt – ein Ausdruck der Versehrtheit unserer Nation. Es scheint, als ob unsere Nationalhymne erst dann wieder ein Synonym für Einigkeit und Recht

Deutschland, einig Vaterland

und Freiheit aller Deutschen sein kann, wenn wir unser Verhältnis zur Nation in Ordnung gebracht haben." (Knopp/Kuhn 1988, 17) Fragt sich, ob ein Neuanfang mit einer neuen Hymne dafür nicht der geeignetere Weg gewesen wäre. Die Chance dafür immerhin hätte sich im Zuge der Wiedervereinigung der beiden deutschen Teilstaaten nach dem Fall der Mauer geboten.

3. Geschichte als Material: Nikolaus Lenau: „Die Albigenser. Freie Gesänge" (1842)

Poetische Bewältigung der Außenwelt

In der politisch angespannten Situation der ausgehenden dreißiger und der frühen vierziger Jahre schreibt der bis dahin von der zeitgenössischen Kritik vor allem seiner weltschmerzlichen Naturgedichte wegen geschätzte österreichische Dichter Nikolaus Lenau (1802–1850) seine ‚freie' Versdichtung „Die Albigenser". 1842 veröffentlicht, zeigt sie nicht nur in geradezu exemplarischer Weise, welch breite Kreise die Hegel-Rezeption in diesen Jahren zu ziehen begonnen hat. Sie liest sich geradezu auch wie eine Antwort auf die von Robert Prutz in den „Hallischen Jahrbüchern" kurz zuvor erhobene Forderung an die Dichter, endlich Schluss zu machen mit der Poesie des Weltschmerzes und der Zerrissenheit – Prutz spricht in diesem Zusammenhang „von dem müßigen Durchgrübeln inhaltloser Innerlichkeit" – und sich statt dessen „der poetischen Bewältigung der Außenwelt, des Wirklichen, der Geschichte" zuzuwenden (Prutz 1975, 22). Dass „Die Albigenser" zahlreiche versteckte oder offene Kommentare und Stellungnahmen zu zeitaktuellen Debatten enthalten, beispielsweise zur Frage der Parteilichkeit der Dichtung, zur Diskussion um die „Emanzipation des Fleisches" oder zum Hass als energetischer Kraft des Befreiungskampfes, begründet den besonderen Stellenwert gerade dieser Dichtung innerhalb der vormärzlichen Literatur.

Hegel und die Geschichte

Auf irritierende Weise überkreuzen sich in Lenaus „Albigenser"-Dichtung ein durch Ernüchterung und Trauer verschatteter Blick auf die Gewalt bzw. das Leiden in der Geschichte und der Versuch, sich inmitten all der Trostlosigkeiten einer Epoche der Grausamkeit im Rückgriff auf Überlegungen Hegels der Transzendenz eben der Geschichte zu vergewissern. Die Anstrengung durch den Spiegel des historisch weit zurückliegenden Kreuzzugs der römisch-katholischen Kirche gegen die südfranzösische Katharerbewegung (Albigenser) im ausgehenden 12. und 13. Jahrhundert von der Überwindung der eigenen leeren Zeit zu erzählen, geht als Riss durch den Text, der in schier endloser Wiederholung Zerstörung, Selbstzerstörung, Tod und Untergang zur Sprache bringt.

Orthodoxie versus Häresie

Der Kampf der katholischen Orthodoxie gegen die Häresie, in dessem Schatten mit der Inquisition eine Institution entstand, die zum Symbol der Unterdrückung schlechthin werden sollte, lieferte Lenau dafür den stofflichen Rahmen; im engeren Sinn ist es das Pontifikat Innozenz III. (1198–1216), eines energischen Vertreters der Machtansprüche des Papsttums, der 1208 die Christenheit zum ‚heiligen

Krieg' gegen die „Albigenser" und deren Beschützer, den Grafen Raimund VI. von Toulouse, aufrief und damit eine Vernichtungsmaschinerie in Gang setzte, die im Verlaufe vierer Jahrzehnte den Süden Frankreichs regelrecht ausbluten ließ, angestammte Besitzrechte radikal umkrempelte und das blühende kulturelle Leben in der Provence zerstörte.

Es ist eine Welt ohne Erbarmen, die Lenaus „Albigenser"-Dichtung mit einer irritierenden Faszination für das Grauenhafte und Hässliche, für Tod und Verwesung (Kaiser 1990), in den Blick nimmt – eine „Welt voll Haß und Feindeswuth" (Lenau, HKA IV, 152), in der ein mörderischer Streit um Glaubensinhalte und Ideologien sich blutig den Körpern einschreibt, sie zeichnet und vernichtet. Regelrecht außer sich sind die Menschen, die Lenaus Dichtung dem Leser vor Augen führt – und die wenigen humanen Reste (zumindest auf der Seite der Angreifer) trägt er in der Poesie eines stoisch vorgetragenen Reigens der Massaker mit der ausdauernden Präzision des Chronisten ab.

Lenaus Blick zurück in die Geschichte des Kreuzzugs gegen die Albigenser ist allerdings nicht der des Historikers. Auch leitet Lenau bei seinem imaginären Rundgang durch das historische Schreckenskabinett eines Schlachtgetümmels, in dem mit den Körpern auch die Konzepte der christlichen Gemeinde und der säkularen Zivilgesellschaft regelrecht zermalmt werden, mehr als nur ein morbid-schauerlicher intellektueller Extremismus, der sich am Grausamen abarbeitet, ohne etwas damit zu meinen. Lenaus Blick zurück ist ein Blick nach vorn – zumindest seiner Intention nach (was im Resultat dann nicht unbedingt auch eingelöst wird). Lenau bricht, mit anderen Worten, seine Zeit durch das Prisma der Geschichte; er konstruiert Geschichte im Hinblick auf die Gewinnung von Zukunft: als Spiegelfläche zeitaktueller Probleme und zugleich damit als ‚Jetztzeit' im emphatischen Sinn. Mit der römischen Orthodoxie und der katharischen Häresie stehen sich in der Perspektive der Lenau'schen Dichtung über die Wende vom 12. zum 13. Jahrhundert hinaus so auch zwei gesellschaftliche Modelle gegenüber: ein totalitäres (in Lenaus politischer Begrifflichkeit: despotisches) Gefüge, das Selbständigkeit (des Denkens) nicht duldet und blinde Unterwerfung verlangt, und ein offenes System, das die Differenz erlaubt. Im Rahmen dieser Konfiguration agieren die historischen Häretiker als Repräsentanten eines freien Lebens. Als „der Freiheit kühne Fechter" (Lenau, HKA IV, 218) sind sie Vorläufer und Vor-Bild eines (vorerst gescheiterten) Freiheitskampfes, dessen aktuelle politische Bedeutungsdimension die Dichtung ganz unmittelbar ausspricht: „Wagt über seinen Gott der Mensch zu denken, / So wird er's auch an seinem Fürsten wagen, / Er wird nicht blind sich ihm zu Füßen senken; / Woher dein Recht? und gilt es? wird er fragen." (Lenau, HKA IV, 205)

Geschichte als Prisma

Das Interesse Lenaus am Material- und Modellcharakter des Albigenser-Kreuzzugs erklärt die eklatante Vernachlässigung der *theologischen* Differenz zwischen der katholischen Orthodoxie und der katharischen Häresie in seiner historischen Erinnerung. Lenaus Dichtung ist blind für die Differenz ihrer Freiheitsutopie zum moralischen und ethischen Rigorismus der Katharer, denen es gerade nicht um *innerweltliche* Erlösung, sondern um eine *spirituelle* ging – vom Widerspruch zwischen dem strikten Asketismus

Freiheitsthematik

der Katharer und dem blühenden kulturellen Lebensstil der südfranzösischen Kultur, vor allem der provençalischen Liebesdichtung, ganz zu schweigen. Auf der anderen Seite hat Lenau in das Glaubensbekenntnis der Katharer mit dem Vers „Nach langem Schlafe regt sich forschend der Gedanke" (Lenau, HKA IV, 193) die Forderung nach Geistesfreiheit eingeschmuggelt: „Die freie Forschung ist's, wozu wir uns bekennen. / Wir lassen uns den Geist nicht hemmen mehr und knechten; / Es gilt, das höchste Recht auf Erden zu verfechten." (Lenau, HKA IV, 193)

Hegels Philosophie der Geschichte

Die Vorstellung, dass die Freiheit des Menschen – für sie steht die ‚freie Forschung' als Freiheit des Denkens in den zitierten Versen metonymisch ein – Zielpunkt der Geschichte ist, wird von Lenau ganz unmittelbar nun im Rückgriff auf Hegels Philosophie der Geschichte entfaltet. Dieser Rückgriff mildert die von Lenau mit kalter dichterischer Präzision in Szene gesetzte Grausamkeit und zieht dem Porträt der Weltgeschichte als „Schlachtbank" (Hegel) das Korsett einer allgemeinen Sinnstruktur ein, in der auch der vermeintliche „Held" des Gedichts, der „Zweifel" (Lenau, HKA VI/1, 89), Beruhigung findet – zumindest auf den ersten Blick und ein Stück weit. Für den Lenau der „Albigenser" wies Hegels Geschichtsphilosophie – das unterscheidet ihn nicht von Hegels Schülern auf der Linken wie der Rechten – in die Zukunft, auch wenn Lenau nicht so weit ging wie die späteren ‚Marxisten', die Hegels Methode der begreifenden Analyse vergangener Bewegungen zur Legitimation revolutionärer Bewegungen benutzten. Demonstrativ sucht Lenau so am Schluss der Dichtung mit dem Verweis auf die erlösende Kraft des Gedankens („Vollenden wird Erlösung der Gedanke" [Lenau, HKA IV, 267]) und den alles bewegenden Geist den Anschluss an die Hegel'sche Religions- und Geschichtsphilosophie.

Der Schlussgesang

Dieser Schlussgesang bietet ein Resümee der geschilderten Ereignisse, eine geschichtsphilosophische Einordnung des Vergangenheitsgeschehens und eine Poetologie des Geschichtsepos/-dramas, darin eingeschlossen eine Poetologie der Grausamkeit. Er öffnet einen Blick in den poetischen Maschinenraum der Dichtung und erläutert das Verfahren der historischen Rückblende. Zugleich kulminieren in ihm die Frühlings-, Morgenruf- und Aufbruchmetaphern, die vor allem das letzte Viertel des Textes durchziehen und so den ‚Blick zurück' in der Gegenwart des Vormärz zentrieren: in einem Akt poetischer Sinngebung. Die Toten setzen Zeichen in der Geschichte, die sich im Rückblick betrachtet zu einer Kette der Begebenheiten fügen (sollen):

> Nicht meint das Lied auf Todte abzulenken
> Den Haß von solchen, die uns heute kränken;
> Doch vor den schwächern, spätgezeugten Kindern
> Des Nachtgeists wird die scheue Furcht sich mindern,
> Wenn ihr die Schrumpfgestalten der Despoten
> Vergleicht mit Innocenz, dem großen Todten,
> Der doch der Menschheit Herz nicht still gezwungen,
> Und den Gedanken nicht hinabgerungen.
>
> Das Licht vom Himmel läßt sich nicht versprengen,
> Noch läßt der Sonnenaufgang sich verhängen
> Mit Purpurmänteln oder dunklen Kutten;

> Den Albigensern folgten die Hussiten
> Und zahlen blutig heim, was jene litten;
> Nach Huß und Ziska kommen Luther, Hutten,
> Die dreißig Jahre, die Cevennenstreiter,
> Die Stürmer der Bastille, und so weiter.
> (Lenau, HKA IV, 274)

Mit diesen – Hegels „Vorlesungen über die Philosophie der Geschichte" nun auch ganz direkt mit der Revolutionsmetapher des Sonnenaufgangs zitierenden – Schlussversen verwandelt sich die Klage über die nach wie vor noch nicht erreichte Vollendung der Geschichte im Bewusstsein der Freiheit unter der Hand in eine Erbauungslektion für Melancholiker. Das Bild der aufsteigenden Kette birgt die Niederlagen und mit ihnen die Toten im Schoß einer Gewissheit, die die Sehnsucht nach dem sich selbst offenbarenden Sinn in der Geschichte vordergründig hineinholt in die Gegenwart, die gleichzeitig damit entscheidend verzeitlicht wird. Allerdings setzt Lenaus Dichtung die Vernichtung der Albigenser mit einem aus dieser Gegenwart gleichsam herausknospenden Frühling und damit einer Zukunft ins Verhältnis, von dem bzw. der sie sich selbst keine Vorstellung macht. Nicht nur fällt es angesichts einer das Hässliche, die Gewalt und Grausamkeit ausschreibenden Ästhetik schwer, dem Optimismus der Schlussverse als solchem zu folgen; schwerer noch wiegt, dass im Grunde genommen die Zukunft in Lenaus Denken, wie es sich in seiner Dichtung darstellt, keine Dimension an sich ist – und eben darin ist seine Dichtung ein Stück weit auch symptomatisch für weite Teile der Vormärz-Dichtung. Lenaus Epos hat keinen Begriff von Zukunft; und vor allem: es hat über das Pathos hinaus auch keinen Begriff der Freiheit, die sie formelhaft beschwört. Gerade was diese Unschärfe angeht, ist Lenaus Versepos repräsentativ für weite Teile der Vormärzdichtung, die – das gilt beispielsweise auch für die tonangebenden Autoren der politischen Lyrik Hoffmann von Fallersleben, Herwegh und Dingelstedt (nicht aber für beispielsweise Heine oder Weerth) – anstelle programmatischer Klarheit zu einer Verschwommenheit Zuflucht nimmt, die sich im Pathos rhetorischer Emphase erschöpft.

4. Altdeutschlands Leichentuch: Heinrich Heine: „Die schlesischen Weber" (1844)

Krisenerscheinungen in den unterschiedlichen wirtschaftlichen Sektoren (Agrarwirtschaft, Handwerk, Heimgewerbe, Industrie) verschärfen in den 1840er Jahren die Notlage breiter Bevölkerungsschichten und führen zu einer Radikalisierung des sozialen Protests, der im Hungeraufstand der schlesischen Weber vom Frühsommer 1844 seinen vielleicht nachhaltigsten Ausdruck gefunden hat. Weder die Teuerungskrawalle der zweiten Hälfte der vierziger Jahre noch die zahlreichen Übergriffe auf Läden, Märkte und Magazine haben eine derartige Aufmerksamkeit auf sich gezogen wie die durch die Verdrängung des traditionellen Weber*handwerks* durch *maschinelle* und *fabrikmäßige* Produktionsformen hervorgerufene Ver-

Webereelend

zweiflungstat der schlesischen Weber, die im Vormärz ein breites publizistisches und insbesondere auch literarisches Echo gefunden hat – kaum ein bedeutender Schriftsteller, der sich nicht damit beschäftigt gehabt hätte (Textbeispiele bei Wehner 1980, vgl. insbesondere auch Kroneberg/ Schloesser 1979; Wehner 1981).

Die soziale Problematik des Weberelends ist nicht allein auf Schlesien beschränkt, spitzt sich aber hier, wo es bereits 1793 zu ersten Hungerrevolten gekommen war, in besonderem Maße zu. Die schlesische Leinenindustrie hatte seit der Jahrundertwende einen beispiellosen Niedergang erfahren, der das bereits im 18. Jahrhundert unter den Webern und Spinnern verbreitete Elend erheblich verschärft hatte. Die Abhängigkeit der einzelnen Weber, deren Löhne seit 1830 um rund 75% gesunken waren, von der Marktmacht einiger weniger Großunternehmer hatte die soziale Schieflage bereits ins Unerträgliche wachsen lassen, als einzelne Fabrikanten im Zuge einer vorübergehenden Börsenkrise die Löhne noch weiter zu drücken versuchten. In den schlesischen Ortschaften Langenbielau und Peterswaldau kommt es am 4. und 5. Juni 1844 daraufhin zu Aufständen, die mit Waffengewalt durch das Militär niedergeschlagen wurden. Es gab mehrere Tote, darunter Frauen und Kinder, sowie zahlreiche Verletzte; 1500 Weber wurden verhaftet, allein 87 von ihnen in anschließenden Verfahren zu mehrjährigen Haftstrafen und Auspeitschungen verurteilt. Die Kosten des Gerichtsverfahrens allerdings wurden auf die Fabrikanten umgelegt, überdies die Verurteilten auf Antrag des Gerichts zwischen 1845 und 1846 sämtlichst begnadigt, da sie sich nach Ansicht der Richter nur aus Armut und Auswegslosigkeit empört gehabt hätten (Wehler ²1989, 661 ff.; Wehner 1980, 8 ff.).

„Die schlesischen Weber" als Zeitgedicht

In unmittelbarer Reaktion auf die Presseberichte über die Niederschlagung des Weberaufstands schreibt Heine zwischen Anfang Juni und Anfang Juli 1844 eine erste, noch vierstrophige Fassung seines berühmten Gedichts „Die schlesischen Weber", das am 10. Juli 1844 mit dem Titel „Die armen Weber" im Pariser „Vorwärts!" im Rahmen einer Artikelreihe über den Weberaufstand erstmals veröffentlicht wurde und ungeachtet des Verbots seiner Verbreitung und öffentlichen Lesung bald schon als Flugblatt in Deutschland kursierte (Füllner, Hauschild, Kaukoreit 1985). Für einen Nachdruck in Hermann Püttmanns „Album. Originalpoesieen" hat Heine sein Gedicht 1845 überarbeitet und um eine fünfte Strophe ergänzt. Diese zweite, wirkungsgeschichtlich maßgebliche Fassung erschien mit dem nun endgültigen Titel „Die schlesischen Weber" und dem Zusatz „vom Dichter revidiert" mit der Jahresangabe 1847 im Oktober 1846. Im „Vorwärts!" wurde sie am 14. 2. 1847 noch einmal nachgedruckt.

„Die schlesischen Weber" ist das bekannteste der Zeitgedichte, die Heine in den vierziger Jahren geschrieben hat. Mit der Gestaltung der um ihr Existenzrecht gebrachten Unterschichten als den Totengräbern des sich auf einen vertröstenden Jenseitsglauben, massive Unterdrückungsgewalt und Ausbeutung sowie eine heuchlerische Deutschtümelei stützenden ‚alten' Deutschland, entwickelt es aus dem in den 1840er Jahren zunehmend explosiveren Gemisch sozialer Spannungen eine machtvolle Untergangsdrohung.

4. Heinrich Heine: *Die schlesischen Weber*

Die schlesischen Weber.

Im düstern Auge keine Thräne,
Sie sitzen am Webstuhl und fletschen die Zähne:
Altdeutschland, wir weben dein Leichentuch,
Wir weben hinein den dreyfachen Fluch –
Wir weben, wir weben!

Ein Fluch dem Gotte, zu dem wir gebeten,
In Winterskälte und Hungersnöthen;
Wir haben vergebens gehofft und geharrt,
Er hat uns geäfft und gefoppt und genarrt –
Wir weben, wir weben!

Ein Fluch dem König, dem König der Reichen,
Den unser Elend nicht konnte erweichen,
Der den letzten Groschen von uns erpreßt,
Und uns wie Hunde erschießen läßt –
Wir weben, wir weben!

Ein Fluch dem falschen Vaterlande,
Wo nur gedeihen Schmach und Schande,
Wo jede Blume früh geknickt,
Wo Fäulniß und Moder den Wurm erquickt –
Wir weben, wir weben!

Das Schiffchen fliegt, der Webstuhl kracht,
Wir weben emsig Tag und Nacht –
Altdeutschland, wir weben dein Leichentuch,
Wir weben hinein den dreyfachen Fluch,
Wir weben, wir weben!
(DHA II, 150)

Ganz offensichtlich verzichtet Heine in diesem Gedicht auf eine Schilderung von ‚Milieu' (das unterscheidet sein Gedicht von anderen Produkten der Weberlyrik). Das Gedicht skizziert vielmehr eine statisch anmutende Situation und skandiert von hier aus einen Gedankenprozess, der in der Vorstellung der (als solcher nicht genannten) Revolution zentriert ist. Die Semantik des Webens trifft sich im gedanklichen Raum so mit der anderen Semantik des Umsturzes. Allerdings beschreibt Heine keine Form eines zielgerichteten politischen Handelns jenseits der Arbeit, die durch die gedankliche Verbindung des Garnspinnens mit der Arbeit der altgermanischen Nornen, die den Schicksalsfaden spinnen, in geradezu mythischer Dimension erscheint. Die mechanische Arbeit der Weber, die als nicht weiter ausdifferenziertes kollektives „Wir" bzw. „Sie" erscheinen, als *Masse* mithin, ist die einzige Bewegung, die das Gedicht auf der Handlungsebene kennt. Heine gibt keinerlei Details dieses Arbeitsprozesses. Das unregelmäßige Metrum des Gedichts mit seiner freien Füllung der Senkungen aber bildet für sich genommen in kunstvoller Weise die Arbeitsgeräusche des mechanischen Webstuhls und den monotonen Arbeitstakt des Webens nach, „entspringt also aus dem Thema selbst, aus dem *Rhythmus der Arbeit*" (Wehner 1980, 38). Die Struktur des Gedichtes ist ganz dem Rhythmus einer Arbeit nachempfunden, die den Menschen allein auf sein Tun reduziert, auf eine leere Arbeitsbewegung, die sich als solche

Struktur des Gedichts

dann mit dem Bild der anwachsenden Revolution verbindet: ihr Ergebnis ist das Leichentuch des alten Deutschland. Überhaupt zieht Heine in diesem Gedicht alle Register der agitatorisch-lyrischen Rede. Chorische Sprechformen, Binnenreim, syntaktische Parallismen, Vokalreihungen, Alliterationen („Fluch" – „falschen"), anaphorische Wiederholungen von Strophen- („Ein Fluch") und Versanfängen („Wo nur" – „"Wo jede" – Wo Fäulniß"), Antithesen („König der Reichen" – „unser Elend"; „Tag und Nacht"), Wiederholungen und Assonanzen unterstreichen noch die Wirkung eines sich steigernden Pathos mit dem monoton-hämmernden Refrain des allein 15 mal wiederholten „Wir weben".

Ganz untypisch für Heine ist der Verzicht auf Elemente der ironischen Brechung, des Wortspiels und des Wechsels zwischen sprachlichen und rhetorischen Registern (vgl. Wehner 1980, 38; Höhn 1987, 93; Hinck 1990, 194; Stauf 1995, 144 f.). Auffallend daneben ist der gleichförmige Strophenaufbau. Den fünf Strophen des Gedichts entsprechen in der Binnenstruktur die fünf Verse, aus denen sich jede Strophe zusammensetzt, wobei der fünfte Vers jeweils den Refrain enthält. Dem auf drei Strophen verteilten dreifachen Fluch wiederum entspricht die Dreiteilung in Einleitung, Hauptteil (Fluch), Schluss im Gesamtaufbau (Wehner 1980, 37). Fluch und Anklage als solche gelten dem alten Deutschland („Altdeutschland"); ihm wird das „Leichentuch" gewebt.

Gott, König, Vaterland

Im Wechsel vom ‚Sie' („Sie sitzen") zum ‚wir' der wörtlichen Rede („wir weben") öffnet das Gedicht in der ersten Strophe gleichsam eine Szene und versetzt den Leser in die Rolle des Betrachters einer ihm fremden Situation, die zur Stellungnahme zwingt. Das Gedicht selbst hat einen doppelten Adressaten: „die von der sozialen Not betroffenen Arbeiter, an die sich der zur Identifikation einladende, kämpferische Appell der Rede richtet, und den gebildeten Leser oder Hörer, der aus dem inszenierten Bild seine Schlüsse bzw. Erkenntnis gewinnen soll." (Stauf 1995, 147)

Der dreifache Fluch, den die Weber in ihre Arbeit hineinweben (Strophe 2–4), folgt dem desillusionierenden Erkenntnisprozess der Arbeiter, von allen maßgeblichen Autoritäten getäuscht und verraten worden zu sein: von Gott, König und Vaterland – Heine zitiert hier ironisch, die Wehrparole, die 1813 die Jugend in die Befreiungskriege geführt hat („Mit Gott für König und Vaterland"), und greift damit frontal das legitimatorische Gerüst des preußischen Staates an. Dass sich die Flüche keineswegs dabei gegen Gott, König und Vaterland als solche richten, sondern „gegen eine genau bestimmbare Variante des Göttlichen, Königlichen und Vaterländischen" (Stauf 1995, 149), ist in der neueren Heine-Forschung zu Recht klargestellt worden.

Kritik der Entsagungsideologie

Der erste Fluch gilt mit dem allmächtigen und gegenüber dem weltlichen Schicksal der Menschen gleichgültigen Vater-Gott nicht der Religiosität als solcher, sondern der Entsagungsreligion, die Heine auch in „Deutschland ein Wintermärchen" attackiert. Das Gedicht lässt durchaus – ex negativo – die Möglichkeit eines neuen Gottesverständnisses entlang der Ideen zu, die Heine unter anderem in dem Essay „Zur Geschichte der Religion und Philosophie in Deutschland" im Rückgriff auf die saint-simonistische Vorstellung von der Rehabilitation der Materie („Réhabilitation de la matière") als Königsweg zur Gesundung der ‚zerrissenen' Menschheit und der weltlichen Erlösung des Menschen entwickelt hatte (vgl. S. 72 ff.).

Dem Angriff auf das religiös verbrämte Konstrukt einer dem Menschen das Erdenglück vorenthaltenden Entsagungsideologie folgt die Kritik an einem Königtum, das allein Standes- und Klasseninteressen vertritt und seine Untertanen im Elend verkommen lässt. Ungerührt von dem sozialen Elend seiner Untertanen lässt dieser König durch seine Beamten Steuern eintreiben („den letzten Groschen") und den Protest gegen die soziale Misere mit Waffengewalt niederschlagen („wie Hunde erschießen läßt"). Unausgesprochen entgegengesetzt ist der verfluchten Gegenwart eines gegenüber dem Wohlergehen aller Untertanen gleichgültigen Königtums („König der Reichen") die Vorstellung eines anderen (Volks-)Königtums. Man wird nicht fehlgehen, auf der Rückseite des Fluches, gleichsam als sein rückwärtiges Webmuster, in dieser Hinsicht die Weiterführung der Vorstellung eines ‚guten' (aufgeklärten), durch Machtbefugnis, Korrektheit, Milde und Menschlichkeit gekennzeichneten Königtums zu vermuten, welches die Reformkonzepte des 18. Jahrhunderts leitet. Im Grunde genommen hat Heine ja die Vorstellung einer Demokratie, „wo ein Einziger als Inkarnazion des Volkswillens an der Spitze des Staates steht" (DHA X, 41) nie ganz aufgegeben. In der hier sich andeutenden Ambivalenz gegenüber der Revolution wurzelt die Raubtiermetaphorik der ersten Strophe, in der das Bild eines Proletariats aufscheint, das als Träger einer sozialen Revolution ‚von unten' Heines pantheistisch geprägte Emanzipationsidee kaum umzusetzen in die Lage sein dürfte. Das wiederum hat weitreichende Konsequenzen: die Distanzsetzung des Lesers/Hörers im Wechsel vom ‚sie' zum ‚wir' muß von hier aus, wie Renate Stauf herausgearbeitet hat, als Distanzierung auch von einer politischen Entwicklung gelesen werden, die Heines Schönheitsvision gefährdet: „In einer Revolution, in der Menschen kämpfen, die – wie die Weber – jeglicher Existenzgrundlage beraubt wurden, wird es primär ums nackte Überleben gehen. Das aber bedeutet, nicht der pantheistische Genußanspruch, sondern die puritanische, sinnen- und kunstfeindliche Moral der Kommunisten könnte sich in der neuen Gesellschaft durchsetzen." (Stauf 1995, 154)

Der dritte Fluch gilt dem alten Deutschland, das den Anspruch ‚Vaterland' zu sein verspielt hat, das keine Zukunft mehr hat und dem die soziale Revolution bevorsteht. Verflucht wird das alte Deutschland der Restauration, dessen Misere von der Vorstellung eines ‚neuen' Deutschland her ins Licht gerückt wird. ‚Schmach' und ‚Schande' meinen nicht allein die materielle, sondern auch die ideelle und geistige Situation in diesem „falschen Vaterlande", in dem das frühere Verfassungsversprechen nichts gilt und der Geist unterdrückt wird. In dieser Hinsicht markiert das Bild der geknickten Blume in der vierten Strophe nicht nur den vorzeitigen Tod der ausgepowerten Proletarier, sondern auch die ‚geknickte' (unterdrückte und geschändete) Schönheit, die verfolgte und zensurierte Poesie, zugleich im erweiterten Sinn das in all seinen sinnlichen und geistigen Entfaltungsmöglichkeiten gestörte menschliche Leben als solches.

Das Gedicht kulminiert in der fünften Strophe schließlich in der Untergangsdrohung der Revolution. Die Arbeit des seiner Göttlichkeit beraubten

Kritik am falschen Königtum

Kritik am „falschen Vaterlande"

Revolutionsdrohung

Menschen ist eine Todesproduktion: das Produkt dieser Arbeit bedeutet für das alte Deutschland das Ende. Der hier nun verwendete Begriff ‚Altdeutschland' ist Steigerung und Präzisierung des einleitenden Deutschland-Begriffs. Eine metrische Verschiebung unterstreicht den Drohcharakter dieser Strophe. Verwendet Heine in den ersten vier Strophen des Gedichts jeweils einen paarweisen männlichen und weiblichen Reim, schließen in der fünften Strophe nun – abgesehen vom Refrain – alle Verse mit einer Hebung. Das gibt gerade dieser Strophe einen hämmernden Rhythmus.

Mit dem ersten Vers dieser letzten Strophe unterbricht Heine die wörtliche Rede, kehrt für einen Augenblick, der die soziale Lage der Weber als Ausgangspunkt und Grund der Verfluchung noch einmal ins Gedächtnis ruft, in die epische Form des Erzählens zurück. Auffallend ist, dass das Gedicht dabei nicht mehr in die distanzierte Erzählhaltung des Anfangs („Sie") zurückkehrt, den Rahmen also nicht mehr schließt, das Gedicht vielmehr so ins Offene führt: die Weber selbst sprechen dem alten Deutschland das Urteil. Die ältere Forschung hat daraus geschlossen, Heine denke hier erstmals – dies im Unterschied zu den anderen Weberliedern – die Weber als revolutionäre Klasse, die den Untergang der alten Gesellschaft herbeiführt (Wehner 1980, 63). Entsprechend wollte man dem Gedicht immer wieder auch das Einverständnis des Dichters mit dem kommunistischen Weltverständnis ablesen. „Die Weber", so etwa Hans Kaufmann, „indem sie die Summe ihrer Erfahrung ziehen, verkünden den Sinn der Geschichte. [...] Die sinnbildliche Ausdeutung der wirklichen Tätigkeit des Webens zur Bedeutung: im Kollektiv selbstbewußt werden, die alte Gesellschaft abschaffen, die Revolution vorbereiten, Geschichte machen, stellt sich, da sie im Bilde bleibt, scheinbar zwanglos ein." (Kaufmann 1975, 165)

Die jüngere Forschung hat dem mit dem Blick auf Heines Sensualismus eine etwas differenziertere Sicht entgegengestellt, ohne dabei den revolutionären Appell des Gedichts grundsätzlich in Frage zu stellen. Im Krachen des Webstuhls kulminiere die Revolte in der Vorstellung nicht der Arbeitsunterbrechung, sondern im Gegenteil ihrer Fortsetzung. Dass die Weber angesichts der ernüchternden Erkenntnis der Enttäuschung aller ihrer Hoffnungen ihre Arbeit noch steigern, spiele gezielt mit mythologischen Bildern und dem antiken Schicksalbegriff, ohne dass Heine damit eine Mythisierung der Revolution betriebe. Gewendet allerdings würde damit der Blick von den einzelnen Webern auf *die Arbeit selbst* als Subjekt des historischen Prozesses (Stauf, 148f.).

Heines Gedicht, das solcherart die Perspektive auf einem neuen Begriff der Arbeit als historisch verändernder Macht legt, hat eine weitere Flut von Webergedichten nach sich gezogen, die allerdings nicht die Popularität und Verbreitung der „Schlesischen Weber" erreichen konnten, die in Flugblättern und Nachdrucken auch Zugang zur Arbeiterschaft selbst finden. Die meisten dieser Gedichte kommen über eine Mitleidsethik nicht hinaus.

5. Die neue Macht der ökonomischen Rationalität: Georg Weerth: Fragment eines Romans (1847)

Wie kaum ein anderer der im Vormärz aktiven Autoren kannte der aus dem lippischen Detmold stammende Kaufmann Georg Weerth (1822–1856) die Wirtschaftspraxis und die politischen Zielsetzungen des Wirtschaftsbürgertums seiner Zeit aus unmittelbarer Anschauung. Als Handelskommis eines englischen Unternehmens hatte er überdies seit 1843 in England die sozialen Folgen der Industrialisierung in einer für ihn bis dahin nicht gekannten Dimension kennengelernt. Aus dieser Erfahrung heraus wurde für ihn die Eigentumsfrage zum entscheidenden Ansatzpunkt politischer Veränderungen. „Wir sind jetzt so weit in der Welt", schreibt er am 12. April 1845 an seinen Bruder Wilhelm, „dass man einsieht, die größeste Not entsteht durch den Privatbesitz. Diesen lustig angegriffen, das ist der Nagel auf den Kopf getroffen." (Weerth SB 1, 304)

Soziale Folgen der Industrialisierung

Weerths literarische Streifzüge und seine gesellschaftspolitischen Analysen, die dem resignativen Weltschmerz vieler Zeitgenossen die Energie einer oft bissigen Satire an die Seite stellten, lenken die Aufmerksamkeit auf die Ablösung der überkommenen Frontstellung zwischen Adel und Bürgertum durch den neuen Gegensatz von Klassen (Bourgeoisie und Proletariat) als dem Ausdruck des industriellen Zeitalters. Allgemein hält nun in den vierziger Jahren die Industrie und mit ihr die maschinelle Produktion, das Verhältnis von Lohn und Arbeit sowie die Entwicklung des Fabrikarbeiters als Gegenstand der Darstellung Einzug in die Literatur, wobei der Akzent in der Regel auf der Beschreibung des mit der Industrialisierung einhergehenden sozialen Elends liegt. Georg Weerth selbst hat mit seinem nachgelassenen Romanfragment hier in entscheidender Weise Neuland betreten. Dieses wohl 1847 aufgegebene Romanprojekt zeigt mit dem industriellen Unternehmer Preiss das Bürgertum im Zenit seiner gesellschaftlichen Bedeutung, auf dem ihm nach dem Adel in Gestalt des vierten Standes eine Gegenmacht nun von anderer Seite erwächst (vgl. dazu auch Kap. V, 6).

Bourgeoisie und Proletariat

Mit dem berechnenden *Wirtschafts*bürger Preiss betritt in Weerths Fragment der zynische Vertreter der neuen gesellschaftlichen Führungsschicht der industriell Tätigen die literarische Bühne, zu der Börne bereits 1830 mit Blick auf die französischen „*Industriellen"* spöttisch angemerkt hat, sie habe, kaum dass sie „funfzehn Jahre lang gegen alle Aristokratie gekämpft – kaum […] [dass sie] gesiegt", nichts Besseres zu tun gehabt, als nun „für sich selbst eine neue Aristokratie" zu bilden: die „Geldaristokratie, einen Glücksritterstand." (Börne 3, 67) Zugleich ist aus der noch mit utopischen Momenten versetzten und die Geschichte antreibenden Wirtschaftskraft des Bürgers im Zuge dieser Entwicklung bei Weerth nun dasjenige geworden, was Börne in Paris als ‚unglückseligste aller Tyranneien' wahrgenommen hat: die Herrschaft des Geldes. Zwar spielt in den „Comptoiren" der Wirtschaftseliten nach Weerths Beobachtung aus den frühen fünfziger Jahren die „Weltgeschichte" (SB 2, 572); vom Wirtschaftsbürger und Kapitalisten aber geht bei Weerth weder ein wirklicher Fortschrittsimpuls mehr aus,

Die neue Geldaristokratie

noch schlägt das Kapital als solches eine Brücke zwischen den Klassen, die den Weg freizumachen in der Lage wäre für eine zukunftsweisende Selbstüberwindung bestehender politischer Strukturen. Die ausgleichende und versöhnende Kraft, welche das Eigentum im Verständnis der um gesellschaftliche Anerkennung ringenden Aufklärer und der Liberalen noch besaß, hat in Weerths nüchterner Darstellung des Wirtschaftsprozesses so auch längst einer ökonomischen Zweckrationalität Platz gemacht, die das Prinzip der (Welt-)Geschichte auf das Niveau der Börsenkurse einschrumpft: „Andere Leute lesen zuerst die Nachrichten", so formuliert der Makler Emsig in den „Humoristischen Skizzen aus dem deutschen Handelsleben" in diesem Sinne das Credo der ökonomischen Weltwahrnehmung, „*ich* lese zuerst die Kurse, in denen die Weltgeschichte ausgedrückt wird in runden Zahlen und Brüchen, deutlich und verständlich für alle, die da Augen haben zu lesen und Gefühle zu begreifen!" (VT 1, 346) Das Eigentum erhebt sich, wie Weerth zeigt, unter den Bedingungen der industriellen Arbeitsteilung nicht länger mehr über die Klassengrenzen hinweg; vielmehr wirkt es ausschließend und spaltend – und dies im Romanfragment zunächst noch sowohl ‚nach oben' (gegenüber dem Adel) als auch ‚nach unten' (gegenüber der sich formierenden Arbeiterklasse).

Ökonomie und Moral

Überraschenderweise entwickelt das Fragment ausgerechnet von einem Vertreter der unrettbar veralteten Welt des Adels, dem hoffnungslos verschuldeten Baron d'Eyncourt, her ein Gegenmodell zu dem frühkapitalistischen Fabrikbesitzer Preiss, der als Prototyp des bürgerlichen Unternehmers rücksichtslos seine Geschäftsinteressen verfolgt und seine wirtschaftliche Potenz in politische Macht umzumünzen sich anschickt. Zwar bildet die in Schlaf versunkene Welt des d'Eyncourtschen Jagdschlosses, in der das Überlebte noch einmal einen märchenhaft-poetischen Glanz entfaltet, keine realistische Alternative zu der brutalen Wirtschaftswelt des Unternehmers Preiss; sie ist – und darüber erlaubt Weerth dem Leser keine Illusionen – unzeitgemäß, unmodern und veraltet. Jenseits dessen aber erfüllt der Baron d'Eyncourt als „patriarchalisch aufrichtiger Philantrop" (VT 2, 281) in Weerths erzählter Welt die Funktion eines fiktiven Gegenmodells zu der von Preiss beherrschten zweckhaft-ökonomischen Wirtschaftswelt. Mit diesem so unzeitgemäßen Typus erwächst der neuen Macht der von moralischen Zwecksetzungen freigestellten ökonomischen Rationalität ein Einspruch aus dem vom Bürger geräumten moralischen Innenraum (nichts anderes signalisiert die von Zeit kaum mehr berührte Abgeschiedenheit und Weltferne der mit dem d'Eyncourtschen Landsitz aufgerufenen Lebenswelt), der im klassenbewussten Aufbegehren einer anderen Romanfigur, des nicht zufällig ausgerechnet aus dem fortschrittlicheren England nach Deutschland heimgekehrten ‚Proletariers' Eduard Martin, aufgenommen und wieder mit ‚Zeit' erfüllt wird. Als Platzhalter einer im ökonomischen Interesse der schönen neuen bürgerlichen Wirtschaftswelt versunkenen Moralität ist d'Eyncourt in dieser Hinsicht ein Gedankenkonstrukt, von dem aus Weerth den Brückenschlag zwischen Adel und Proletariat versucht, den er in seinem zwischen dem 5. und 7. November 1847 in der „Kölner Zeitung" veröffentlichten Essay „Cunningham" allerdings unter die Vorbedingung einer Selbstaufgabe der Aristokratie als „bevorzugte[r] Klasse" gestellt hat (SW 2, 126f.). D'Eyncourts philantropisches Mitgefühl mit den leidenden Arbeitern und seine Verachtung für das „Geschmeiß" (VT 2, 388) der neuen Geldaristokratie sind noch als Ohnmachtsgesten in diesem Sinne utopische Wegweiser, die aus dem zeitlosen Raum der Moral in die Gegenwart des durch hemmungslose Ausbeutung, Armut und Willkür gekennzeichneten enthumanisierten Wirtschaftslebens hineinragen.

Letztlich wird durch diese moralische Ausrichtung des Fragments der analytische Blick für die Verhältnisbestimmung von Ökonomie und Politik bereits vom Ansatz her wieder verstellt, zumal politische Herrschaft in Weerths Fragment weitgehend in strukturellen Herrschaftsmomenten untergegangen und ein Machtzentrum nicht mehr auszumachen ist (Müller 1981, 226f.). Die moralische Auskleidung der gesellschaftlichen Antagonismen wird so auch nur zum Teil dadurch wieder zurückgenommen, dass Weerth mit der Auffächerung des Personals zugleich versucht hat, die Wandlungsdynamik der gesellschaftlichen Umbruchsituation auszudifferenzieren und die einander im Versuchsfeld des Romans idealtypisch gegenübertretenden Klassen von Adel, Bourgeoisie und Proletariat als jeweils in sich widersprüchliche soziale Einheiten darzustellen. Besondere Bedeutung kommt in dieser Hinsicht vor allem dem familiären Umfeld des verwitweten Industriellen Preiss zu. Gleich von drei Seiten wird der rücksichtslose Kapitalismus des Fabrikbesitzers durch dessen Söhne Julius, August und Daniel zur Disposition gestellt: zum einen durch die Annäherung an die alten Eliten, die der Roman mit der Mesalliance der Baronesse Bertha und Julius Preiss' zur Diskussion stellt; zum anderen durch die Annäherung an die Arbeiterklasse (als künftiger Elite), die mit der Liebe des am Wirtschaftsleben interessierten August Preiss zu der jungen Fabrikarbeiterin Marie Eduard – auch dies eine Art Mesalliance unter umgekehrten Vorzeichen – angedeutet wird; zum dritten durch den Rückzug des nicht weiter ausgeführten „Philosophen" (VT 2, 314) Daniel Preiss in eine sowohl von Politik als auch von Ökonomie freie Wissenschaft.

Personelle Ausdifferenzierung der Wandlungsdynamik

Das Fragment hält die Frage des Klassenausgleichs, wie sie sich in der doppelt gewendeten Mesalliance-Thematik andeutet, offen. Die ausgeführten Teile geben keinen Hinweis darauf, ob Weerth eine harmonische oder eine tragische Lösung des hier angerissenen Konfliktpotentials vorgesehen hatte. Im Falle der Verbindung von Julius Preiss, den Weerth in seinen Interessen als genaues Gegenbild der bürgerlichen Geschäftigkeit und Tüchtigkeit konzipiert hat, und Bertha d'Eyncourts zumindest ist die Überschreitung der Klassengrenzen und damit der Ausgleich ‚nach oben' fürs erste dadurch blockiert, dass der alte Preiss für seinen Sohn eine ‚standesgemäße' Heirat mit der reichen Erbin Erika Thetralix vorgesehen hat, die als Gläubigerin d'Eyncourts dazu auserkoren ist, dessen verschuldete Güter in die Ehe und so in den Familienbesitz einzubringen. Gleichermaßen prekär gestaltet sich der in der Liebe des Unternehmersohnes August zu dem (idealisierten) Kind der Arbeiterklasse angedeutete Klassenausgleich ‚nach unten', d.h. zwischen Bourgeoisie und Proletariat. Zwar hat sich der vom Vater zu seinem Nachfolger ausersehene August aufgrund seiner praktischen Erfahrung mit den Lebensbedingungen der Arbeiter sowie vor allem infolge seiner Lektüre der avancierten gesellschaftstheore-

Klassenausgleich

tischen Literatur zum philantropischen Sozialisten gewandelt. Sein vom Glauben an die Erlösungskraft des industriellen Fortschritts getragenes Reformanliegen allerdings setzt noch allein auf die Milderung der Verhältnisse und eben nicht auf die generelle Aufhebung der gesellschaftlichen Widersprüche. Damit aber gerät August zwischen die Klassen. Die am Beispiel seiner Liebe zu Marie utopisch vorweggenommene ‚Herzensallianz' von Bürgertum und Arbeiterklasse steht – soweit man dies dem Fragment ablesen kann – von vornherein auf wackligen Füßen und droht bereits im Ansatz an der Unentschiedenheit, d. h. an der mangelnden Radikalität des ‚Klassenverräters' zu scheitern, der „weder Herr noch Knecht, weder Kapitalist noch Proletarier" (VT 2, 353) sein kann.

Der klassenbewusste Arbeiter

Augusts philantropischer „Enthusiasmus" wird so auch entscheidend in Frage gestellt durch die Figur des Mechanikers Eduard Martin, dem in der Literaturgeschichtsschreibung der Ruf des „erste[n] klassenbewußte[n] Arbeiter[s] in der deutschen Romanliteratur" (Feudel 1972, 102) vorauseilt. In Gestalt dieses zum proletarischen Kraftkerl und „Riesen" (VT 2, 308) überhöhten Arbeitersohns tritt dem Sozialisten *aus Einsicht* ein Sozialist *aus persönlicher Leid-Erfahrung* entgegen, der sich darum bemüht, Klassenbewusstsein zu organisieren, während es der als „philantropisches Maultier" (VT 2, 353) zwischen den Klassengegensätzen eingeklemmte August dabei belässt, die Arbeiter auf die *Einsicht* des Fabrikanten, auf eine Reform ‚von oben' also, als probaten Ausweg aus der Misere zu verweisen. Dieser Vorläufer des kämpferischen Proletariats, mit dem Weerth die kommende Bedeutung der Arbeiterklasse als Antagonist und schließlich Totengräber der Bourgeoisie vorwegnimmt (vgl. dazu die Ausführungen zum ‚Kommunistischen Manifest' im folgenden Kapitel), fungiert im Roman als Sprachrohr revolutionär-aufgeklärter Forderungen und damit einer die ökonomisch begründete Stellung des Bürgertums ‚von unten' bedrohenden revolutionären, plebejisch-proletarischen Gegenmacht.

6. Proletarischer Internationalismus: Karl Marx, Friedrich Engels: „Manifest der Kommunistischen Partei" (1848)

Kurz bevor die Welle der von Paris ausgehenden revolutionären Empörungen im März 1848 auch Deutschland erfasste, erschien in London mit dem „Manifest der Kommunistischen Partei" die wirkungsgeschichtlich folgenreichste politische Programmschrift der Vormärz-Zeit. Das von Karl Marx und Friedrich Engels im Dezember 1847 und Januar 1848 entworfene Manifest ist Ausdruck einer politischen und ideologischen Positionsbestimmung des 1847 gegründeten „Bundes der Kommunisten", und zwar sowohl nach innen wie nach außen. Es formuliert den Anspruch der Kommunisten als erster internationaler Arbeiterorganisation und revolutionärer Avantgarde innerhalb der Arbeiterbewegung.

Der „Bund der Gerechten"

Karl Marx hatte sich, nachdem er aus der Redaktion der „Rheinischen Zeitung für Politik, Handel und Gewerbe" ausgeschieden war, im Oktober

1843 in Paris niedergelassen. Hier beschäftigt er sich intensiv mit den Werken der französischen Sozialisten, lernt Bakunin, Proudhon und Heine kennen und schließt eine enge, lebenslange Freundschaft mit dem Elberfelder Fabrikantensohn Friedrich Engels. Hier in Paris, einem in dieser Zeit einzigartigen Sammelbecken des Exils und zugleich Umschlagplatz radikaler sozial-politischer Ideen, kommt er vor allem auch in Kontakt mit führenden Vertretern des „Bundes der Gerechten" (Hermann Ewerbeck, Joseph Moll, Karl Schapper und Wilhelm Weitling), der sich 1838 aus ideologischen Gründen von dem vier Jahre zuvor von deutschen Handwerksgesellen als Geheimorganisation gegründeten „Bund der Geächteten" abgespalten hatte. Der „Bund der Gerechten" verfolgte ein auf den Prinzipien der Gütergemeinschaft und der Nächstenliebe aufgebautes utopisch-kommunistisches Programm, dessen Grundzüge von Karl Schapper und insbesondere von Wilhelm Weitling („Die Menschheit, wie sie ist und wie sie sein sollte", 1838) zur Diskussion gestellt wurden.

Die Ausformulierung des „Manifests der Kommunistischen Partei" selbst fällt in die Zeit eines ideologisch-politischen Klärungsprozesses innerhalb der sich formierenden Arbeiterbewegung zwischen utopischen und kleinbürgerlichen Strömungen, zwischen Arbeiterkommunismus und wissenschaftlichem Kommunismus, der insbesondere im dritten Abschnitt des Manifests deutliche Spuren hinterlassen hat. Marx und Engels haben auf diesen Klärungsprozess, der eigentlich ein Scheidungsprozess war, mit der von Brüssel (Marx' Wohnsitz ab 1845) aus initiierten Gründung sogenannter „Kommunistischer Korrespondenzkomitees" entscheidend Einfluss genommen. Die Schaffung eines Netzwerkes solcher Korrespondenzkomitees, mit der Marx und Engels einen Rahmen für eine (internationale) Diskussion zentraler Fragen der Arbeiterbewegung schaffen wollten, war ein erster, wichtiger Schritt auf dem Weg zur Gründung einer proletarischen Partei von internationalem Zuschnitt. Durch die Bereitschaft der Führer des „Bundes der Gerechten", an der Organisation dieses Netzwerkes mitzuarbeiten, erhielten die bis dahin eher lockeren Beziehungen von Marx und Engels zum Bund einen organisierten Charakter. Anfang 1847 traten beide dem Bund auch formell bei. Damit begann dessen entscheidende Umgestaltung zum „Bund der Kommunisten". Auf zwei von Marx und Engels angeregten und vorbereiteten Kongressen Anfang Juni 1847 (Vorbereitung und erste Programmdiskussion) und dann im November/Dezember 1847 (endgültige Annahme des Statuts) erfolgte seine formelle Gründung. Der Kongress wiederum beauftragte Marx und Engels mit der Ausarbeitung einer Programmschrift, die im Februar 1848 zunächst in deutscher Sprache mit dem Titel „Manifest der Kommunistischen Partei" in London erschien.

Der „Bund der Kommunisten"

In seiner „Einleitung" „Zur Kritik der Hegelschen Rechtsphilosophie" hat Marx die Wirkungsmöglichkeiten von Theorie (und damit auch von politischer Programmatik) strategisch veranschlagt. „Die Waffe der Kritik kann", heißt es hier, „die Kritik der Waffen nicht ersetzen, die materielle Gewalt muß gestürzt werden durch materielle Gewalt, allein auch die Theorie wird zur materiellen Gewalt, sobald sie die Massen ergreift. Die Theorie ist fähig die Massen zu ergreifen, sobald sie ad hominem demonstriert, und sie demonstriert ad hominem, sobald sie radikal wird. Radikal sein ist die

Die „Waffe der Kritik"

Sache an der Wurzel fassen." (MEW 1, 385) Radikalität in diesem Sinne wiederum zielt auf die Freisetzung ‚praktischer Energie' gerade auf der Seite des Rezipienten, auf die Anerkennung und politische Umsetzung des neuen kategorischen Imperativs der revolutionären Weltveränderung mithin, den Marx mit einer zum geflügelten Wort gewordenen Formulierung auf den Begriff gebracht hat: es gelte, „alle Verhältnisse umzuwerfen, in denen der Mensch ein erniedrigtes, ein geknechtetes, ein verlassenes, ein verächtliches Wesen ist." (MEW 1, 385) Die Einsicht in die ‚Wahrheit' dieses neuen kategorischen Imperativs wiederum verbindet sich für Marx mit der Vorstellung eines Lernens durch (Er-)Schrecken: „Es handelt sich darum, den Deutschen keinen Augenblick der Selbsttäuschung und Resignation zu gönnen. Man muß den wirklichen Druck noch drückender machen, indem man ihm das Bewußtsein des Drucks hinzufügt, die Schmach noch schmachvoller [macht], indem man sie publiziert. […] Man muß das Volk vor sich selbst *erschrecken* lehren, um ihm *Courage* zu machen." (MEW 1, 381) Scham ist das Ziel dieser negativen Pädagogik – Scham über die Schmach der entwürdigenden Zustände, Scham damit als revolutionäre Antriebskraft.

Rhetorische Struktur   Literarisch profilieren Marx und Engels im „Manifest der Kommunistischen Partei" diesen Beschämungsakt durch die in ihrer Wirkung genau kalkulierte Mobilisierung metaphorischer Darstellungs- und Ausdrucksmittel, von Bildhaftigkeit und Plastizität auf der Mikroebene des Textes sowie der Anlehnung an rhetorische Vorgangsfiguren der öffentlichen Rede (beratende Rede, Gerichtsrede, Lob-/Tadelsrede) auf der Makroebene des Textes (Robling 1987). Aus der Kombination dieser Sprach- und Gestaltungstechniken bezieht der Text sein agitatorisches Potential.

Bereits die berühmte Einleitung des Manifests stellt in dieser Hinsicht eine rhetorische Meisterleistung der Erregung von Gefühlen auf der Seite des Lesers dar. Mit dem sprichwörtlich gewordenen Bild des als Gespenst, als Schreckgestalt also, in Europa umgehenden Kommunismus ziehen Marx und Engels den Leser unmittelbar in den Bann ihres Textes: „Ein Gespenst geht um in Europa – das Gespenst des Kommunismus. Alle Mächte des alten Europa haben sich zu einer heiligen Hetzjagd gegen dies Gespenst verbündet, der Papst und der Zar, Metternich und Guizot, französische Radikale und deutsche Polizisten." (MEW 4, 461) Die Gespenstermetapher zitiert den Schreckensmythos einer soziale Revolution ‚von unten' aus der Zeit der Französischen Revolution. Sie schließt damit den Kampf der sich formierenden Arbeiterklasse um Freiheit und das Menschenrecht eines ‚glücklichen' Lebens im hier und jetzt einerseits historisch an die (unvollendete) ‚Große Revolution' an; sie ironisiert andererseits zugleich die (lächerliche) Angst der Mächtigen vor der ihnen in Gestalt der sich formierenden Arbeiter entgegentretenden neuen politischen Kraft. Der dieser Eingangsmetapher angeschlossene Ausblick auf die unklaren Vorstellungen, die innerhalb der öffentlichen Meinung über diese neue politischen Kraft herrschen („Wo ist die Oppositionspartei, die nicht von ihren regierenden Gegnern als kommunistisch verschrien worden wäre, wo die Oppositionspartei, die den fortgeschrittenen Oppositionsleuten sowohl wie ihren reaktionären Gegnern den brandmarkenden Vorwurf des Kommunismus nicht zurückgeschleudert hätte.", MEW 4, 461), mündet in die doppelte Schlussfolgerung, dass 1. der Kommunismus offensichtlich „bereits von allen europäischen Mächten als eine Macht anerkannt" (MEW 4, 461) werde; und dass 2. die Zielsetzungen der Kommunistischen Partei einer öffentlichen (Er-)Klärung bedürften: „Es ist hohe Zeit, dass die Kommunisten ihre Anschauungsweise, ihre Zwecke, ihre Tendenzen vor der ganzen Welt offen darlegen und dem Märchen vom Gespenst des Kommunismus ein Manifest der Partei selbst entgegenstellen." (MEW 4, 461) Damit ist der Ausgangspunkt des Manifests umrissen, das in vier Abschnitten dem Leser geschichtliche Orientierung zu vermitteln sucht („Bourgeois und Proletarier"), ihm durch eine Programmdiskussion Möglichkeiten der Identifikation mit den Kommunisten und ihren Zielen bieten („Proletarier und Kommunisten") sowie den Kommunismus gegenüber konkurrierenden politischen Strömungen selbst abgrenzen soll („Sozialistische und kommunistische Literatur") und schließlich in einen Appell zu genossenschaftlichem Zusammenstehen einmündet („Stellung der Kommunisten zu den verschiedenen oppositionellen Parteien").

Mit der Beschreibung der Geschichte als einer sich zuspitzenden Abfolge von Klassenkämpfen, bei denen bisher noch das Bürgertum die Oberhand behalten habe, in der Zukunft aber durch das Proletariat in seiner Rolle als politischer Gestaltungskraft abgelöst werde, formuliert der erste Abschnitt („Bourgeois und Proletarier") den Grundgedanken des Manifests, der wie Engels wiederholt festgehalten hat, „Marx angehört". Dieser Gedanke besteht darin, so Engels im Vorwort der englischen Ausgabe des Manifests von 1888, „daß in jeder geschichtlichen Epoche die vorherrschende wirtschaftliche Produktions- und Austauschweise und die aus ihr mit Notwendigkeit folgende gesellschaftliche Gliederung die Grundlage bildet, auf der die politische und die intellektuelle Geschichte dieser Epoche sich aufbaut und aus der allein sie erklärt werden kann; daß demgemäß die ganze Geschichte der Menschheit (seit Aufhebung der primitiven Gentilordnung mit ihrem Gemeinbesitz an Grund und Boden) eine Geschichte von Klassenkämpfen gewesen ist, Kämpfen zwischen ausbeutenden und ausgebeuteten, herrschenden und unterdrückten Klassen; daß die Geschichte dieser Klassenkämpfe eine Entwicklungsreihe darstellt, in der gegenwärtig eine Stufe erreicht ist, wo die ausgebeutete und unterdrückte Klasse – das Proletariat – ihre Befreiung vom Joch der ausbeutenden und herrschenden Klasse – der Bourgeosie – nicht erreichen kann, ohne zugleich die ganze Gesellschaft ein für allemal von aller Ausbeutung und Unterdrückung, von allen Klassenunterschieden und Klassenkämpfen zu befreien." (MEW 4, 581)

Geschichte als Abfolge von Klassenkämpfen

Marx und Engels zufolge hat diese Geschichte der Klassenkämpfe sich in der Gegenwart ihrer Zeit soweit zugespitzt, dass sich mit Bourgeoise und Proletariat nun allein noch zwei Klassen in feindlichen Lagern gegenüberstehen. Die gesellschaftlichen Widersprüche haben in der Vorstellung der Verfasser des Manifests damit eine Entwicklungsstufe erreicht, auf der sich nicht nur die Bourgeoisie als Klasse, sondern der Klassencharakter der Gesellschaft als solcher auflöst. Im Rahmen dieses – dem Grunde nach eschatologischen – Modells bewirkt die ungehemmte Entwicklung der Bourgeoi-

Totengräber der Bourgeoisie

sie deren eigenen Untergang: sie produziert sich mit dem Proletariat den eigenen Totengräber:

> Die Bourgeoisie […] hat alle feudalen, patriarchalischen, idyllischen Verhältnisse zerstört […] und kein anderes Band zwischen Mensch und Mensch übriggelassen als das nackte Interesse, als die gefühllose ‚bare Zahlung'. Sie hat die heiligen Schauer der frommen Schwärmerei, der ritterlichen Begeisterung, der spießbürgerlichen Wehmut in dem eiskalten Wasser egoistischer Berechnung ertränkt. Sie hat die persönliche Würde in den Tauschwert aufgelöst und an die Stelle der zahllosen verbrieften und wohlerworbenen Freiheiten die *eine* gewissenlose Handelsfreiheit gesetzt. Sie hat, mit einem Wort, an die Stelle der mit religiösen und politischen Illusionen verhüllten Ausbeutung die offene, unverschämte, direkte, dürre Ausbeutung gesetzt. (MEW 4, 464f.)

Zum Abschluss des Abschnitts kommen die Verfasser dann zu folgendem Schluss:

> Die wesentliche Bedingung für die Existenz und für die Herrschaft der Bourgeoisklasse ist die Anhäufung des Reichtums in den Händen von Privaten, die Bildung und Vermehrung des Kapitals; die Bedingung des Kapitals ist die Lohnarbeit. Die Lohnarbeit beruht ausschließlich auf der Konkurrenz der Arbeiter unter sich. Der Fortschritt der Industrie, dessen willenloser und widerstandsloser Träger die Bourgeoisie ist, setzt an die Stelle der Isolierung der Arbeiter durch die Konkurrenz ihre revolutionäre Vereinigung durch die Assoziation. Mit der Entwicklung der großen Industrie wird also unter den Füßen der Bourgeoisie die Grundlage selbst hinweggezogen, worauf sie produziert und die Produkte sich aneignet. Sie produziert vor allem ihren eigenen Totengräber. Ihr Untergang und der Sieg des Proletariats sind unvermeidlich. (MEW 4, 473f.)

Die Macht der „modernen Arbeiter", als die Marx und Engels die *Proletarier* bezeichnen (MEW 4, 468), wachse in dem Maße, in dem die Industrie an die Stelle des bodenständigen Handwerks trete und die Arbeiter zu immer größeren Massen zusammendränge. Wachsende Konkurrenz zwischen den Besitzern der Produktionsmittel bei gleichzeitiger Absenkung des Lohnniveaus und der Qualität der Lebensbedingungen beschleunigten die Vereinigung der Arbeiter zur politischen Klasse, welcher der industrielle Fortschritt auch den gesunkenen Mittelstand der „kleinen Industriellen, Kaufleute und Rentiers, […] Handwerker und Bauern" (MEW 4, 469), nicht zuletzt auch der Intelligenz zuführe.

Rolle der Kommunisten

Innerhalb dieser Entwicklung nun kommt den ‚Kommunisten' eine entscheidende Rolle zu. Sie – darauf verweisen Marx und Engels zu Beginn des zweiten Abschnitts ihres Manifests („Proletarier und Kommunisten") explizit – verfolgen kein Sonderinteresse, sondern stets das „Interesse der Gesamtbewegung", wenn sie auch für sich in Anspruch nehmen, der Masse der Proletarier die „Einsicht in die Bedingungen, den Gang und die allgemeinen Resultate der proletarischen Bewegung" vorauszuhaben (von hier aus begründet sich das Selbstbild der Kommunisten als Avantgarde im Klassenkampf): „Sie [die Kommunisten] haben keine von den Interessen des ganzen Proletariats getrennten Interessen. Sie stellen keine besonderen Prinzipien auf, wonach sie die proletarische Bewegung modeln wollen. Die Kommunisten unterscheiden sich von den übrigen proletarischen Parteien nur dadurch, daß sie einerseits in den verschiedenen nationalen Kämpfen der Proletarier die gemeinsamen, von der Nationalität unabhängigen Interessen des gesamten Proletariats hervorheben und zur Geltung bringen, andererseits dadurch, daß sie in den verschiedenen Entwicklungsstufen, welche der Kampf zwischen Proletariat und Bourgeoisie durchläuft stets das Interesse der Gesamtbewegung vertreten. Die Kommunisten sind also praktisch der entschiedenste, immer weitertreibende Teil der Arbeiterparteien aller Länder" (MEW 4, 474).

Punkt für Punkt arbeiten sich Marx und Engels von hier aus in diesem Teil des Manifests, der sich vor allem mit den Reaktionen auf die kommunistischen Forderungen zur Aufhebung des Privateigentums und der Abschaffung bürgerlicher Lebensformen beschäftigt, durch den Kanon der diffamierenden Vorbehalte gegenüber den Kommunisten. „Man hat uns Kommunisten vorgeworfen", so leiten die Autoren diese fünf Punkte bzw. fünf Zentralvorwürfe umfassende Diskussion ein, „wir wollten das persönlich erworbene, selbsterarbeitete Eigentum abschaffen; das Eigentum, welches die Grundlage aller persönlichen Freiheit, Tätigkeit und Selbstständigkeit bilde." (MEW 4, 475) Das Manifest stellt klar, dass es den Kommunisten allein darum gehe, die Möglichkeiten, sich durch die Aneignung der gesellschaftlichen Produkte „fremde Arbeit zu unterjochen" (MEW 4, 477), abzuschaffen, und nicht etwa darum, die Aneignung gesellschaftlicher Produkte als solche unmöglich zu machen. Auch der zweite Vorwurf, wonach mit der Aufhebung des Privateigentums „alle Tätigkeit aufhören und eine allgemeine Faulheit einreißen" werde (MEW 4, 477), erweise sich vor dem Hintergrund der bestehenden Güterverteilung innerhalb der bürgerlichen Gesellschaft als gegenstandslos, „denn *die* in ihr arbeiten, erwerben nicht, und *die* in ihr erwerben, arbeiten nicht." (MEW 4, 477) Ähnlich verhalte es sich mit den anderen gegen die Kommunisten erhobenen Vorwürfen: sie wollten das Institut der Ehe abschaffen und die Vielweiberei einführen, sie stellten sich gegen die Idee der Nation und sie untergrüben die religiösen, moralischen, philosophischen und juristischen Grundlagen der Gesellschaft. Zwar räumen Marx und Engels unumwunden ein, dass im Zuge der Aufhebung des Privateigentums eine Umwälzung aller gesellschaftlichen Verhältnisse (Familie, Recht, Moral, Erziehung etc.) stattfinden werde. Sie kontern diese Vorwürfe allerdings mit drei Hinweisen: dass sich 1. das Institut der ‚bürgerlichen Familie' vor dem Hintergrund der „erzwungene[n] Familienlosigkeit der Proletarier" und der sozialer Not geschuldeten ‚öffentlichen Prostitution' (MEW 4, 478) als ein der Mehrheit der Bevölkerung ohnedies unerreichbares Luxusgut darstelle; dass 2. die Aufhebung der „nationalen Absonderungen und Gegensätze der Völker" (MEW 4, 479) bereits unter der Herrschaft der Bourgeosie durch die Globalisierung der Märkte eingeleitet woren sei; dass 3. strukturelle Veränderungen innerhalb einer Gesellschaft noch stets gegen die Macht der Tradition durchgesetzt worden seien („Die kommunistische Revolution ist das radikalste Brechen mit den überlieferten Eigentumsverhältnissen; kein Wunder, daß in ihrem Entwicklungsgange am radikalsten mit den überlieferten Ideen gebrochen wird.", MEW 4, 481).

Das gesamte Kapitel bedient sich in kunstvoller Weise des Musters eines Streitgesprächs zur rhetorischen Entfaltung des eigenen Standpunkts durch die Widerlegung der gegnerischen Argumente. So falten Marx und Engels

Kritik des Eigentums

hier die eigene Programmatik in die Darlegung der ökonomischen Grundverfassung der bürgerlichen Gesellschaft und damit in eine Kritik der bürgerlichen Ideologie und der Abwehrrhetorik gegenüber den Kommunisten ein. Im Eigentumsbegriff ent-decken sie den Kernpunkt der bürgerlichen Ideologie; sie arbeiten die klassenspezifischen Dimensionen der Eigentumsideologie und der aus ihr hervorgehenden bzw. auf sie bezogenen Grundkategorien der bürgerlichen Gesellschaft heraus: Freiheit – Person – Bildung – Familie – Nationalität – Idee. An den Besitz (von Produktionsmitteln) gebunden, haben sie für den Proletarier keine Bedeutung. Nachdem diese die politische Macht errungen und ihre eigene Herrschaft als Klasse aufgehoben haben werden, verschwänden so auch die Klassen überhaupt: „An die Stelle der alten bürgerlichen Gesellschaft mit ihren Klassen und Klassengegensätzen tritt eine Assoziation, worin die freie Entwicklung eines jeden die Bedingung für die freie Entwicklung aller ist." (MEW 4, 482) Ein zuvor skizziertes Zehn-Punkte-Programm dient der Durchsetzung dieser neuen, klassenlosen Gesellschaft. Es sieht folgende „Maßregeln" vor:

Zehn-Punkte-Programm

1. Expropriation des Grundeigentums und Verwendung der Grundrente zu Staatsausgaben.
2. Starke Progressivsteuer.
3. Abschaffung des Erbrechts.
4. Konfiskation des Eigentums aller Emigranten und Rebellen.
5. Zentralisation des Kredits in den Händen des Staats durch eine Nationalbank mit Staatskapital und anschließendem Monopol.
6. Zentralisation des Transportwesens in den Händen des Staats.
7. Vermehrung der Nationalfabriken, Produktionsinstrumente, Urbarmachung und Verbesserung der Ländereien nach einem gemeinschaftlichen Plan.
8. Gleicher Arbeitszwang für alle, Errichtung industrieller Armeen, besonders für den Ackerbau.
9. Vereinigung des Betriebs von Ackerbau und Industrie, Hinwirken auf die allmähliche Beseitigung des Unterschieds von Stadt und Land.
10. Öffentliche und unentgeltliche Erziehung aller Kinder. Beseitigung der Fabrikarbeit der Kinder in ihrer heutigen Form. Vereinigung der Erziehung mit der materiellen Produktion usw. (MEW 4, 481 f.)

Konkurrierende politische Strömungen

Als polemische, zum Teil mit Invektiven gespickte Abgrenzung gegenüber den konkurrierenden politischen Strömungen des ‚reaktionären Sozialismus', des ‚konservativen oder Bourgeoissozialismus' und des ‚kritisch-utopischen Sozialismus und Kommunismus' gibt der dritte Abschnitt des Manifests („Sozialistische und kommunistische Literatur") dem Leser im Anschluss an diese Diskussion Entscheidungshilfen an die Hand, die ihn in seiner Wahl für die kommunistische Partei bestärken sollen, bevor das Manifest nach diesem – aus heutiger Sicht – nur noch historische Bedeutung zukommendem Kapitel mit dem vierten und kürzesten Abschnitt („Stellung der Kommunisten zu den verschiedenen oppositionellen Parteien") in einen Appell zur Praxis einmündet, der den proletarischen Internationalismus als Flucht- und Zielpunkt der kommunistischen Programmatik – dies in dezidiertem Gegensatz zum Nationalismus etwa Hoffmann von Fallerslebens – markiert: „Mögen die herrschenden Klassen vor einer kommunistischen Revolution zittern. Die Proletarier haben nichts in ihr zu verlieren

Aufforderung zur Praxis

als ihre Ketten. Sie haben eine Welt zu gewinnen. *Proletarier aller Länder, vereinigt euch!*" (MEW 4, 493)

Marx und Engels haben der internationalen Arbeiterbewegung mit dem ‚Kommunistischen Manifest' ein grundlegendes Programm des wissenschaftlichen Kommunismus und Sozialismus an die Hand gegeben. Zwar hat es auf die Märzrevolution keinen Einfluss mehr nehmen können. Im Rückblick gesehen aber eröffnete es eine neue Etappe innerhalb der Arbeiterbewegung. Die Geschichte des „Bundes der Kommunisten" selbst allerdings endet nur wenige Jahre nach der Niederlage der Revolution im November 1852. Das Scheitern der Revolution, das Verbot der „Neuen Rheinischen Zeitung", mit der sich der Bund vorübergehend eine öffentliche Plattform zur politischen Einflussnahme geschaffen hatte, nicht zuletzt auch der von einer Haussuchungs- und Verhaftungswelle begleitete Kölner Kommunistenprozess (1852), in dessen Verlauf führende Mitglieder des Bundes zu teilweise hohen Festungsstrafen verurteilt worden waren, hatten seiner Arbeit die Grundlagen entzogen. Das Manifest dieses Bundes aber sollte zum Klassiker der sozialistischen Literatur mit weltweiter Verbreitung werden.

Wirkung

Kommentierte Bibliographie

1. Werkausgaben/Primärtexte

Börne, Ludwig: Sämtliche Schriften. Neu bearbeitet und hrsg. von Inge und Peter Rippmann. 5 Bde. Düsseldorf, Darmstadt 1964–1968. [Börne]

Büchner, Georg: Sämtliche Werke und Briefe. Bd. 2. München 1972.

Büchner, Georg: Sämtliche Werke, Briefe und Dokumente in zwei Bänden. Hrsg. von Henri Poschmann. Frankfurt a. M. 1992. [Büchner]

Deutsch-Französische Jahrbücher. Hrsg. von Arnold Ruge und Karl Marx. 1ste und 2te Lieferung. Paris 1844. Neu hrsg. und mit einer Einleitung und Anmerkungen von Joachim Höppner. Frankfurt a. M. 1982.

Deutschland Deutschland. Politische Gedichte vom Vormärz bis zur Gegenwart. Ausgewählt und hrsg. von Helmut Lamprecht. Bremen 1969.

Dingelstedt, Franz: Lieder eines kosmopolitischen Nachtwächters. Studienausgabe mit Kommentar und Einleitung von Hans-Peter Bayerdörfer. Tübingen 1978.

Dronke, Ernst: Aus dem Volk & Polizeigeschichten. Frühsozialistische Novellen. Hrsg. und mit einem Nachwort von Bodo Rollka. Köln 1981.

Echtermeyer, Theodor und Arnold Ruge: Der Protestantismus und die Romantik. Zur Verständigung über die Zeit und ihre Gegensätze. Ein Manifest. Hrsg., kommentiert und mit einem Vorwort versehen von Norbert Oellers. Hildesheim 1972.

Fontane, Theodor: Sämtliche Werke. Hrsg. von Walter Keitel. Bd. 1: Aufsätze und Aufzeichnungen. Hrsg. von Jürgen Kolbe. München 1969.

Freiligrath, Ferdinand: Ein Glaubensbekenntniß. Zeitgedichte. Mainz 1844.

Freiligrath, Ferdinand: Werke in einem Band. Ausgewählt und eingeleitet von Werner Ilberg. Berlin, Weimar ³1976.

Giseke, Robert: Carrière. Ein Miniaturbild aus der Gegenwart. 2 Bde. Leipzig 1853.

Goethe, Johann Wolfgang: Werke. Hrsg. im Auftrage der Großherzogin Sophie von Sachsen (Weimarer Ausgabe). Weimar 1887 ff. [WA]

Gottschall, Rudolf: Die Marseillaise. Dramatisches Gedicht in einem Akt. Hamburg 1849.

Grabbe, Christian Dietrich: Werke und Briefe. Historisch-kritische Gesamtausgabe in sechs Bänden. Hrsg. von der Akademie der Wissenschaften in Göttingen. Bearbeitet von Alfred Bergmann. 5 Bde. Emsdetten 1960–1973. [Grabbe, HKA]

Grillparzer, Franz: Sämtliche Werke. Historisch-kritische Gesamtausgabe. Hrsg. von August Sauer, fortgeführt von Reinhold Backmann. Erste Abteilung. Bd. 12: Gedichte. Dritter Teil: Sprüche und Epigramme. Text. Wien 1937. [HKA]

Gutzkow, Karl Ferdinand: Schriften. Hrsg. von Adrian Hummel. 2 Bde. Frankfurt a. M. 1998.

Gutzkow, Karl Ferdinand: Die Ritter vom Geiste. Roman in neun Büchern. Hrsg. von Thomas Neumann. 3 Bde. Frankfurt a. M. 1998. [Gutzkow 1998b]

Gutzkow, Karl: Briefe eines Narren an eine Närrin (1832). Hrsg. von Herbert Kaiser. Berlin 2001.

Gutzkow, Karl: Vor- und Nach-Märzliches. Leipzig 1850.

Gutzkow, Karl: Wally, die Zweiflerin. Hrsg. von Günter Heintz. Stuttgart 1979.

Gutzkow, Karl: Werke. Hrsg. und mit Einleitungen und Anmerkungen versehen von Reinhold Gensel. 15 Teile in 7 Bänden. Berlin u. a. [1912]. Nachdr. Hildesheim, New York 1974. [GuW]

Hebbel, Friedrich: Werke in zwei Bänden. Hrsg. von Karl Pörnbacher. Bd. 1. München, Wien 1978.

Hegel, Georg Wilhelm Friedrich: Gesammelte Werke (Akademie-Ausgabe). Bd. 18: Vorlesungsmanuskripte II (1830/31). Hrsg. von Walter Jaeschke. Hamburg 1995.

Heine, Heinrich: Historisch-kritische Gesamtausgabe der Werke. In Verbindung mit dem Heinrich-Heine-Institut hrsg. von Manfred Windfuhr. Hamburg 1973 ff. [DHA]

Heine, Heinrich: Säkularausgabe. Werke, Briefwechsel, Lebenszeugnisse. Hrsg. von den Nationalen Forschungs- und Gedenkstätten der klassischen deutschen Literatur in Weimar und dem Centre National de la Recherche Scientifique in Paris. Berlin, Paris 1970 ff. [Säkularausgabe]

Herwegh, Georg: Frühe Publizistik. 1837–1841. Unter Leitung von Bruno Kaiser bearbeitet von Ingrid Pepperle, Johanna Rosenberg und Agnes Ziegengeist. Glashütten 1971.

Herwegh, Georg: Werke in einem Band. Ausgewählt und eingeleitet von Hans-Georg Werner. Berlin, Weimar ³1977.

Hoffmann von Fallersleben, August Heinrich: Auswahl in drei Teilen. Hrsg. von Augusta Weldler-Steinberg. Teil 1: Lyrische Gedichte. Berlin u. a. o. J. Neudr. Hildesheim, New York 1973.

Jean Paul: Selina oder über die Unsterblichkeit. In: Werke. Hrsg. von Norbert Miller. Bd. 6. München 1963.

Laube, Heinrich: Das junge Europa. Teil 1, Bd. 1 u. 2: Die Poeten. Leipzig 1833; Teil 2, Bd. 1 u. 2:

Die Krieger. Mannheim 1837; Teil 3: Die Bürger. Mannheim 1837. Reprint Frankfurt a. M. 1973.
Laube, Heinrich: Das neue Jahrhundert. Bd. 1: Polen. Fürth 1833; Bd. 2: Politische Briefe. Leipzig 1833. Reprint Frankfurt a. M. 1973.
Laube, Heinrich: Reisenovellen. Leipzig 1834. Reprint Frankfurt a. M. 1973.
Lenau, Nikolaus: Werke und Briefe Historisch-kritische Gesamtausgabe [HKA]. Hrsg. von Helmut Brandt u. a. Wien 1989 ff. [Lenau, HKA]
Marx, Karl: Zur Kritik der Hegelschen Rechtsphilosophie. Einleitung. In: MEGA 1. Berlin 1972, S. 378–391.
Morgenruf. Vormärzlyrik 1840–1850. Hrsg. von Werner Feudel. Leipzig 1974.
Mundt, Theodor: Aesthetik. Die Idee der Schönheit und des Kunstwerks im Lichte unserer Zeit. Berlin 1845. Reprint Göttingen 1966.
Mundt, Theodor: Die Einheit Deutschlands in politischer und ideeller Entwicklung. Leipzig 1832. Reprint Frankfurt a. M. 1973.
Mundt, Theodor: Madonna. Unterhaltungen mit einer Heiligen. Leipzig 1835. Reprint Frankfurt a. M. 1973.
Mundt, Theodor: Moderne Lebenswirren. Briefe und Zeitabenteuer eines Salzschreibers. Leipzig 1834. Reprint Frankfurt a. M. 1973.
Mundt, Theodor: Kritische Wälder. Blätter zur Beurteilung der Literatur, Kunst und Wissenschaft unserer Zeit. Leipzig 1833. Reprint Eschborn 1992.
Prutz, Robert: Die deutsche Literatur der Gegenwart. 1848 bis 1858. Bd. 1. Leipzig 1859.
Prutz, Robert: Zwischen Vaterland und Freiheit. Eine Werkauswahl. Hrsg. und kommentiert von Hartmut Kircher. Köln 1975.
Weerth, Georg: Sämtliche Briefe. Hrsg. und eingeleitet von Jürgen-Wolfgang Goette unter Mitwirkung von Jan Gielkens. Frankfurt a. M., New York 1989. [SB]
Weerth, Georg: Vergessene Texte. Werkauswahl. Nach den Handschriften hrsg. von Jürgen-Wolfgang Goette, Jost Hermand u. Rolf Schloesser. 2 Bde. Köln 1975 u. 1976. [VT]
[Weitling, Wilhelm:] Die Menschheit, wie sie ist und wie sie sein sollte. o. O. [1838].
Wienbarg, Ludolf: Aesthetische Feldzüge. Dem jungen Deutschland gewidmet. Hamburg 1834. Textredaktion Jürgen Jahn. Berlin, Weimar [1964].
Wienbarg, Ludolf: Wanderungen durch den Thierkreis. Hamburg 1835. Reprint Frankfurt a. M. 1973.
Wienbarg, Ludolf: Zur neuesten Literatur. Mannheim 1835. Reprint Frankfurt a. M. 1973.

2. Einführungen/Handbücher/ Quellensammlungen

Böttcher, Kurt u. a.: Geschichte der Deutschen Literatur. Bd. 8,1: Von 1830 bis zum Ausgang des 19. Jahrhunderts. Von einem Autorenkollektiv unter der Leitung von Kurt Böttcher. Berlin 1975. (Informative Literaturgeschichte, die den damaligen Stand der materialistischen Vormärzforschung zusammenfasst.)
Denkler, Horst (Hrsg.): Der deutsche Michel. Revolutionskomödien der Achtundvierziger. Stuttgart 1971. (Kommentierte Anthologie von sieben zum Teil nur schwer zugänglichen zeitgenössischen Komödien.)
Estermann, Alfred (Hrsg.): Politische Avantgarde 1830–1840. Eine Dokumentation zum Jungen Deutschland. 2 Bde. Frankfurt a. M. 1972. (Standardwerk mit den wichtigsten Texten zum Jungen Deutschland.)
Fenske, Hans (Hrsg.): Vormärz und Revolution 1840–1849 (= Quellen zum politischen Denken der Deutschen im 19. und 20. Jahrhundert. 4). Darmstadt 1976. (Wichtige Quellensammlung, die einen instruktiven Überblick über die Entwicklung des politischen Denkens in Deutschland in den unmittelbar auf die Märzrevolution zuführenden Jahren bietet.)
Glaser, Horst Albert (Hrsg.): Deutsche Literatur. Eine Sozialgeschichte. Bd. 6: Vormärz: Biedermeier, Junges Deutschland, Demokraten. 1815–1848. Hrsg. von Bernd Witte. Reinbek bei Hamburg 1980. (Ein dem Paradigma der Sozialgeschichte der Literatur verpflichtetes Kompendium mit Überblicksartikeln zur Literatur der Vormärzzeit in ihrem zeit- und kulturgeschichtlichen Kontext.)
Grimminger, Rolf (Hrsg.): Hansers Sozialgeschichte der deutschen Literatur vom 16. Jahrhundert bis zur Gegenwart. Bd. 5: Zwischen Restauration und Revolution. 1815–1848. Hrsg. von Gert Sautermeister und Ulrich Schmid. München, Wien 1998. (Das zweite große dem Paradigma der Sozialgeschichten der Literatur verpflichtete Kompendium mit Überblicksartikeln zur Literatur der Vormärzzeit in ihrem zeit- und kulturgeschichtlichen Kontext.)
Hermand, Jost (Hrsg.): Der deutsche Vormärz. Texte und Dokumente. Stuttgart 1967. (Thematisch geordnete Anthologie ausgewählter theoretischer und poetischer Texte.)
Jaeschke, Walter (Hrsg.): Philosophie und Literatur im Vormärz. Der Streit um die Romantik (1820–1854). Quellenband. Hamburg 1995. (Instruktiver Quellenband, der die Auseinandersetzung um

den Kunstcharakter der Romantik und ihre politische Funktion in das Zentrum des Streites um Literatur, Philosophie und Politik im Vormärz rückt.)

Möhrmann, Renate (Hrsg): Frauenemanzipation im deutschen Vormärz. Texte und Dokumente. Stuttgart 1978. (Anthologie ausgewählter Texte zur Frauenemanzipation, die die Aufmerksamkeit auf den Beginn der weiblichen Emanzipation in Deutschland im Jahrzehnt vor der Märzrevolution lenkt.)

Ruckhäberle, Joachim: Vormärz. In: Reallexikon der Deutschen Literaturgeschichte. 2. Aufl. Bd. 4. Hrsg. von Klaus Kanzog und Achim Masser. Berlin u. a. 1984. (Informativer Überblicksartikel auf dem Stand der damaligen Forschung.)

Schulz, Gerhard: Die deutsche Literatur zwischen Französischer Revolution und Restauration. II. Teil: Das Zeitalter der Napoleonischen Kriege und der Restauration 1806–1830 (= Geschichte der deutschen Literatur von den Anfängen bis zur Gegenwart. Bd. 7/2). München 1989. (Der Band ordnet die Literatur der Zeit in den Kontext der politisch-historischen Entwicklungen und der leitenden wissenschaftlichen, philosophischen und ästhetischen Diskussionen ein. Die Auseinandersetzung mit der Literatur erfolgt nach Gattungsaspekten.)

See, Klaus von (Hrsg.): Neues Handbuch der Literaturwissenschaft. Bd. 16: Europäische Romantik III. Restauration und Revolution. Von Norbert Altenhofer und Alfred Estermann in Verbindung mit Martin Christadler u. a. Wiesbaden 1985. (Enthält instruktive Überblicksartikel zu den Themen „Geschichtsphilosophie – Zeitkritik – Szientismus", „Deutsche Erzählprosa der Restaurationszeit", „Formen der ‚neuen Prosa' im deutschen Vormärz", „Das deutsche Drama und Theater", „Deutsche Lyrik und Versepik des Vormärz" sowie der europäischen und amerikanischen Literatur der Zeit.)

Vaßen, Florian (Hrsg.): Restauration, Vormärz und 48er Revolution (= Die deutsche Literatur. Ein Abriß in Text und Darstellung. Hrsg. von Otto F. Best und Hans-Jürgen Schmitt. Bd. 10). Stuttgart 1975. (Kommentierte Anthologie mit ausgewählten Beispielen aus theoretischen und poetischen Schriften nach Gattungen geordnet.)

3. Weitere Forschungsliteratur zum Vormärz

Bleiber, Helmut und Walter Schmidt, Susanne Schötz: Akteure eines Umbruchs. Männer und Frauen der Revolution von 1848/49. Berlin 2003. (Umfangreiches Nachschlagewerk mit biographischen Porträts von Männer und Frauen, die den Umbruchprozeß von 1848/49 miterlebt und mitgestaltet haben. Der Band schließt eine Forschungslücke.)

Briese, Olaf: Konkurrenzen. Philosophische Kultur in Deutschland 1830–1850. Porträts und Profile. Würzburg 1998. (Versuch einer „Philosophiegeschichte von ‚unten'", die über die Auseinandersetzung mit zwölf teils bekannten, teils unbekannteren Philosophen der Vormärzperiode – W. Menzel, K. Rosenkranz, Chr. H. Weiße, J. F. Herbart, F. von Baader, F. Schelling, G. F. Daumer, O. F. Gruppe, G. Th. Fechner, L. Feuerbach, F. Chr. Baur, A. Schopenhauer – einen repräsentativen Überblick über die philosophische Kultur der Zeit bietet.)

Bunzel, Wolfgang und Peter Stein, Florian Vaßen (Hrsg.): Romantik und Vormärz. Zur Archäologie literarischer Kommunikation in der ersten Hälfte des 19. Jahrhunderts. Bielefeld 2003. (Der umfangreiche Tagungsband arbeitet an einem breiten Themenspektrum Grundstrukturen literarischer Kommunikation in der Vormärzperiode heraus.)

Dedner, Burghard und Hella Hofstaetter (Hrsg.): Romantik im Vormärz. Marburg 1992. (Sammelband mit instruktiven Beiträgen zum Einfluß romantischer Vorstellungskonzepte auf die gesellschaftskritische Dichtung des Vormärz und der Präsenz romantischer Dichtung in der Vormärzperiode.)

Ehrlich, Lothar und Hartmut Steinecke, Michael Vogt (Hrsg.): Vormärz und Klassik. Bielefeld 1999. (Kompendium mit neueren Forschungsbeiträgen zur Frage, wie Autoren und Diskurse des bzw. im Vormärz sich zum Paradigma der Goethezeit verhalten.)

Eke, Norbert Otto und Renate Werner (Hrsg.): Vormärz – Nachmärz. Bruch oder Kontinuität. Bielefeld 2000. (Ausgehend von der Frage, ob und, wenn ja, wie sich die Revolution von 1848/49 in der Literatur, der Philosophie und der Geschichtsschreibung auswirkte, beschäftigen sich die Beiträge dieses Sammelbandes mit historischen Konfigurationen des Wissens, Modellen historischer Sinnbildung und dem Verhältnis von Wirklichkeitserfahrung und ästhetischer Form.)

Frank, Gustav: Krise und Experiment. Komplexe Erzähltexte im literarischen Umbruch des 19. Jahrhunderts. Wiesbaden 1998. (Umfangreiche Untersuchung, die der Frage nach den Transformationsmechanismen nachgeht, die den Übergang des goethezeitlichen Literatursystems – mit dem

Vormärz als dazwischengeschalteter Experimentierphase – in das des Realismus ermöglichen.)

Glasenapp, Gabriele von: Aus der Judengasse. Zur Entstehung und Ausprägung deutschsprachiger Ghettoliteratur im 19. Jahrhundert. Tübingen 1996. (Die Untersuchung beschäftigt sich mit der in den dreißiger und vierziger Jahren des 19. Jahrhunderts zunächst in Deutschland verbreiteten Ghettoliteratur und legt den Grundstein zu einer weiteren Auseinandersetzung mit diesem in der Forschung seit einigen Jahren intensiver diskutierten Genre der jüdischen Erzählliteratur.)

Göttsche, Dirk: Zeit im Roman. Literarische Zeitreflexion und die Geschichte des Zeitromans im späten 18. und 19. Jahrhundert. München 2001. (Breit angelegte gattungsgeschichtliche Untersuchung, die den Beginn des Zeitromans auf den Zeitraum um 1800 rückdatiert. Die Darstellung konzentriert sich im Wesentlichen auf den Aspekt der Zeiterfahrung und Zeitdarstellung im Roman.)

Greif, Wolfgang (Hrsg.): Volkskultur im Wiener Vormärz; das andere Wien zur Biedermeierzeit. Frankfurt a. M. u. a. 1998. (Kompendium mit Beiträgen, die an repräsentativen Ausschnitten den Zusammenhang von materieller Kultur und sozialem Handeln rekonstruieren und die Populärkultur der Zeit begreifbar machen.)

Hohendahl, Peter Uwe: Literarische Kultur im Zeitalter des Liberalismus: 1830–1870. München 1985. (Informativer Überblick über die philosophischen und literaturtheoretischen Auseinandersetzungen zwischen Julirevolution und Reichsgründung.)

Jaeschke, Walter (Hrsg.): Philosophie und Literatur im Vormärz. Der Streit um die Romantik (1820–1854). Hamburg 1995. (Aufsatzsammlung zur Auseinandersetzung um den Kunstcharakter der Romantik und ihre politische Funktion im Vormärz.)

Jahrbuch Forum Vormärz Forschung, 1995 ff.

I.: Journalliteratur im Vormärz. Hrsg. von Rainer Rosenberg und Detlev Kopp. Bielefeld 1996. (Enthält neben Artikeln zum Schwerpunktthema weitere Forschungsbeiträge zum Vormärz, u. a. zur Übersetzungsgeschichte und zur Tropenmedizin, sowie einen umfangreichen Rezensionsteil.)

II.: Autorinnen des Vormärz. Hrsg. von Helga Brandes und Detlev Kopp. Bielefeld 1997. (Enthält neben Artikeln zum Schwerpunktthema weitere Forschungsbeiträge zum Vormärz, u. a. zur Vormärzliteratur in europäischer Perspektive, sowie einen umfangreichen Rezensionsteil.)

III.: 1848 und der deutsche Vormärz. Hrsg. von Peter Stein, Florian Vaßen und Detlev Kopp. Bielefeld 1998. (Enthält neben Artikeln zum Schwerpunktthema einen umfangreichen Rezensionsteil.)

IV.: Juden und jüdische Kultur im Vormärz. Hrsg. von Horst Denkler, Norbert Otto Eke, Hartmut Steinecke und Detlev Kopp. Bielefeld 1999. (Enthält neben Artikeln zum Schwerpunktthema weitere Forschungsbeiträge zum Vormärz, u. a. zur religiösen Opposition im Vormärz, zu Fanny Lewald und Annette von Droste-Hülshoff, sowie einen umfangreichen Rezensionsteil.)

V.: „Emancipation des Fleisches". Erotik und Sexualität im Vormärz. Hrsg. von Gustav Frank und Detlev Kopp. Bielefeld 1999. (Enthält neben Artikeln zum Schwerpunktthema einen umfangreichen Rezensionsteil.)

VI.: Literaturkonzepte im Vormärz. Hrsg. von Michael Vogt und Detlev Kopp. Bielefeld 2001. (Enthält neben Artikeln zum Schwerpunktthema weitere Forschungsbeiträge zum Vormärz, u. a. zum sozialen Protestantismus und zu Lenaus „Faust"-Dichtung, sowie einen umfangreichen Rezensionsteil.)

VII.: Theaterverhältnisse im Vormärz. Hrsg. von Maria Porrmann und Florian Vaßen. Bielefeld 2002. (Enthält neben Artikeln zum Schwerpunktthema einen umfangreichen Rezensionsteil.)

VIII.: Deutsch-französischer Ideentransfer im Vormärz. Hrsg. von Gerhard Höhn und Bernd Füllner. Bielefeld 2002. (Enthält neben Artikeln zum Schwerpunktthema einen umfangreichen Rezensionsteil.)

IX.: Goethe im Vormärz. Hrsg. von Detlev Kopp und Hans-Martin Kruckis. Bielefeld 2004. (Enthält neben Artikeln zum Schwerpunktthema weitere Forschungsbeiträge zu Georg Weerth und Moritz Hartmann, sowie einen umfangreichen Rezensionsteil.)

X.: Vormärz und Exil – Vormärz im Exil. Hrsg. von Norbert Otto Eke und Fritz Wahrenburg. Bielefeld 2005. (Enthält neben Artikeln zum Schwerpunktthema einen umfangreichen Rezensionsteil.)

Koopmann, Helmut und Martina Lauster (Hrsg.): Vormärzliteratur in europäischer Perspektive I. Öffentlichkeit und nationale Identität. Bielefeld 1996. (Komparatistisch angelegte Aufsatzsammlung, welche die nationalphilologischen Beschränkungen der Vormärzforschung aufbricht.)

Lauster, Martina (Hrsg.): Deutschland und der europäische Zeitgeist. Kosmopolitische Dimensionen in der Literatur des Vormärz. Bielefeld 1994. (Sammlung von Forschungsbeiträgen, die der Frage nach den europäischen Dimensionen in der Vormärzliteratur in ihren jeweils politischen, intellektuellen und ästhetischen Bezügen nachgehen.)

Lauster, Martina und Günter Oesterle (Hrsg.): Vormärzliteratur in europäischer Perspektive II. Politische Revolution – Industrielle Revolution – Ästhetische Revolution. Bielefeld 1998. (Instruktive Aufsatzsammlung, die in komparatistischer Perspektive den Zusammenhang von politischer, ästhetischer und industrieller Revolution beleuchtet.)

Lipp, Carola (Hrsg.): Schimpfende Weiber und patriotische Jungfrauen. Frauen im Vormärz und in der Revolution 1848/49. Bühl-Moos, Baden-Baden 1986. (Instruktive Beiträge zum politischen Verhalten und den Einstellungen von Frauen, zur weiblichen Lebensweise und den politischen Handlungsmustern von Frauen in der Vormärzperiode und der Märzphase selbst.)

Mattenklott, Gert und Klaus R. Scherpe (Hrsg.): Demokratisch-revolutionäre Literatur in Deutschland: Vormärz. Kronberg 1974. (Versuch einer Einordnung der Märzrevolution in einen breiteren sozialgeschichtlichen Kontext.)

Morris-Keitel, Helen G.: Identity in Transition. The Images of Working-Class Women in Social Prose of the „Vormärz" (1840–1848). New York u.a. 1995. (Die Untersuchung geht der Frage nach, wie sich tradierte Geschlechtsrollentypisierungen der Frau auf die – von meist männlichen Autoren stammenden – Schilderungen der arbeitenden Frau in der Sozialprosa des Vormärz auswirken und welche Erzählstrategien sich mit der Schilderung der Wertätigkeit von Frauen verbinden.)

Müller, Thomas Christian: Der Schmuggel politischer Schriften. Bedingungen exilliterarischer Öffentlichkeit in der Schweiz und im Deutschen Bund (1830–1848). Tübingen 2001. (Informativer Einblick in die Arbeit der Exilpresse und die Pressepolitik wichtigerer deutscher Regierungen in den Jahren vor und nach der Märzrevolution.)

Parr, Rolf: Interdiskursive As-Sociation. Studien zu literarisch-kulturellen Gruppierungen zwischen Vormärz und Weimarer Republik. Tübingen 2000. (Diskurstheoretische Untersuchung zum literarisch-kulturellen Vereinswesen des 19. und frühen 20. Jahrhunderts.)

Rosenberg, Rainer: Literaturverhältnisse im deutschen Vormärz. Berlin/DDR 1975. (Standardwerk der DDR-Vormärz-Forschung.)

Seibert, Peter: Der literarische Salon. Literatur und Geselligkeit zwischen Aufklärung und Vormärz. Stuttgart, Weimar 1993. (Kultur- und sozialgeschichtlich weit gespannte Darstellung des Salons als Einrichtung literarischen Handelns; zugleich ein wichtiger Versuch, die Position des Salons im Literatursystem zu bestimmen.)

Sengle, Friedrich: Biedermeierzeit. Deutsche Literatur im Spannungsfeld zwischen Restauration und Revolution 1815–1848. 3 Bde. Stuttgart 1971–1980. (Nach wie vor informatives Standardwerk, in seinen methodischen Prämissen allerdings überholt.)

Wilhelms, Kerstin: Literatur und Revolution. Schauplätze und Geschlechterdramaturgie in Romanen der 1848er Revolution. Köln, Weimar, Wien 2000. (Diskursanalytisch und gendertheoretisch angelegte Untersuchung der Verarbeitung von Revolutionen in 18 Zeitromanen und Erzählungen aus den Jahren 1849 bis 1867.)

4. Literatur zu den einzelnen Kapiteln (einschließlich der zitierten Schriften, sofern diese nicht bereits unter den Rubriken „Werkausgaben/Primärtexte" und „Einführungen/Handbücher/Quellensammlungen" aufgeführt wurden)

Kapitel I u. II:

Behrens, Wolfgang W. und Gerhard Bott, Hans-Wolf Jäger, Ulrich Schmid, Johannes Weber, Peter Werbick (Hrsg.): Der literarische Vormärz 1830–1847. München 1973.

Bock, Helmut: Deutscher Vormärz. Immer noch Fragen nach Definition und Zäsuren einer Epoche? In: Vormärz und Klassik. Hrsg. von Lothar Ehrlich, Hartmut Steinecke und Michael Vogt. Bielefeld 1999, S. 9–32.

Bock, Helmut: Deutscher „Vormärz". Thesen zur Akzentuation gesamtgesellschaftlicher Entwicklung. In: Impulse. Aufsätze, Quellen, Berichte zur deutschen Klassik und Romantik. Folge 2. Berlin, Weimar 1979, S. 9–62.

Eke, Norbert Otto: Vormärz/Nachmärz. – Bruch oder Kontinuität? Nachfragen an die Begriffsgeschichte. In: Vormärz – Nachmärz. Bruch oder Kontinuität? Hrsg. von Norbert Otto Eke und Renate Werner unter Mitarbeit von Tanja Coppola. Bielefeld 2000, S. 11–30.

Frank, Gustav: Die Rolle kultureller Dispositive für

weibliche Biographie, Autorschaft und Literatur und ein komplexes Beispiel des Vormärz: *Memoiren* der Lola Montez (1851). In: Autorinnen des Vormärz. Hrsg. von Helga Brandes und Detlev Kopp (= Forum Vormärz Forschung. Jahrbuch 1996). Bielefeld 1997, S. 163–210.

Frank, Gustav: Romane als Journal: System- und Umweltreferenzen als Voraussetzung der Entdifferenzierung und Ausdifferenzierung von ‚Literatur' im Vormärz. In: Journalliteratur im Vormärz. Hrsg. von Rainer Rosenberg und Detlev Kopp (= Forum Vormärz Forschung. Jahrbuch 1995). Bielefeld 1996, S. 15–47.

Hermand, Jost: Allgemeine Epochenprobleme. In: Begriffsbestimmung des literarischen Biedermeier. Hrsg. von Elfriede Neubuhr. Darmstadt 1974.

Hermand, Jost: Allgemeine Epochenprobleme. In: Zur Literatur der Restaurationsperiode 1815–1848. Forschungsreferate und Aufsätze. Hrsg. von Jost Hermand und Manfred Windfuhr. Stuttgart 1970, S. 3–61.

Jäger, Hans-Wolf: Politische Metaphorik im Jakobinismus und im Vormärz. Stuttgart 1971.

Kluckhohn, Paul: Die Fortwirkung der deutschen Romantik in der Kultur des 19. und 20. Jahrhunderts. In: Zeitschrift für deutsche Bildung 4, 1928, S. 57–69.

Koopmann, Helmut: Biedermeierzeit. In: Literaturwissenschaftliches Lexikon. Grundbegriffe der Germanistik. Hrsg. von Horst Brunner und Rainer Moritz. Berlin 1997, S. 48–51.

Sengle, Friedrich: Voraussetzungen und Erscheinungsformen der deutschen Restaurationsliteratur. In: Deutsche Vierteljahrsschrift 30, 1956, S. 268–294.

Stein, Peter: Epochenproblem Vormärz (1815–1848). Stuttgart 1974.

Stein, Peter: Willibald Alexis – ein schwieriger Autor für die Vormärzforschung? In: Willibald Alexis (1798–1871). Ein Autor des Vor- und Nachmärz. Hrsg. von Wolfgang Beutin und Peter Stein. Bielefeld 2000. S. 15–28.

Stein, Peter und Florian Vaßen: Dialog über eine Revolution. 1848 zwischen Vormärz und Nachmärz. In: 1848 und der deutsche Vormärz. Hrsg. von dens. (= Forum Vormärz Forschung. Jahrbuch 1997). Bielefeld 1998, S. 9–26.

Steinwachs, Burkhard: Was leisten (literarische) Epochenbegriffe? Forderungen und Folgerungen. In: Epochenschwellen und Epochenstrukturen im Diskurs der Literatur- und Sprachhistorie. Hrsg. von Hans Ulrich Gumbrecht und Ursula Link-Heer. Frankfurt a.M. 1985, S. 312–323.

Weigel, Sigrid: Vorwort: Der Nachmärz als Laboratorium der Moderne. In: Nachmärz. Der Ursprung der ästhetischen Moderne in einer nachrevolutionären Konstellation. Hrsg. von Thomas Koebner und Sigrid Weigel. Opladen 1996, S. 9–18.

Weiss, Walter: Biedermeier(Zeit), Vormärz, (Früh-)Realismus? Ein Beitrag zur Epochendiskussion. In: Antipodische Aufklärungen – Antipodean Enlightenments. Festschrift für Leslie Bodi. Hrsg. von Walter Veit. Frankfurt a.M. u.a. 1987, S. 503–517.

Kapitel III:

Adler, Hans (Hrsg.): Literarische Geheimberichte. Protokolle der Metternich-Agenten. 2 Bde. Köln 1977.

Aus Metternich's nachgelassenen Papieren. Hrsg von Fürst Richard Metternich-Winneburg. Geordnet und zusammengestellt von Alfons von Klinkowström. 8 Bde. Wien 1880–1884.

Bayerdörfer, Hans-Peter: ‚Lokalformel' und ‚Bürgerpatent'. Ausgrenzung und Zugehörigkeit in der Posse zwischen 1815 und 1860. In: Theaterverhältnisse im Vormärz. Hrsg. von Maria Porrmann und Florian Vaßen (= Forum Vormärz Forschung. Jahrbuch 2001). Bielefeld 2002, S. 139–173.

Bergeron, Louis und François Furet, Reinhart Koselleck: Das Zeitalter der europäischen Revolution 1780–1848. Frankfurt a.M. [12]1980.

Blumenberg, Hans: Lebenszeit und Weltzeit. Frankfurt a.M. 1986.

Brandes, Helga: Die Zeitschriften des Jungen Deutschland. Eine Untersuchung zur literarisch-publizistischen Öffentlichkeit im 19. Jahrhundert. Opladen 1991.

Brendel-Perpina, Ina: Zur Ambivalenz in Heines Kunstauffassung. Versuch einer ästhetischen Standortbestimmung der publizistischen Prosa der Pariser Jahre. In: Literaturkonzepte im Vormärz. Hrsg. von Michael Vogt und Detlev Kopp (= Forum Vormärz Forschung. Jahrbuch 2000). Bielefeld 2001, S. 137–145.

Craig, Gordon A.: Geschichte Europas im 19. und 20. Jahrhundert. Bd. 1: Vom Wiener Kongreß bis zum Ausbruch des Ersten Weltkrieges 1815–1914. München 1978.

Daniel, Ute: Zur Geschichte des Theaters und der Höfe im 18. und 19. Jahrhundert. Stuttgart 1995.

Deutsche Kommunikationskontrolle des 15. bis 20. Jahrhunderts. Hrsg. von Heinz-Dietrich Fischer. München 1982.

Dowe, Dieter und Heinz-Gerhard Haupt, Dieter

Langewiesche (Hrsg.): Europa 1848. Revolution und Reform. Bonn 1998.
Eke, Norbert Otto: Signaturen der Revolution. Frankreich – Deutschland: deutsche Zeitgenossenschaft und deutsches Drama zur Französischen Revolution um 1800. München 1997.
Eke, Norbert Otto: „Ja, ja, wir leben schnell, schneller, als je Menschen lebten." Beiläufige Anmerkungen zum Verhältnis von Revolution und Beschleunigung in Revolutionsdramen des Vor- und Nachmärz. In: Vormärz und Klassik. Hrsg. von Lothar Ehrlich, Hartmut Steinecke und Michael Vogt. Bielefeld 1999, S. 221–233.
Eke, Norbert Otto: Der Kritiker in der Kritik. Willibald Alexis, das Junge Deutschland und Alexis' autobiographische Fragmente *Erinnerungen aus meinem Leben*. In: Willibald Alexis (1798–1871). Ein Autor des Vor- und Nachmärz. Hrsg. von Wolfgang Beutin und Peter Stein. Bielefeld 2000, S. 55–80.
Eke, Norbert Otto: Moderne Zeit(en). Der Kampf um die Zeit in Romantik und Vormärz. In: Romantik und Vormärz. Zur Archäologie literarischer Kommunikation in der ersten Hälfte des 19. Jahrhunderts. Hrsg. von Wolfgang Bunzel, Peter Stein und Florian Vaßen. Bielefeld 2003, S. 163–183.
Eke, Norbert Otto und Dagmar Olasz-Eke: Bibliographie: Der deutsche Roman 1815–1830. Standortnachweise, Rezensionen, Forschungsüberblick. München 1994.
Engelsing, Rolf: Die Perioden der Lesergeschichte in der Neuzeit. In: R. E.: Zur Sozialgeschichte deutscher Mittel- und Unterschichten. Göttingen 1973, S. 112–154.
Frank, Gustav: Romane als Journal: System- und Umweltreferenzen als Voraussetzung der Entdifferenzierung und Ausdifferenzierung von ‚Literatur' im Vormärz. In: Journalliteratur im Vormärz. Hrsg. von Rainer Rosenberg und Detlev Kopp (= Forum Vormärz Forschung. Jahrbuch 1995). Bielefeld 1996, S. 15–47.
Freund, Marion: „Wenn die Zeiten gewaltsam laut werden […] so kann es niemals fehlen, daß auch die Frauen ihre Stimme vernehmen und ihr gehorchen." In: 1848 und der deutsche Vormärz. Hrsg. von Peter Stein, Florian Vaßen und Detlev Kopp (= Forum Vormärz Forschung. Jahrbuch 1997). Bielefeld 1998, S. 117–142.
Gedö, András: Philosophie zwischen den Zeiten. Auseinandersetzungen um den Philosophiebegriff im Vormärz. In: Philosophie und Literatur im Vormärz. Der Streit um die Romantik (1820–1854). Hrsg. von Walter Jaeschke. Hamburg 1995, S. 1–39.

Glossy, Karl (Hrsg.): Literarische Geheimberichte des Vormärz. Separatdruck aus dem Jahrbuch der Grillparzer Gesellschaft Jg. XXI–XXIII. Wien 1912.
Goetzinger, Germaine: „Daß die Ehe in dem Zustande der Gesellschaft, wie er sich jetzt gestaltet hat, nicht mehr Naturgebot sei …". Therese Hubers Roman *Die Ehelosen* (1829) als Vorentwurf zu einer Theorie sozialer Mütterlichkeit. In: Autorinnen des Vormärz. Hrsg. von Helga Brandes und Detlev Kopp (= Forum Vormärz Forschung. Jahrbuch 1996). Bielefeld 1997, S. 15–26.
Graf, Friedrich Wilhelm: Die Politisierung des religiösen Bewußtseins. Die bürgerlichen Religionsparteien im deutschen Vormärz: Das Beispiel des Deutschkatholizismus. Stuttgart-Bad Cannstatt 1978.
Hansen, Joseph (Hrsg.): Rheinische Briefe und Akten zur Geschichte der politischen Bewegung 1830–1850. Bd. 1: Essen 1919; Bd. 2/1: Bonn 1942; Bd. 2/2 bearb. von Heinz Boberach. Köln 1976.
Hoefer, Frank: Pressepolitik im Polizeistaat Metternichs. Die Überwachung von Presse und politischer Öffentlichkeit in Deutschland und in den Nachbarstaaten durch das Mainzer Informationsbüro (1833–1848). München 1983.
Höhn, Gerhard: „Wahlverwandtschaften". Programme einer deutsch-französischen Allianz von Heine bis Ruge und Marx. In: Deutsch-französischer Ideentransfer im Vormärz. Hrsg. von Gerhard Höhn und Bernd Füllner (= Forum Vormärz Forschung. Jahrbuch 2002). Bielefeld 2002, S. 251–286 [Höhn 2002b].
Höhn, Gerhard und Bernd Füllner (Hrsg.): Deutsch-französischer Ideentransfer im Vormärz. Bielefeld 2002 (= Forum Vormärz Forschung. Jahrbuch 2002).
Höhn, Gerhard: Vormärz: Sternstunde des deutsch-französischen Ideentransfers. Einleitung. In: Deutsch-französischer Ideentransfer im Vormärz. Hrsg. von Gerhard Höhn und Bernd Füllner (= Forum Vormärz Forschung. Jahrbuch 2002). Bielefeld 2002, S. 19–47.
Huber, Ernst Rudolf: Dokumente zur deutschen Verfassungsgeschichte. Bd. 1: Deutsche Verfassungsdokumente 1803–1850. Stuttgart 1961.
Huber, Ernst Rudolf: Dokumente zur deutschen Verfassungsgeschichte. Stuttgart ³1978.
Jäger, Georg und Alberto Martino, Reinhard Wittmann: Zur Geschichte der Leihbibliotheken im 18. und 19. Jahrhundert. In: Die Leihbibliothek der Goethezeit. Exemplarische Kataloge zwischen 1790 und 1830. Hrsg. mit einem Aufsatz zur Geschichte der Leihbibliotheken im 18. und 19. Jahrhundert von dens. Hildesheim 1979.

Jäger, Georg und Jörg Schönert: Die Leihbibliothek als literarische Institution im 18. und 19. Jahrhundert – ein Problemaufriß. In: Die Leihbibliothek als Institution des literarischen Lebens im 18. und 19. Jahrhundert. Organisationsformen, Bestände und Publikum. Arbeitsgespräch in der Herzog August Bibliothek Wolfenbüttel 30. September bis 1. Oktober 1977. Hrsg. von dens. Hamburg 1980, S. 31–34.

Jansen, Christian und Thomas Mergel (Hrsg.): Die Revolutionen von 1848/49. Erfahrung – Verarbeitung – Deutung. Göttingen 1998.

Kanzog, Klaus: Zensur. In: Reallexikon der Deutschen Literaturgeschichte. 2. Aufl. Bd. 4. Hrsg. von Klaus Kanzog und Achim Masser. Berlin u. a. 1984, S. 998–1049.

Klenke, Dietmar: Der singende „deutsche Mann". Gesangvereine und deutsches Nationalbewußtsein von Napoleon bis Hitler. New York u. a. 1998.

Klüber, Johann Ludwig (Hrsg.): Quellen-Sammlung zu dem Öffentlichen Recht des Teutschen Bundes: Enthaltend die Schluss-Acte des Wiener Congresses, den Frankfurter Territorial-Recess, die Grundverträge des Teutschen Bundes und Beschlüsse der Bundesversammlung von allgemeinerem Interesse. Mit histor.-literär. Einleitungen, Übersichten des Inhalts und Anmerkungen hrsg. v. J. L. K. 3., sehr vermehrte Auflage. Erlangen 1830–1833.

Klüber, Johann Ludwig: Öffentliches Recht des Teutschen Bundes und seiner Bundesstaaten. Frankfurt a. M. 1840.

Kortländer, Bernd: „… was gut ist in der deutschen Literatur, das ist langweilig und das Kurzweilige ist schlecht". Adaptionen französischer Lustspiele im Vormärz. Anmerkungen zu einem unübersichtlichen Thema. In: Theaterverhältnisse im Vormärz. Hrsg. von Maria Porrmann und Florian Vaßen (= Forum Vormärz Forschung. Jahrbuch 2001). Bielefeld 2002, S. 197–211.

Kreutz, Wilhelm: Die europäische Revolution von 1848/49. In: Revolution 1848/49. Ereignis – Rekonstruktion – Diskurs. Hrsg. von Gudrun Loster-Schneider. St. Ingbert 1999, S. 67–91.

Labuhn, Wolfgang: Literatur und Öffentlichkeit im Vormärz. Das Beispiel Ludwig Börne. Königstein/Ts. 1980.

Lill, Rudolf (Hrsg): Die Revolution von 1848/49 in Deutschland und Europa. Beiträge zu einem Karlsruher Symposium im Rahmen der 14. Europäischen Kulturtage 1998 „1848". Karlsruhe 1998.

Lukas, Wolfgang: ‚Weiblicher' Bürger vs. ‚männlicher' Aristokratin. Der Konflikt der Geschlechter und Stände in der Erzählliteratur des Vor- und Nachmärz. In: „Emancipation des Fleisches". Erotik und Sexualität im Vormärz. Hrsg. von Gustav Frank und Detlev Kopp (= Forum Vormärz Forschung. Jahrbuch 1999). Bielefeld 1999, S. 223–260.

Lutz, Heinrich: Zwischen Habsburg und Preußen. Deutschland 1815–1866. Berlin 1985.

Marggraff, Hermann: Deutschland's jüngste Literatur- und Culturepoche. Charakteristiken. Leipzig 1839.

Martino, Alberto: Die deutsche Leihbibliothek. Geschichte einer literarischen Institution (1756–1914). Mit einem zusammen mit Georg Jäger erstellten Verzeichnis der erhaltenen Leihbibliothekskataloge. Wiesbaden 1990.

Meier, Georg Friedrich: Untersuchungen einiger Ursachen des verdorbenen Geschmacks der Deutschen, in Absicht auf die schönen Wissenschaften. Halle 1746.

Mommsen, Wolfgang J.: 1848. Die ungewollte Revolution. Die revolutionären Bewegungen in Europa 1830–1849. Frankfurt a. M. 1998.

Müller, Harro: „Man arbeitet heutzutag alles in Menschenfleisch". Anmerkungen zu Büchners „Dantons Tod" und ein knapper Seitenblick auf Grabbes „Napoleon oder Die hundert Tage". In: Grabbe-Jahrbuch 7, 1988, S. 78–88.

Nipperdey, Thomas: Deutsche Geschichte 1800–1866. Bürgerwelt und starker Staat. München 1983.

Obenaus, Sybille: Literarische und politische Zeitschriften 1830–1848. Stuttgart 1986.

Pilick, Eckhart: Religiöse Opposition im Vormärz: Deutschkatholiken und Lichtfreunde. In: Juden und jüdische Kultur im Vormärz. Hrsg. von Horst Denkler, Norbert Otto Eke, Hartmut Steinecke und Detlev Kopp (= Forum Vormärz Forschung. Jahrbuch 1998). Bielefeld 1999, S. 213–232.

Porrmann, Maria und Florian Vaßen: „Doch die Verhältnisse, sie sind nicht so!" Theaterverhältnisse im Vormärz. In: Theaterverhältnisse im Vormärz. Hrsg. von Maria Porrmann und Florian Vaßen (= Forum Vormärz Forschung. Jahrbuch 2001). Bielefeld 2002, S. 13–24.

Protokolle der Deutschen Bundesversammlung 1816–1866.

Requate, Jörg: Die Entstehung eines journalistischen Arbeitsmarktes im Vormärz. Deutschland im Vergleich zu Frankreich. In: Journalliteratur im Vormärz. Hrsg. von Rainer Rosenberg und Detlev Kopp (= Forum Vormärz Forschung. Jahrbuch 1995). Bielefeld 1996, S. 107–130.

Schenda, Rudolf: Volk ohne Buch. Studien zur Sozialgeschichte der populären Lesestoffe 1770–1910. München 1977.

Schieder, Theodor: Vom Deutschen Bund zum Deutschen Reich 1815–1871 (= Gebhardt, Handbuch der deutschen Geschichte, neunte, neu bearbeitete Auflage, hrsg. von Herbert Grundmann, Bd. 15). München ¹¹1987.

Schieder, Wolfgang (Hrsg.): Liberalismus in der Gesellschaft des Vormärz. Göttingen 1983.

Schivelbusch, Wolfgang: Geschichte der Eisenbahnreise. Zur Industrialisierung von Raum und Zeit im 19. Jahrhundert. Frankfurt a. M. 1989.

Schneider, Franz: Presse, Pressefreiheit, Zensur. In: Geschichtliches Grundbegriffe. Hrsg. von Otto Brunner, Werner Conze und Reinhart Koselleck. Bd. 4. Stuttgart 1978, S. 899–921.

Schneider, Franz: Pressefreiheit und politische Öffentlichkeit. Studien zur politischen Geschichte Deutschlands bis 1848. Neuwied 1966.

Siemann, Wolfram: Ideenschmuggel. Probleme der Meinungskontrolle und das Los deutscher Zensoren im 19. Jahrhundert. In: Historische Zeitschrift 245, 1987, S. 71–106.

Ungern-Sternberg, Wolfgang: Christoph Martin Wieland und das Verlagswesen seiner Zeit. Studien zur Entstehung des freien Schriftstellertums in Deutschland. In: Archiv für Geschichte des Buchwesens, 14, 1974, S. 1211–1534.

Voß, Reinhard: Der deutsche Vormärz in der französischen „öffentlichen Meinung". Die Verfassungskämpfe in Norddeutschland und das französische Deutschlandbild (1837–1847). Frankfurt a. M. u. a. 1977.

Wehler, Hans-Ulrich: Deutsche Gesellschaftsgeschichte. Bd. 2: Von der Reformära bis zur industriellen und politischen „Deutschen Doppelrevolution" 1815–1848/49. München ²1989.

Wilke, Jürgen (Hrsg.): Pressefreiheit. Darmstadt 1984.

Wülfing, Wulf: Gleichzeitigkeit als „Unendlichkeit". Zur Darstellung von Raum- und Zeiterfahrungen in Texten des Vormärz. In: Vormärz und Klassik. Hrsg. von Lothar Ehrlich, Hartmut Steinecke und Michael Vogt. Bielefeld 1999, S. 199–219.

Zielske, Harald: Zwischen monarchischer Idee und Urbanität. Hoftheater und Stadttheater im Vormärz. In: Theaterverhältnisse im Vormärz. Hrsg. von Maria Porrmann und Florian Vaßen (= Forum Vormärz Forschung. Jahrbuch 2001). Bielefeld 2002, S. 43–69.

Kapitel IV:

Adler, Hans (Hrsg.): Der deutsche soziale Roman des 18. und 19. Jahrhunderts. Darmstadt 1990.

Adler, Hans: Literatur und Sozialkritik. Versuch einer historischen Spezifikation des sozialen Romans. In: Der deutsche soziale Roman des 18. und 19. Jahrhunderts. Hrsg. von H. A. Darmstadt 1990, S. 280–307.

Adler, Hans: Soziale Romane im Vormärz. Literatursemiotische Studie. München 1980.

Baur, Uwe: Dorfgeschichte. Zur Entstehung und gesellschaftlichen Funktion einer literarischen Gattung im Vormärz. München 1978.

Bayerdörfer, Hans-Peter: Einleitung. In: Franz Dingelstedt: Lieder eines kosmopolitischen Nachtwächters. Studienausgabe mit Kommentar und Einleitung von Hans-Peter Bayerdörfer. Tübingen 1978, S. 4–73.

Beutin, Wolfgang und Peter Stein (Hrsg.): Willibald Alexis (1798–1871). Ein Autor des Vor- und Nachmärz. Bielefeld 2000.

Bock, Helmut: Ludwig Börne. Vom Gettojuden zum Nationalschriftsteller. Berlin 1962.

Busse, Dietrich: „Aus Nichts schafft Gott, wir schaffen aus Ruinen!" Geschichte als Prozeß im Werk Christian Dietrich Grabbes. In: Grabbe Jahrbuch 5, 1986, S. 11–20.

Büttner, Wolfgang: Georg Herwegh – Ein Sänger des Proletariats. Der Weg eines bürgerlich-demokratischen Poeten zum Streiter für die Arbeiterbewegung. Mit einem Anhang ungedruckter Briefe und Dokumente über Herweghs Verhältnis zur Arbeiterbewegung. Zweite, überarbeitete Auflage. Berlin 1976.

Cortesi, Antonio: Die Logik von Zerstörung und Größenphantasie in den Dramen Christian Dietrich Grabbes. Bern, Frankfurt a. M., New York 1986.

Denkler, Horst: Zwischen Julirevolution (1830) und Märzrevolution (1848/49). In: Geschichte der politischen Lyrik in Deutschland. Hrsg. von Walter Hinderer. Stuttgart 1978, S. 179–209.

Edler, Erich: Die Anfänge des sozialen Romans und der sozialen Novelle in Deutschland. Frankfurt a. M. 1977.

Eke, Norbert Otto: „Alle Ehre deiner Narbe." Die Spur des Körpers im Werk Grabbes. In: Grabbes Welttheater. Christian Dietrich Grabbe zum 200. Geburtstag. Hrsg. von Detlev Kopp und Michael Vogt. Bielefeld 2001, S. 71–101.

Eke, Norbert Otto: Lenau und Graf Alexander von Württemberg oder: Der Dichter als (kritischer) Leser. In: Lenau-Forum 17 (1991), Folge 1–4, S. 5–23.

Eke, Norbert Otto: Signaturen der Revolution. Frankreich – Deutschland: deutsche Zeitgenossenschaft und deutsches Drama zur Französischen Revolution um 1800. München 1997.

Enzensberger, Hans Magnus: Ludwig Börne und Heinrich Heine, ein deutsches Zerwürfnis. Bearbeitet von H. M. E. Nördlingen 1986.

Estermann, Alfred: Ludwig Börne. 1786–1837. Zum 200. Geburtstag des Frankfurter Schriftstellers. Bearbeitet von A. E. Im Auftrag des Dezernats für Kultur und Freizeit der Stadt Frankfurt am Main hrsg. von der Stadt- und Universitätsbibliothek. Frankfurt a.M. 1986.

Farese, Giuseppe: Lyrik des Vormärz. In: Deutsche Literatur. Eine Sozialgeschichte. Hrsg. von Horst Albert Glaser. Bd. 6: Vormärz: Biedermeier, Junges Deutschland, Demokraten. 1815–1848. Hrsg. von Bernd Witte. Reinbek bei Hamburg 1980, S. 227–244.

Ferner, Jürgen: Nachwort. In: Heinrich Heine: Zur Geschichte der Religion und Philosophie in Deutschland. Hrsg. von J. F. Stuttgart 1997, S. 224–259.

Feudel, Werner: Georg Weerth – ein sozialistischer Parteischriftsteller des Vormärz. In: Weimarer Beiträge 18, 1972, H. 8, S. 92–110.

Frank, Gustav: Romane als Journal: System- und Umweltreferenzen als Voraussetzung der Entdifferenzierung und Ausdifferenzierung von ‚Literatur' im Vormärz. In: Journalliteratur im Vormärz. Hrsg. von Rainer Rosenberg und Detlev Kopp (= Forum Vormärz Forschung. Jahrbuch 1995). Bielefeld 1996, S. 15–47.

Frevert, Ute (Hrsg.): Bürgerinnen und Bürger. Geschlechterverhältnisse im 19. Jahrhundert. Göttingen 1988.

Georg Weerth. Werk und Wirkung. Hrsg. von der Akademie der Wissenschaften der DDR. Zentralinstitut für Literaturgeschichte. Berlin 1974.

Goetzinger, Germaine: „Allein das Bewußtsein dieses Befreienkönnens ist schon erhebend." Emanzipation und Politik in Publizistik und Roman des Vormärz. In: Deutsche Literatur von Frauen. Hrsg. von Helga Brinker-Gabler. Bd. 2. München 1988, S. 86–104.

Hartmann, Petra: Das „dramatische" Ende des Jungen Deutschland. In: Theaterverhältnisse im Vormärz. Hrsg. von Maria Porrmann und Florian Vaßen (= Forum Vormärz Forschung. Jahrbuch 2001). Bielefeld 2002, S. 243–268.

Hauschild, Christoph: Neudatierung und Neubewertung von Büchners „Fatalismusbrief". In: Zeitschrift für deutsche Philologie 108 (1989), H. 4, S. 511–529.

Hauschild, Jan-Christoph und Michael Werner: „Der Zweck des Lebens ist das Leben selbst". Heinrich Heine. Eine Biographie. Köln 1997.

Hauschild, Jan-Christoph: Georg Büchner. Biographie. Stuttgart, Weimar 1993.

Hauschild, Jan-Christoph: Literarische Geheimbündler oder aufgeregte Intellektuelle? In: Verboten! Das Junge Deutschland 1835. Ausstellungskatalog. Hrsg. von J.-Chr. H. in Verbindung mit Heidemarie Vahl. Düsseldorf 1985.

Hermand, Jost: Nachwort. In: Der deutsche Vormärz. Texte und Dokumente. Hrsg. von J. H. Stuttgart 1967, 357–394.

Hohendahl, Peter Uwe (Hrsg.): Geschichte der deutschen Literaturkritik. Stuttgart 1985.

Hohendahl, Peter Uwe: Geschichte – Opposition – Subversion. Studien zur Literatur des 19. Jahrhunderts. Köln u.a. 1993.

Hohendahl, Peter Uwe: Literatur und Öffentlichkeit. München 1974.

Hohendahl, Peter Uwe: Literaturkritik in der Epoche des Liberalismus (1820–1870). In: Geschichte der deutschen Literaturkritik (1730–1980). Hrsg. von P. U. H. Stuttgart 1985, S. 129–204.

Höhn, Gerhard: „Blutrosen" der Freiheit. Heinrich Heines Geschichtsdenken. In: Heinrich Heine. Ästhetisch-politische Profile. Hrsg. von G. H. Frankfurt a.M. 1991, S. 176–194.

Höhn, Gerhard: Heine-Handbuch. Zeit, Person, Werk. Zweite aktualisierte und erweiterte Auflage. Stuttgart 1997.

Holzmann, Michael: Ludwig Börne. Sein Leben und sein Wirken nach den Quellen dargestellt. Berlin 1888.

Honegger, Claudia: Die Ordnung der Geschlechter. Die Wissenschaften vom Menschen und das Weib 1750–1850. Frankfurt a.M. ²1992.

Horrocks, David: Maskulines Erzählen und feminine Furcht. Gutzkows Wally, die Zweiflerin. In: Karl Gutzkow. Liberalismus – Europäertum – Modernität. Hrsg. von Roger Jones und Martina Lauster. Bielefeld 2000, S. 149–163.

Houben, Heinrich Hubert: Jungdeutscher Sturm und Drang. Ergebnisse und Studien. Leipzig 1911.

Jendretzki, Joachim: Karl Gutzkow als Pionier des literarischen Journalismus. Frankfurt u.a. 1988.

Kaiser, Gerhard R.: Poesie des Aases. Überlegungen zur Ästhetik des Häßlichen in Lenaus „Albigensern". In: Lenau-Forum 16, 1990, S. 53–75.

Kaiser, Herbert: Karl Gutzkow: Wally, die Zweiflerin (1835). In: Romane und Erzählungen zwischen Romantik und Realismus. Neue Interpretationen. Hrsg. von Paul Michael Lützeler. Stuttgart 1983, S. 183–201.

Katz, Jacob: The Hep Hep Riots in Germany of 1819. In: Zion 38, 1973, S. 62–117.

Kim, Du Gyu: Volkstümlichkeit und Realismus. Untersuchungen zu Geschichte, Motiven und Typologien der Erzählgattung *Dorfgeschichte*. Bielefeld 1991.

Kircher, Hartmut: „Arznei auf Honigkuchen". Zur sozialkritischen Dorfgeschichte im Vormärz am Beispiel Carl Arnold Schloenbachs. In: Literatur und Politik in der Heine-Zeit. Die 48er Revolution in Texten zwischen Vormärz und Nachmärz. Hrsg. von Hartmut Kircher und Maria Kłańska. Köln u. a. 1998, S. 149–167.

Kirchner-Klemperer, Hadwig: Der deutsche soziale Roman der vierziger Jahre des vorigen Jahrhunderts, repräsentiert durch Ernst Willkomm und Robert Prutz einerseits und Alexander Sternberg andererseits, unter besonderer Berücksichtigung seiner Beziehungen zum französischen Roman. In: Wissenschaftliche Zeitschrift der Humboldt-Universität zu Berlin. Gesellschafts- und Sprachwissenschaftliche Reihe XI (1962), Nr. 2, S. 241–280.

Knapp, Gerhard P.: Georg Büchner. Stuttgart, Weimar ³2000.

Koopmann, Helmut: Das junge Deutschland. Eine Einführung. Darmstadt 1993.

Koopmann, Helmut: Doppeldeutiges. Zum literarischen Stil Ludwig Börnes. In: Ludwig Börne. 1786–1837. Bearbeitet von Alfred Estermann. Frankfurt a. M. 1986, S. 175–187.

Kopp, Detlev: Geschichte und Gesellschaft in den Dramen Christian Dietrich Grabbes. Frankfurt a. M., Bern 1982.

Köster, Udo: Literatur und Gesellschaft in Deutschland 1830–1848. Die Dichtung am Ende der Kunstperiode. Stuttgart u. a. 1984.

Köster, Udo: Literarischer Radikalismus. Zeitbewußtsein und Geschichtsphilosophie in der Entwicklung vom Jungen Deutschland zur Hegelschen Linken. Frankfurt a. M. 1972.

Kutzmutz, Olaf: Grabbe – Klassiker ex negativo. Bielefeld 1995.

Labuhn, Wolfgang: Literatur und Öffentlichkeit im Vormärz. Das Beispiel Ludwig Börne. Königstein/Ts. 1980.

Lindemann, Klaus und Raimar Zons: La Marmotte – Über Grabbes „Napoleon oder die hundert Tage". In: Grabbe. Neue Deutungen seiner Dramen. Hrsg. von Winfried Freund. München 1986, S. 59–81.

Loster-Schneider, Gudrun (Hrsg.): Revolution 1848/1849. Ereignis – Rekonstruktion – Diskurs. St. Ingbert 1999.

Marggraff, Hermann: Grabbe (Christian Dietrich) (1841). In: Grabbes Werke in der zeitgenössischen Kritik. Hrsg. von Alfred Bergmann. Bd. 5. Detmold 1964, S. 136–140.

Marggraff, Hermann: Zeitgenossen. Christian Grabbe (1836). In: Grabbes Werke in der zeitgenössischen Kritik. Hrsg. von Alfred Bergmann. Bd. 5. Detmold 1964, S. 21–25.

Matz, Klaus-Jürgen: Pauperismus und Bevölkerung. Die gesetzlichen Ehebeschränkungen in den süddeutschen Staaten während des 19. Jahrhunderts. Stuttgart 1980.

Mayer, Thomas Michael: Die „Gesellschaft der Menschenrechte" und der *Hessische Landbote*. In: Georg Büchner. Revolutionär, Dichter, Wissenschaftler 1813–1837. Der Katalog. Ausstellung Mathildenhöhe, Darmstadt, 2. 8. bis 27. 9. 1987. Basel 1987, S. 168–186.

McNicholl, Rachel: Weiblicher Heroismus in Vormärz- und Revolutionsromanen von Louise Otto(-Peters) und Louise Aston. In: Frauen – Literatur – Politik. Dritte Tagung von Frauen in der Literaturwissenschaft, 16.–19. Mai 1986. Hamburg 1986.

Möhrmann, Renate: Die andere Frau. Emanzipationsansätze deutscher Schriftstellerinnen im Vorfeld der Achtundvierziger-Revolution. Stuttgart 1977.

Müller, Harro: „Man arbeitet heutzutag alles in Menschenfleisch". Anmerkungen zu Büchners „Dantons Tod" und ein knapper Seitenblick auf Grabbes „Napoleon oder Die hundert Tage". In: Grabbe Jahrbuch 7 (1988), S. 78–88.

Och, Gunnar: "Judenwitz". Zur Semantik eines Stereotyps in der Literaturkritik des Vormärz. In: Juden und jüdische Kultur im Vormärz. Hrsg. von Horst Denkler, Norbert Otto Eke, Hartmut Steinecke und Detlev Kopp (= Forum Vormärz Forschung. Jahrbuch 1998). Bielefeld 1999, S. 181–199.

Oellers, Norbert: Die „Hallischen Jahrbücher" und die deutsche Literatur. In: Philosophie und Literatur im Vormärz. Der Streit um die Romantik (1820–1854). Hrsg. von Walter Jaeschke. Hamburg 1995, S. 141–152.

Pannenberg, Wolfhart: Präsentische Eschatologie in Hegels Geschichtsphilosophie. In: Die Weltgeschichte – das Weltgericht? Stuttgarter Hegel-Kongreß 1999. Hrsg. von Rüdiger Bubner und Walter Mesch. Stuttgart 2001, S. 312–322.

Pepperle, Ingrid: Junghegelianische Geschichtsphilosophie und Kunsttheorie. Berlin 1978.

Proelß, Johannes: Das junge Deutschland. Ein Buch deutscher Geistesgeschichte. Stuttgart 1892.

Realismus und Gründerzeit. Manifeste und Dokumente zur deutschen Literatur 1848–1880. Hrsg. von Max Bucher, Werner Hahl, Georg Jäger und Reinhart Wittmann. Bd. 2: Manifeste und Dokumente. Stuttgart 1975.

Rieder, Heinz: Die Völker läuten Sturm. Die europäische Revolution 1848/49. Bearbeitet von Wolfgang Froese. Wiesbaden 1997.

Rippmann, Inge: „... statt eines Weibes Mensch zu sein". Frauenemanzipatorische Ansätze bei jungdeutschen Schriftstellern. In: Das Junge Deutschland. Kolloquium zum 150. Jahrestag des Verbots vom 10. Dezember 1835. Düsseldorf 17.–19. Februar 1986. Hrsg. von Joseph A. Kruse und Bernd Kortländer. Hamburg 1987, S. 108–133.

Rippmann, Inge: „Freiheit ist das Schönste und Höchste in Leben und Kunst". Ludwig Börne zwischen Literatur und Politik. Bielefeld 2004.

Rohrbacher, Stefan: Gewalt im Biedermeier. Frankfurt a.M., New York 1993.

Schmidt, Jochen: Die Geschichte des Genie-Gedankens in der deutschen Literatur, Philosophie und Politik 1750–1945. Bd. 2: Von der Romantik bis zum Ende des Dritten Reichs. Darmstadt 1985.

Schmidt, Julian: Die Märzpoeten. In: Die Grenzboten 9/1 (1850), S. 5–13; in: Realismus und Gründerzeit. Manifeste und Dokumente zur deutschen Literatur 1848–1880. Hrsg. von Max Bucher, Werner Hahl, Georg Jäger und Reinhart Wittmann. Bd. 2: Manifeste und Dokumente. Stuttgart 1975.

Schneider, Manfred: Destruktion und utopische Gemeinschaft. Zur Thematik und Dramaturgie des Heroischen im Werk Christian Dietrich Grabbes. Frankfurt a.M. 1973.

Schneider, Manfred: Die kranke schöne Seele der Revolution. Heine, Börne, das „Junge Deutschland", Marx und Engels. Frankfurt a.M. 1980.

Stein, Peter: „Prototyp einer Denk- und Schreibweise". Heinrich Heines „Reisebilder" als Auftakt zur „Julirevolution der deutschen Literatur". In: Heinrich Heine. Ästhetisch-politische Profile. Hrsg. von Gerhard Höhn. Frankfurt a.M. 1991, S. 50–65.

Steinecke, Hartmut: Literaturkritik des Jungen Deutschland. Entwicklungen – Tendenzen – Texte. Berlin 1982.

Tewarson, Heidi Thomann: Die Aufklärung im jüdischen Denken des 19. Jahrhunderts: Rahel Levin Varnhagen, Ludwig Robert, Ludwig Börne, Eduard Gans, Berthold Auerbach, Fanny Lewald. In: Juden und jüdische Kultur im Vormärz. Hrsg. von Horst Denkler, Norbert Otto Eke, Hartmut Steinecke und Detlev Kopp (= Forum Vormärz Forschung. Jahrbuch 1998). Bielefeld 1999, S. 17–61.

Vahl, Heidemarie und Ingo Fellrath: „Freiheit überall, um jeden Preis!" Georg Herwegh 1817–1875. Bilder und Texte zu Leben und Werk. Stuttgart 1992.

Vaßen, Florian: „Ich gegen meinen Bruder". Zu Christian Dietrich Grabbes *Herzog Theodor von Gothland* am Stuttgarter Staatstheater 1993/94. In: Christian Dietrich Grabbe – Ein Dramatiker der Moderne. Hrsg. von Detlev Kopp. Bielefeld 1996, S. 137–139.

Vaßen, Florian: Georg Weerth. Ein politischer Dichter des Vormärz und der Revolution von 1848/49. Stuttgart 1971.

Vogt, Michael (Hrsg.): Georg Weerth (1822–1856). Referate des I. Internationalen Georg-Weerth-Colloquiums 1992. Bielefeld 1993.

Vogt, Michael (Hrsg.): Georg Weerth und das Feuilleton der „Neuen Rheinischen Zeitung". Kolloquium zum 175. Geburtstag am 14./15. Februar 1997 in Detmold. Bielefeld 1999.

Wabnegger, Erwin: Literaturskandal. Studien zur Reaktion des öffentlichen Systems auf Karl Gutzkows Roman „Wally, die Zweiflerin" (1835–1848). Würzburg 1987.

Wiemer, Carl: Der Paria als Unmensch. Grabbe – Genealoge des Anti-Humanitarismus. Bielefeld 1997.

Wild, Reiner: Politische Lyrik im Vormärz. In: Revolution 1848/49. Ereignis – Rekonstruktion – Diskurs. Hrsg. von Gudrun Loster-Schneider. St. Ingbert 1999, S. 197–236.

Windfuhr, Manfred: Rätsel Heine. Autorprofil – Werk – Wirkung. Heidelberg 1997.

Wolf, Hubert und Wolfgang Schopf, Dominik Burkard, Gisbert Lepper: Die Macht der Zensur. Heinrich Heine auf dem Index. Düsseldorf 1998.

Wülfing, Wulf: Junges Deutschland. Texte – Kontexte, Abbildungen, Kommentar. München, Wien 1978.

Wülfing, Wulf: Schlagworte des Jungen Deutschland. Mit einer Einführung in die Schlagwortforschung. Berlin 1982.

Wülfing, Wulf: Zur Mythisierung der Frau im Jungen Deutschland. In: Zeitschrift für deutsche Philologie 99, 1989, S. 559–581.

Zons, Raimar: „... die ganze Welt, schauen Sie hier, wie sie rollt und lebt". Über Grabbes „Napoleon". In: Grabbe Jahrbuch 4, 1985, S. 9–27.

Kapitel V:

Kapitel V, 1 (Gutzkow):
Textgrundlage: Gutzkow, Karl: Werke. Hrsg. und mit Einleitungen und Anmerkungen versehen von Reinhold Gensel. 15 Teile in 7 Bänden. Berlin u.a. [1912]. Nachdr. Hildesheim, New York 1974. Teil 3: Uriel Acosta. Trauerspiel in fünf Aufzügen, S. 5–69; Teil 4: Der Sadduzäer von Amsterdam, S. 19–63. [GuW]

Gebhardt, Armin: Karl Gutzkow. Journalist und Gelegenheitsdichter. Marburg 2003.

Plett, Bettina: Zwischen „gemeinem Talent" und „Anempfindungskunst". Zwiespalt und Übergang in Karl Gutzkows Erzählungen. In: Geschichtlichkeit und Gegenwart. Festschrift für Hans Dietrich Irmscher zum 65. Geburtstag. Hrsg. von Hans Esselborn und Werner Keller. Köln, Weimar, Wien 1994, S. 267–296.

Weiglin, Paul: Gutzkows und Laubes Literaturdramen. Berlin 1910.

Wünsch, Marianne: Religionsthematik und die Strategien der Selbstverhinderung in Erzähltexten Gutzkows der 1830er bis 50er Jahre. In: Gutzkow lesen! Beiträge zur Internationalen Konferenz des Forum Vormärz Forschung vom 18. bis 20. September 2000 in Berlin. Hrsg. von Gustav Frank und Detlev Kopp. Bielefeld 2001, S. 189–205.

Kapitel V, 2 (Hoffmann von Fallersleben):
Textgrundlage: August Heinrich Hoffmann von Fallersleben: Gedichte und Lieder. Im Auftrag der Hoffmann von Fallersleben-Gesellschaft hrsg. von Hermann Wendebourg und Anneliese Gerbert. Hamburg 1974, S. 249.

August Heinrich Hoffmann von Fallersleben. 1798–1998. Hrsg. von Hans-Joachim Behr. Bielefeld 1999.

Fischer, Joachim: August Heinrich Hoffmann von Fallersleben (1798–1874): *Lied der Deutschen* (1841). In: Poetry Project. Irish Germanists interpret German Verse. Hrsg. von Florian Krobb und Jeff Morrison. Oxford u.a. 2003, S. 59–66.

Gehrke, Ralph: Tradition der Dissonanz. In: Zielsprache Deutsch 1 (1987), S. 2–9.

Hermand, Jost: Zersungenes Erbe: Zur Geschichte des *Deutschlandliedes*. In: Basis 7 (1977), S. 75–88.

Klüger, Ruth: Der Weg zur dritten Strophe. In: Frankfurter Anthologie. Hrsg. von Marcel Reich-Ranicki. Bd. 22. Frankfurt a.M. 1999, S. 76–78.

Knopp, Guido; Ekkehard Kuhn: Das Lied der Deutschen. Schicksal einer Hymne. Berlin, Frankfurt a.M. 1988.

Kurzke, Hermann: Hymnen und Lieder der Deutschen. Mainz 1990.

Lermen, Birgit: „Dass ein gutes Deutschland blühe". Hoffmann von Fallerslebens „Lied der Deutschen" und Bertolt Brechts „Kinderhymne". In: Autor, Macht, Staat. Literatur und Politik in Deutschland. Ein notwendiger Dialog. Hrsg. von Gerd Langguth. Düsseldorf 1994, S. 86–109.

Ortmeyer, Benjamin: Argumente gegen das Deutschlandlied. Köln 1991.

Rühmkorf, Peter: „Das Lied der Deutschen". Göttingen 2001.

Schlink, Roland: Hoffmann von Fallerslebens vaterländische und gesellschaftskritische Lyrik. Stuttgart 1981.

Seiffert, Gerhardt: Das ganze Deutschland ist unsere Nationalhymne. Fallersleben 1964.

Tümmler, Hans: Deutschland, Deutschland über alles. Zur Geschichte und Problematik unserer Nationalhymne. Köln – Wien 1979.

Kapitel V, 3 (Lenau):
Textgrundlage: Nikolaus Lenau: Werke und Briefe. Historisch-kritische Gesamtausgabe. Hrsg. von Helmut Brandt u.a. Bd. 4: Savonarola. Die Albigenser. Don Juan. Helena. Hrsg. von Helmut Brandt und Gerhard Koselleck. Wien 2004, S. 153–274. [Lenau, HKA]

Brandt, Helmut: Lenaus „Albigenser" – im Blickwinkel gewandelter Zeiten. In: *Lenau-Forum* 21 (1995), S. 57–75.

Dietze, Walter: Nachwort. In: Nikolaus Lenau: Sämtliche Werke und Briefe. Auf der Grundlage der historisch-kritischen Ausgabe von Eduard Castle mit einem Nachwort hrsg. von Walter Dietze. Bd. 1: Gedichte und Versepen. Leipzig 1970, S. 941-999.

Eke, Norbert Otto und Karl Jürgen Skrodzki: Lenau-Chronik 1802–1851. Wien 1992.

Eke, Norbert Otto: Grausame Spiegel. Lenaus Blick zurück nach vorn: „Die Albigenser. Freie Dichtungen". In: Versepen im Vormärz. Hrsg. von Bernd Füllner. Bielefeld 2005.

Kaiser, Gerhard R.: Poesie des Aases. Überlegungen zur Ästhetik des Häßlichen in Lenaus „Albigensern". In: Lenau-Forum 16 (1990), S. 53–75.

Sengle, Friedrich: Biedermeierzeit. Deutsche Literatur im Spannungsfeld zwischen Restauration und Revolution 1815–1848. Bd. 3: Die Dichter. Stuttgart 1980.

Kapitel V, 4 (Heine):
Textgrundlage: Heine, Heinrich: Historisch-kritische Gesamtausgabe der Werke. In Verbindung mit dem

Heinrich-Heine-Institut hrsg. von Manfred Windfuhr. Bd. 2: Neue Gedichte. Bearbeitet von Elisabeth Genton. Hamburg 1983, S. 150. [DHA]

Bourke, Eoin: „Dr Mond schennt, dr Wabr flennt". German Weavers in the Poetry and Song of the First Half of the Nineteenth Century. In: Das schwierige 19. Jahrhundert. Hrsg. von Jürgen Barkhoff, Gilbert Carr und Roger Paulin. Tübingen 2000, S. 129–143.

Bourke, Eoin: Heinrich Heine (1797–1856): *Die schlesischen Weber* (1847). In: Poetry Project. Irish Germanists interpret German Verse. Hrsg. von Florian Krobb und Jeff Morrison. Oxford u.a. 2003, S. 89–94.

Füllner, Bernd; Jan-Christoph Hauschild und Volker Kaukoreit: „Dieses Gedicht, in Deutschland hundertfach gelesen und gesungen …". Zur Aufnahme von Heines „Weberlied" in der frühen deutschen Arbeiterbewegung. In: Heine-Jahrbuch 24 (1985), S. 123–142.

Hinck, Walter: Die Wunde Deutschland. Heinrich Heines Dichtung. Frankfurt a. M. 1990.

Höhn, Gerhard: Heine-Handbuch. Zeit, Person, Werk. Stuttgart 1987.

Kaufmann, Hans: Vorbemerkungen zu Heinrich Heine: *Die schlesischen Weber*. Analyse. In: Methodische Praxis der deutschen Literaturwissenschaft. Hrsg. von Dieter Kimpel und Beate Pinkerneil. Kronberg/Ts. 1975, S. 159–177.

Kroneberg, Lutz und Rolf Schloesser: Weber-Revolte 1844. Der schlesische Weberaufstand im Spiegel der zeitgenössischen Publizistik und Literatur. Mit einem Geleitwort von Bernt Engelmann. Köln 1979.

Prawer, Siegbert: German Lyrical Poetry. A Critical Analysis of Selected Poems from Klopstock to Rilke. London 1952, S. 143–150.

Stauf, Renate: „Wo jede Blume früh geknickt" [Die schlesischen Weber]. In: Gedichte von Heinrich Heine. Hrsg. von Bernd Kortländer. Stuttgart 1995, S. 144–166.

Wehner, Walter: Heinrich Heine: „Die schlesischen Weber" und andere Texte zum Weberelend. München 1980.

Wehner, Walter: Weberelend und Weberaufstände in der deutschen Lyrik des 19. Jahrhunderts. Soziale Problematik und literarische Widerspiegelung. München 1981.

Kapitel V, 5 (Weerth):

Textgrundlage: Georg Weerth: Vergessene Texte. Nach den Handschriften hrsg. von Jürgen-Wolfgang Goette, Jost Hermand u. Rolf Schloesser. Bd. 2. Köln 1976, S. 263–394. [VT]

Eke, Norbert Otto: Revolution und Ökonomie oder Der Bürger in der Klemme. Präliminarien einer Weerth-Lektüre. In: Georg Weerth und das Feuilleton der „Neuen Rheinischen Zeitung". Hrsg. von Michael Vogt. Bielefeld 1999, S. 69–86.

Jørgensen, Sven-Aage: Weerth und Gotthelf als Dichter des Proletariats. Ein kritischer Vergleich. In: Geist und Zeichen. Festschrift für Arthur Henkel. Hrsg. von Herbert Anton, Bernhard Gajek u. Peter Pfaff. Heidelberg 1977, S. 157–167.

Köster-Bunselmeyer, Doris: Literarischer Sozialismus. Texte und Theorien der deutschen Frühsozialisten 1843–1848. Tübingen 1981.

Müller, Christine: Der gescheiterte Kleinbürger. Untersuchungen zur Literarisierung einer regressiven Utopie. Pauperismus und Proletariat in der sozialkritischen Publizistik, Prosa und Lyrik zwischen 1844 und 1848. Köln 1981.

Kapitel V, 6 (Marx/Engels):

Textgrundlage: Karl Marx/Friedrich Engels: Werke. Hrsg. vom Institut für Marxismus-Leninismus beim ZK der SED. Bd. 4. Berlin/DDR 1972, S. 459–493. [MEW]

125 Jahre Kommunistisches Manifest und bürgerlich-demokratische Revolution 1848/49. Referate und Diskussionsbeiträge. Redaktion: Gunther Hildebrandt und Walter Wittwer. Glashütten im Taunus 1975.

Der Bund der Kommunisten. Dokumente und Materialien. Bd. 1: 1836–1849. Hrsg. vom Institut für Marxismus-Leninismus beim ZK der SED und dem Institut für Marxismus-Leninismus beim ZK der KPdSU. Redaktion Herwig Förder, Martin Hundt, Jefim Kandel, Sofia Lewiowa. Berlin ²1983.

Robling, Franz-Hubert: Kritik im Handgemenge. Karl Marx und die Rhetorik des „Kommunistischen Manifests". In: Diskussion Deutsch 18 (1987), S. 129–145.

Stammen, Theo; Ludwig Reichart (Hrsg.): Karl Marx. Manifest der Kommunistischen Partei. München 1978.

Personenregister

(Autoren von Sekundärliteratur kursiv und ohne Angaben von Lebensdaten)

Acosta, Uriel (Gabriel da Costa) (um 1885–1640) 115
Adenauer, Konrad (1876–1967) 14, 127
Adler, Hans 108f.
Alexis, Willibald (Georg Wilhelm Heinrich Häring) (1798–1871) 49f., 64, 111
Ancillon, Johann Peter Friedrich von (1767–1837) 27
Archimedes von Syrakus (um 285–212 v.Chr.) 12
Arndt, Ernst Moritz (1769–1860) 11, 31, 38, 124f.
Arnim, Bettine von (1785–1859) 109
Arnim, Ludwig Achim von (1781–1831) 125
Ascher, Saul (1767–1822) 66
Aston, Louise (1814–1871) 60, 109
Auerbach, Berthold (Moses Baruch Auerbacher) (1812–1882) 108

Bach, Alexander Freiherr von (1813–1893) 10
Bakunin, Michail Alexandrowitsch (1814–1876) 141
Balzac, Honoré de (1799–1850) 40
Bassermann, Friedrich Daniel (1811–1855) 42
Bauer, Bruno (1809–1882) 34, 107f.
Bauer, Edgar (1820–1886) 34, 107
Baur, Uwe 108
Bayerdörfer, Hans-Peter 30, 103
Becher, Johannes R. (1891–1958) 127
Bechstein, Ludwig (1801–1860) 126
Becker, Nikolaus (1809–1845) 37f., 126
Behrens, Wolfgang W. 14
Behütuns, Georg 7
Bergeron, Louis 21
Biedermann, Carl (1812–1901) 53
Bismarck, Otto Fürst von (1815–1898) 126
Blum, Robert (1807–1848) 9, 30, 34, 43, 101
Blumenberg, Hans 22
Bock, Helmut 14, 17
Bonaparte, Charles Louis Napoléon (Napoleon III.) (1808–1873) 43f.
Bonaparte, Napoléon (1769–1821) 16, 23f., 26, 83
Börne, Ludwig (Juda Löw Baruch) (1786–1837) 28, 32f., 39f., 49f., 52, 60f., 64–69, 71–73, 82, 100, 137
Böttcher, Kurt 14
Brandenburg, Friedrich Wilhelm Graf (1792–1850) 43
Brandes, Helga 52, 75, 80
Brendel-Perpina, Ina 49
Brentano, Clemens von (1778–1842) 34, 62, 125
Brentano, Lorenz Peter (1813–1891) 64
Büchner, Georg (1813–1837) 14, 16, 21f., 30, 33, 62, 80f., 82, 91–99
Burkard, Dominik 60, 65, 75, 79
Büsching, Anton Friedrich (1724–1793) 46

Campe, Julius (1792–1867) 71, 105f., 125f.
Carrière, Moritz (1817–1895) 113
Cavaignac, Louis Eugène (1802–1857) 43
Chamisso, Adelbert von (1781–1838) 59, 71, 108
Cortesi, Antonio 87
Cotta von Cottendorf, Johann Georg Feiherr (1796–1863) 47
Cousins, Victor (1792–1867) 38

Dahlmann, Friedrich Christoph (1785–1860) 28, 34
Daniel, Ute 29
Danton, Georges-Jacques (1759–1794) 21, 95
Dickens, Charles (1812–1870) 114
Dingelstedt, Franz Ferdinand Freiherr von (1814–1881) 35, 52, 99, 103f., 106, 109, 131
Dostojewski, Fjodor Michailowitsch (1821–1881) 114
Dronke, Ernst (1822–1891) 109
Droste-Hülshoff, Annette von (1797–1848) 64
Dumas, Alexandre (1802–1870) 40

Ebert, Friedrich (1871–1925) 127
Echtermeyer, Theodor (1805–1844) 34, 80, 108
Edler, Erich 108
Eichendorff, Joseph Freiherr von (1788–1857) 62, 64
Eichhorn, Karl Friedrich (1781–1854) 62
Eichrodt, Ludwig (1827–1892) 15
Eisler, Hanns (1898–1962) 127
Eke, Norbert Otto 9, 20f., 29, 37, 48, 51, 84, 96, 103
Engels, Friedrich (1820–1895) 33f., 107, 124, 140–147
Engelsing, Rolf 45
Ewerbeck, Hermann (1816–1860) 141

Farese, Giuseppe 103
Fein, Georg (1803–1869) 108
Fellrath, Ingo 104
Ferner, Jürgen 71
Feudel, Werner 140
Feuerbach, Anselm Ritter von (1775–1833) 34
Feuerbach, Ludwig (1804–1872) 107f.

Fichte, Johann Gottlieb (1762–1814) 62, 72
Fontane, Theodor (1819–1898) 113
Fourier, Charles (1772–1837) 108
Frank, Gustav 18f., 47f., 52, 75
Franz Joseph I., Kaiser von Österreich (1768–1835) 23
Franzos, Karl Emil 97
Freiligrath, Ferdinand (1810–1876) 99–103, 105, 110
Freund, Marion 110
Friedrich Wilhelm III., König von Preußen (1770–1840) 25
Friedrich Wilhelm IV., König von Preußen (1795–1861) 41, 43f., 100
Fries, Friedrich Jakob (1773–1843) 31, 66
Füllner, Bernd 38, 132
Furet, François 21

Gagern, Wilhelm Heinrich August Freiherr von (1799–1880) 34, 41f.
Gedö, András 20
Gervinus, Georg Gottfried (1805–1871) 42
Giseke, Robert (1827–1890) 112
Glaßbrenner, Adolf (1810–1876) 30, 104
Goethe, Johann Wolfgang von (1749–1832) 9–11f., 13, 18, 51, 62, 65, 80, 83f.
Goetzinger, Germaine 53
Görres, Joseph von (1776–1848) 27, 125
Göschel, Karl Friedrich (1781–1861) 80
Gottschall, Rudolf (1823–1909) 33f., 111, 113
Grabbe, Christian Dietrich (1801–1836) 16, 30, 32, 82–91, 110
Graf, Friedrich Wilhelm 26
Grillparzer, Franz (1791–1872) 9–11
Grimm, Jacob (1785–1863) 125
Grimm, Wilhelm (1786–1859) 125
Grün, Anastasius (Anton Alexander Graf von Auersperg) (1808–1876) 32, 60
Guizot, François Pierre Guillaume (1787–1874) 40, 142
Gutzkow, Karl (1811–1878) 11f., 48–52, 59f., 62, 75–83, 92, 97, 113, 115–122

Hahn-Hahn, Ida (1805–1880) 60
Haller, Carl Ludwig von (1768–1854) 27
Hansemann, David (1790–1864) 42
Hansen, Joseph 42
Harring, Harro Paul (1798–1870) 108
Hartmann, Petra 81
Hauschild, Jan-Christoph 74f., 93f., 97, 132
Haydn, Franz Joseph (1732–1809) 122, 126
Hebbel, Friedrich (1813–1863) 22
Hecker, Friedrich (1811–1881) 34, 42
Hegel, Georg Wilhelm Friedrich (1770–1831) 33f., 72, 80, 106f., 128, 130f.
Heine, Heinrich (1797–1856) 8, 10–14, 16, 29f., 32f., 38f., 44, 47, 49f., 52, 55, 60–66, 68–76, 78–80, 83, 96, 100, 105f., 111, 131–136, 141
Herder, Johann Gottfried von (1744–1803) 62, 125
Herloßsohn, Karl (auch: Heinrich Clauren) (1804–1849) 30
Hermand, Jost 14, 16, 38, 101, 125
Herodot 11
Herwegh, Georg (1817–1875) 33, 35, 99–104, 106, 109, 131
Hess, Moses (1812–1875) 107
Heuss, Theodor (1884–1963) 127
Hinck, Walter 134
Hoffmann von Fallersleben, August Heinrich (1798–1874) 35, 38, 99, 103, 105f., 111, 122–128, 131, 146
Hoffmann, Karl Georg (1796–1865) 41
Hohendahl, Peter Uwe 112f.
Höhn, Gerhard 38–40, 62, 134
Holzmann, Michael 60
Horrocks, David 77
Houben, Heinrich Hubert 76, 79
Huber, Ernst Rudolf 28
Huber, Therese (1764–1829) 53
Huber, Victor Aimé (1800–1869) 78
Hugo, Victor (1802–1885) 40, 82
Humboldt, Alexander Freiherr von (1769–1859) 71

Ibell, Carl Freiherr von (1780–1834) 27, 34
Immermann, Karl (1796–1840) 64
Innozenz III. (Lothar Graf von Segni) (1160 od. 1161–1216; Papst von 1198–1216) 128
Itzstein, Johann Adam von (1775–1855) 42

Jaeglé, Wilhelmine (1810–1880) 93
Jäger, Georg 45f.
Jäger, Hans-Wolf 14
Jahn, Friedrich Ludwig (1778–1852) 11, 27
Jean Paul (Johann Paul Friedrich Richter) 62, 86
Jellačič von Bužim, Joseph Freiherr von (1801–1859) 43
Johann, Erzherzog von Österreich (1782–1859) 42

Kaiser, Gerhard R. 129
Kaiser, Herbert 77
Kamptz, Karl Albert Christoph Heinrich von (1769–1849) 27
Kant, Immanuel (1724–1804) 62, 72
Karl X., König von Frankreich (1757–1836) 31
Katz, Jacob 66
Kaufmann, Hans 136
Kaukoreit, Volker 132
Keller, Gottfried (1819–1890) 101, 108

Kettembeil, Georg Ferdinand 83f.
Kim, Du Gyu 108
Kirchmann, Julius Hermann von (1802–1884) 113
Kirchner-Klemperer, Hadwig 108
Kleist, Heinrich von (1777–1811) 90
Klenke, Dietmar 26
Kluckhohn, Paul 14
Klüger, Ruth 123, 125
Knapp, Gerhard P. 94f.
Knopp, Guido 127f.
Koeppen, Friedrich 34
Kolb, Gustav (1798–1865) 44, 47
Koopmann, Helmut 15, 68
Kopp, Detlev 52, 87
Kortländer, Bernd 29
Koselleck, Reinhart 20f.
Kotzebue, August von (1761–1819) 25, 27
Kreutz, Wilhelm 41
Kroneberg, Lutz 109
Kühne, Ferdinand Gustav (1806–1888) 29, 60
Kuhn, Ekkehard 127f.
Kußmaul, Adolf (1822–1902) 15
Kutzmutz, Olaf 84

Labuhn, Wolfgang 32, 35, 68
Laclos, Pierre Ambroise François Choderlos de (1741–1803) 77
Lafayette, Marie Joseph Paul Roch Yves Gilbert du Motier Marquis de (1757–1834) 33f.
Lamennais, Hugues-Félicité-Robert de (1782–1854) 69, 108
Lange, Johann 79
Laube, Heinrich (1806–1884) 29, 49f., 52f., 60, 63, 65, 75f., 79–82
Lenau, Nikolaus (Franz Nikolaus Niembsch Edler von Strehlenau) (1802–1850) 36f., 49, 128–131
Leon, Diego 100
Lepper, Gisbert 60, 65, 75, 79
Lermen, Birgit 125
Lessing, Gotthold Ephraim (1729–1781) 62
Lewald, August (1792–1871) 60
Lewald, Fanny (1811–1889) 60
Liesching, Samuel Gottlieb (? – ?) 28
Lill, Rudolf 40
Lindemann, Klaus 88
Louis Philippe, König von Frankreich (1773–1850) 31, 33f., 40
Luden, Heinrich (1778–1847) 28
Ludwig I., König von Bayern (1786–1868) 41
Lukas, Wolfgang 53
Luther, Martin (1483–1546) 35

Marggraff, Hermann (1809–1864) 30, 48, 83, 113
Martino, Alberto 45f.

Marx, Karl (1818–1883) 33f., 38, 40, 55, 57, 107, 110, 124, 140–147
Mattenklott, Gert 16
Maximilian II. Joseph, König von Bayern (1811–1864) 41
Mayer, Thomas Michael 94
Mazzini, Giuseppe (1805–1872) 75
Meier, Georg Friedrich (1718–1777) 48
Mendelssohn, Moses (1729–1786) 66
Menzel, Wolfgang (1798–1873) 8, 12, 32, 66, 76, 79, 84
Metternich, Clemens Wenzel Lothar Fürst von (1773–1859) 24–27, 31–33, 41, 60, 65, 75, 79f., 142
Mommsen, Wolfgang J. 41
Mörike, Eduard (1804–1875) 15, 64
Moll, Maximilien Joseph (1813–1849) 141
Mühlbach, Luise (1814–1873; Ehefrau Theodor Mundts seit 1839) 60
Müller, Christine 139
Müller, Harro 20, 95
Mundt, Theodor (1808–1861) 29, 52f., 60, 64, 75f., 79, 81

Nerval, Gérard de (1808–1855) 40
Niebuhr, Barthold Georg (1776–1831) 62

Och, Gunnar 79
Oelckers, Theodor (1816–1869) 109
Oken, Lorenz (1779–1851) 31
Olasz-Eke, Dagmar 48
Otto, Louise (1819–1895) 109
Owen, Robert (1771–1858) 108

Pannenberg, Wolfhart 107
Pfeilschifter, Johann Baptist von (1793–1874) 28
Pilick, Eckhart 26
Platen-Hallermünde, August Graf von (1796–1835) 13
Plett, Bettina 117
Porrmann, Maria 29f.
Poschmann, Henri 99
Proelß, Johannes 60
Proudhon, Pierre-Joseph (1809–1865) 141
Prutz, Robert (1816–1872) 38, 80, 104f., 109, 111–113, 128
Pückler-Muskau, Hermann Fürst von (1785–1871) 71
Püttmann, Hermann 132

Quinet, Edgar (1815–1840) 40

Ranke, Leopold von (1795–1886) 62, 106
Reimarus, Hermann Samuel (1694–1768) 78

Requate, Jörg 48
Reuter, Fritz (1810–1874) 108
Rippmann, Inge 53, 67–69
Robespierre, Maximilien de (1758–1794) 21, 23
Robling, Franz-Hubert 142
Rohrbacher, Stefan 66
Römer, Friedrich (1794–1864) 41
Rosenberg, Rainer 14
Rotteck, Carl von (1775–1840) 34, 52f.
Rouget de Lisle, Claude Joseph (1760–1836) 33f.
Ruge, Arnold (1802–1880) 33–35, 40, 106–108, 124
Rühmkorf, Peter 123
Rühss, Friedrich (1781–1820) 66

Saint-Just, Louis Antoine (1767–1794) 62, 73
Saint-Simon, Claude-Henri Comte de (1760–1825) 73, 108
Sallet, Friedrich von (1812–1843) 35, 99
Sand, Karl Ludwig (1795–1820) 25
Saphir, Moritz Gottlieb (1795–1858) 49
Sauerländer, Johann David (1789–1869) 97
Savigny, Friedrich Carl von (1779–1861) 62, 106
Schapper, Karl Christian Friedrich (1812–1870) 141
Schelling, Friedrich Wilhelm von (1775–1854) 62, 72, 80
Schenda, Rudolf 45f.
Scherpe, Klaus R. 16
Schieder, Theodor 34
Schiller, Friedrich von (1759–1805) 13, 62
Schivelbusch, Wolfgang 54
Schlegel, Friedrich von (1772–1829) 62, 80
Schleiermacher, Friedrich (1768–1834) 76
Schlesier, Gustav (1811–nach 1853) 79
Schloenbach, Carl Arnold (1817–1866) 108
Schloesser, Rolf 109
Schmidt, Jochen 88
Schmidt, Julian (1818–1886) 111–113
Schneckenburger, Max (1819–1849) 38
Schneider, Manfred 87
Schönert, Jörg 45
Schopf, Wolfgang 60, 65, 75, 79
Schwarzenberg, Felix Fürst zu (1800–1852) 9, 43
Schweichel, Robert (1821–1907) 108f.
Scott, Walter (1771–1832) 46, 64
Sealsfield, Karl (Karl Postl) (1793–1864) 60, 64
Seiffert, Gerhardt 127
Sengle, Friedrich 15f.
Seume, Johann Gottfried (1763–1810) 125
Shakespeare, William (1564–1616) 73, 80, 84
Siebenpfeiffer, Philipp Jacob (1789–1845) 32
Simon, Heinrich (1805–1860) 35
Spazier, Richard Otto (1803–1854) 60
Spinoza, Baruch de (1632–1677)

Staël-Holstein, Germaine Necker Baronne de (1766–1817) 39
Stahl, Friedrich Julius (1802–1861) 34
Stauf, Renate 134f.
Steffens, Hinrich (1773–1845) 64
Stein, Peter 9, 14, 17, 19, 71
Steinecke, Hartmut 64
Steinwachs, Burkhard 7
Stephani, Max. Jos. (Johann Heinrich Wilhelm Grabau; Gustav Schlesier) 78
Stieglitz, Charlotte (1806–1834) 78
Stifter, Adalbert (1805–1868) 15
Stirner, Max (1806–1856) 107
Strachnitz, Moritz Graf von (1822–1847) 34
Strauß, David Friedrich (1808–1874) 78, 107, 116
Strauß und Torney, Victor von (1809–1899) 34
Strodtmann, Adolf (1829–1879) 62
Stuhlschneider, Peter 7
Struve, Gustav von (1805–1870) 34, 42
Sue, Eugène (1804–1857) 47

Tewarson, Heidi Thomann 66
Thackeray, William Makepeace (1811–1863) 114
Thiers, Adolphe (1797–1877) 37, 40, 95
Tieck, Ludwig (1773–1853) 62

Uhland, Ludwig (1787–1862) 62
Ungern-Sternberg, Franz von (1806–1868) 60

Vahl, Heidemarie 104
Varnhagen von Ense, Karl August (1785–1858) 13, 59
Varnhagen von Ense, Rahel (1771–1833) 13, 72
Vaßen, Florian 9, 14, 19, 29f., 84
Venedey, Jakob (1805–1871) 33
Vergil (Publius Vergilius Maro) (70–19 v. Chr.) 100
Vischer, Friedrich Theodor (1807–1887) 113
Vollhardt, Friedrich 7

Walther von der Vogelweide (um 117 – um 1230) 124
Weerth, Georg (1822–1856) 47, 109–111, 131, 137–140
Weerth, Wilhelm (1815–1884) 137
Wehler, Hans-Ulrich 26, 31, 35f., 41f., 54, 56–58, 132
Wehner, Walter 109, 132–134, 136
Weidig, Friedrich Ludwig (1791–1837) 93f.
Weigel, Sigrid 17
Weiss, Walter 19
Weitling, Wilhelm (1808–1871) 33, 35, 108, 141
Welcker, Carl Theodor (1790–1869) 34, 42, 52f., 126

Werner, Michael 74
Wette, Martin Wilhelm Leberecht de (1780–1849) 31
Wieland, Christoph Martin (1733–1813) 62
Wiemer, Carl 83, 89, 91
Wienbarg, Ludolf (1802–1872) 49–53, 59–64, 69, 76, 79, 81
Wild, Reiner 103
Wilhelm II., König von Preußen, deutscher Kaiser (1859–1941) 127
Wilken, Friedrich 79
Willkomm, Ernst (1810–1886) 60, 108 f.
Windfuhr, Manfred 60, 69

Windischgrätz, Alfred Fürst zu (1787–1862) 43
Wirth, Johann Georg August (1789–1848) 32 f.
Wittmann, Reinhard 46
Wolf, Hubert 60, 65, 75, 79
Woost, Johanna Christiana (1775–1821) 98
Woyzeck, Johann Christian (1780–1824) 98
Wülfing, Wulf 20 f., 59–61
Wünsch, Marianne 115, 118

Zedlitz-Nimmersatt, Johann Christian Freiherr von (1790–1862) 34
Zielske, Harald 29
Zons, Raimar 88